Retratos

Arte y sociedad en Latinoamérica y España

Retratos

Arte y sociedad en Latinoamérica y España

Margarita M. Sánchez

Katica Urbanc

focus an imprint of
Hackett Publishing Company, Inc.
Indianapolis/Cambridge

A Focus book

Focus an imprint of
  Hackett Publishing Company

Copyright © 2015 by Margarita M. Sánchez and Katica Urbanc

18 17 16 15   1 2 3 4 5 6 7

For further information, please address
    Hackett Publishing Company, Inc.
    P.O. Box 44937
    Indianapolis, Indiana 46244-0937

    www.hackettpublishing.com

Interior design by Laura Clark
Composition by Integrated Composition Systems, Spokane, Washington

"Cross Santiago". Licensed under CC BY-SA 3.0 via Wikimedia Commons. http://
commons.wikimedia.org/wiki/File:Cross_Santiago.svg#/media/File:Cross_Santiago.svg

Library of Congress Cataloging-in-Publication Data

Sánchez, Margarita M., author.
    Retratos : Arte y sociedad en Latinoamérica y España = Portraits : art and society
in Latin America and Spain / Margarita M. Sánchez, Katica Urbanc.
        pages cm
    Includes bibliographical references.
    ISBN 978-1-58510-714-8 (pbk.)
        1. Spanish language—Composition and exercises. 2. Arts in education I. Urbanc,
Katica, author.   II. Title.   III. Title: Portraits : art and society in Latin America
and Spain.
    PC4430.S26   2015
    808'.0461—dc23   2015012433

The paper used in this publication meets the minimum requirements of American
National Standard for Information Sciences—Permanence of Paper for Printed Library
Materials, ANSI Z39.48–1984.

ACKNOWLEDGMENTS

The ideas behind this book were shaped over the course of many years through our Spanish classes at Wagner College, our involvement with the Port Richmond community on Staten Island, and our travels to Colombia and Spain. We are grateful to many people who helped and inspired us along the way with their encouragement, their insight, and their generosity.

We had the unique privilege to collaborate with two wonderful independent publishing companies throughout the course of this project. Our journey began with Focus Publishing over four years ago; we are deeply grateful for the guidance and support provided by Ron Pullins, Allen Cooper, Katelyn Goddard and Cindy Zawalich. When Focus became an imprint of Hackett Publishing, we were extremely fortunate to work with Rick Todhunter and Laura Clark, who fully embraced this project during its crucial final stages. We are especially grateful to Danielle Havens for her insightful comments and meticulous editing of the manuscript.

At Wagner College, we are fortunate to work with a wonderful group of colleagues who enthusiastically followed our work and provided valuable feedback during the Humanities Seminars and Scholarship Circles. We are particularly grateful to Dean Dorothy Davidson, Sarah Donovan, Marilyn Kiss, and Laura Morowitz. We are also very thankful for the generous financial support provided by Wagner College's Faculty Research Fund.

Our research in the areas of art, literature, and film allowed us to meet many fascinating artists, writers and film directors throughout Latin America and Spain. We are honored to have included their works in this textbook. Our heartfelt thanks to Rodrigo Isaza, Pablo Pintado-Casas, and Gustavo Alberto Taborda for their beautiful illustrations. Special thanks to Gustavo Arango and Francis Jacob for their genuine interest in this project throughout the years and their valuable recommendations.

Many of the topics covered in this book stem from lively classroom conversations with our Spanish students at Wagner College. This project would have never reached its full potential without their input and enthusiasm. It is indeed a privilege to share ideas with such creative, thoughtful, and inquisitive minds.

Finally, a special note of thanks to Liliana Calderón, Claudia Correa, Franco Cristofaro, Luz Ofelia Jaramillo, Alberto and Margarita Sánchez, Ligia Sánchez, Marie-Claude Sheppard, Vladimir and Anna Maria Urbanc, and Deborah Vincelli. Your unwavering encouragement throughout the years truly made a difference.

We dedicate this book to Andreas, Alessandra, and Pauline.
You are without a doubt our most valuable works of art.

* * *

Margarita M. Sánchez holds a master's and a PhD in Spanish and Latin American Literature from Rutgers University. She has been dedicated to the study of contemporary Latin American literature, with an emphasis on gender and cultural studies. She is the co-editor of a special edition of *Letras Femeninas* devoted to the works of contemporary Hispanic women writers. At Wagner College, she offers all levels of Spanish language, as well as classes on literary theory, short films, and twentieth-century Latin American literature. She also teaches the courses "Cities in the Hispanic World" and "Stories of Love and Death in García Márquez", which include trips to Buenos Aires and Cartagena during spring break. She is actively involved in the Port Richmond community in Staten Island where she works with immigrants from Central and South America.

Katica Urbanc holds a master's in Linguistics and a PhD in Spanish Literature from Georgetown University. She is the author of *Novela femenina, crítica feminista: cinco autoras españolas* and the co-editor of a special edition of *Letras Femeninas* devoted to the works of contemporary Hispanic women writers. She is a professor of Spanish and French at Wagner College, where she teaches language classes as well as upper-level courses on Hispanic and Francophone women writers, modern Peninsular prose, and Hispanic drama. She also team-teaches a class on turn-of-the-century art and literature in Paris, Vienna and Berlin. Off-campus, she offers Winter intersession culture and civilization courses in her native city of Montreal and in Madrid.

TABLA DE CONTENIDO

PREFACIO

DE LAS AUTORAS

Queridos estudiantes,

En este libro nos acercamos al mundo hispano a través de su gente, su producción artística, sus escritores y su cine. Iremos descubriendo algunos elementos únicos de España y de los países de Hispanoamérica sin caer en generalizaciones ni estereotipos. La idea es establecer un puente humano entre "ellos" y "nosotros", apreciar la belleza del español y entender un poco mejor otras culturas y otras formas de pensar y de ver el mundo.

Un aspecto fundamental en el aprendizaje de una segunda lengua, además de aprender a hablar, es aprender a leer y a escribir. La apreciación de las diferencias culturales es esencial en este proceso. La siguiente guía ha sido diseñada para que el proceso de escritura sea más fácil y agradable. Si tienen en cuenta sus varios elementos, disfrutarán del proceso y el resultado será mejor. Les recomendamos que usen esta guía para la sección de escritura de cada capítulo.

Esperamos que disfruten de los personajes retratados en este libro y que sus historias les inciten a reflexionar también sobre sus propias vidas.

Margarita Sánchez y Katica Urbanc

GUÍA PARA EL BUEN ESCRITOR

"Si escribo un cuento, me siento satisfecho de avanzar una línea por día. Si es una novela trato de avanzar una página".
—Gabriel García Márquez, escritor colombiano y ganador del Premio Nobel de Literatura

La escritura como proceso

La escritura puede ser una experiencia placentera o dolorosa: todo depende del interés, del tiempo y de la pasión del escritor. Es un acto de generosidad, puesto que el buen escritor siente un gran deseo por comunicar sus ideas de forma clara e inteligente a los demás. Entonces, cada vez que nos sentamos frente a un papel o a una pantalla de computador, vale la pena preguntarnos: ¿Por qué y para quién escribimos? ¿Es porque *tenemos algo que decir* o porque *tenemos que decir algo*? El proceso de escritura no tiene que ser complicado; las ideas simples bien comunicadas son el secreto de la buena escritura.

Antes de todo, es necesario entender la importancia del manejo del tiempo y no dejar todo para el último momento. La buena escritura requiere tiempo y reflexión de forma continua sin que las redes sociales, las llamadas, los correos o los textos electrónicos interrumpan nuestro proceso.

El ambiente donde nos sentamos a escribir puede hacer más fácil nuestro trabajo. Algunos grandes autores escriben sentados en un lugar silencioso donde no hay muchas distracciones, como una biblioteca o un estudio. Otros prefieren el ruido y la energía de un café. El escritor Junot Díaz (Santo Domingo, República Dominicana, 1968–) dice que para escribir él necesita aislarse del todo. ¡Entra al baño y le salen sus ideas sentado al borde de la bañera! En cuanto al escritor boliviano Edmundo Paz Soldán, prefiere escribir en una mesa de su cocina.

Por fin, acuérdense que todo buen escritor es también un buen lector. Los grandes escritores se han inspirado en los textos de otros, y por eso es importante aprender a ser un lector activo. Puede apuntar ideas interesantes o frases bellas de otros escritores en un cuaderno. Aunque no podemos copiar las ideas de otros, sí podemos recibir inspiración de dichas ideas y de su forma de escribir.

A continuación encontrarán algunas claves para que el proceso de escritura sea una experiencia positiva tanto para los estudiantes que escriben como para los profesores que leen y evalúan los trabajos.

Elegir el tema

Con frecuencia, los estudiantes le preguntan al profesor: ¿Sobre qué quiere usted que escriba? Esta no es la mejor manera de empezar el proceso. Seleccionar un tema interesante y apasionante es uno de los grandes secretos de la buena escritura. Mientras más específico sea el tema, mucho mejor. Piense en el lector potencial y tómelo en cuenta durante todo el proceso de la escritura, desde la elección del tema, hasta la edición final del trabajo.

Toma tiempo elegir un buen tema. Después de elegir algunos temas potenciales, hay que hacerse varias preguntas para determinar el mejor: *¿Tengo ideas originales con respecto al tema? ¿Me inspira realmente? ¿Voy a encontrar los recursos necesarios para escribir un trabajo detallado y completo?*

Enfocarse y organizarse antes de escribir

Escoger un tema es solo el comienzo de un buen trabajo. El proceso de investigación lleva tiempo y la selección de los recursos no se debe hacer a la ligera. Por fortuna, entre el internet y los textos académicos tenemos una gran variedad de materiales a nuestro alcance. Muchos estudiantes comienzan su investigación en la red, ya que allí se puede encontrar información sobre cualquier tema. Es una base de datos enorme, pero el contenido es poco regulado en cuanto a su exactitud. Hay que buscar con cuidado los sitios de web en que se puede confiar. En las bibliotecas, particularmente en las universitarias o especializadas, hay una multitud de recursos fiables, muchos que no se pueden encontrar en internet.

Mientras recopila la información necesaria para su trabajo, busque un sistema de organización (sistema de tarjetas, uso de diferentes colores, archivos del computador, etcétera) que funcione bien para usted. Tomar notas es una de las estrategias fundamentales para ir organizando nuestras ideas.

Por supuesto, no se puede organizar por siempre y aplazar día tras día el momento de escribir.

El proceso de la escritura

Empecemos con lo más importante: El plagio (que incluye la traducción de información original) puede representar una tentación que trae graves consecuencias en su vida académica. ¡Tenga cuidado! Si tiene cualquier duda de cómo incluir información en su ensayo, es preferible hablar antes con su profesor.

Al escribir, cada frase y cada párrafo deben contener una buena idea y abrir y cerrar de manera lógica. Debe haber una secuencia en las ideas y también una conexión fluida entre ellas. Hay que ilustrar las ideas con ejemplos concretos. Si es pertinente, incluya citas con una breve introducción a estas y un comentario después. Es lógico que tendrá que incluir palabras de vocabulario que son nuevas para usted, pero hay que tener cuidado de usarlas en el contexto apropiado. Use un buen diccionario pero no abuse de él. Su profesor podrá mostrarle cómo utilizar con éxito un diccionario bilingüe.

Comenzar con la introducción puede paralizarnos. La introducción y la conclusión son dos partes esenciales de un trabajo y casi siempre se escriben o se perfeccionan al final. Es importante tomar en cuenta que la introducción y la conclusión *no son lo mismo*, y por eso su contenido debe ser diferente. En la introducción anunciamos el tema del trabajo y algunas de las ideas que apoyan nuestro argumento, mientras que la conclusión se enfoca en lo que se ha aprendido como resultado de la investigación y de la reflexión.

Un buen título atrae a un lector y un título aburrido lo aleja. No es fácil tomar esta decisión, y por eso podemos ir pensando en varias posibilidades a través del proceso. El título debe incluir información básica sobre el contenido del trabajo, pero también mostrar cierta creatividad. Puede también incluir un prefacio después del título para sugerir el contenido y el tono del trabajo o una cita de un escritor que lo haya inspirado a escribir sobre el tema.

Editar, corregir y reescribir

El proceso de edición cuando escribimos en una segunda lengua es tal vez el paso más importante. Si un trabajo en su lengua materna se debe revisar y corregir tres o cuatro veces antes de decidir cuál va a ser la versión final, imagine cuántas veces habrá que revisar un trabajo que ha escrito en su segunda lengua. Cualquier error simple indica que el escritor no ha tomado en serio la escritura del trabajo. A continuación encontrará algunas sugerencias para mejorar su escritura:

- Evite a toda costa los errores de concordancia (femenino versus masculino, plural versus singular) y los errores de conjugación de verbos.

- Tenga cuidado con el uso excesivo de adjetivos. (Como decía el gran poeta chileno Vicente Huidobro: "El adjetivo, cuando no da vida, mata".)

- ¡Cuidado con la ortografía y con los acentos! Recuerde que las únicas consonantes que se repiten en español son las del nombre "Carolina": la **c**, la **r**, la **l** y la **n**. No olvide la diferencia de palabras comunes que se escriben igual pero que tienen significado diferente dependiendo del acento.

  el (artículo) / **él** (pronombre)
  mas (conjunción [**pero**]) / **más** (adverbio),
  mi (adjetivo posesivo) / **mí** (pronombre)
  porque (conjunción) / **porqué** (sustantivo [**causa**]) / **por qué** (interrogativo)
  que (relativo/conjunción) / **qué** (interrogativo/exclamativo) (y de igual manera **quien/quién, como/cómo, cuando/cuándo, donde/dónde, cuanto/cuántos**)
  se (pronombre) / **sé** (verbo)
  si (conjunción) / **sí** (expresión afirmativa)
  te (pronombre) / **té** (bebida)
  tu (adjetivo posesivo) / **tú** (pronombre)

- La puntuación es fundamental para una buena lectura y para la comprensión de sus ideas. Si alquien no puede respirar cuando lee su trabajo en voz alta, ¡esto significa que las frases son muy largas y que hacen falta comas!

- Evite expresiones personales como "yo creo", "yo pienso" y "yo siento", y tenga cuidado con las generalizaciones y los juicios de valor.

- No use lenguaje informal ni expresiones de la calle en un trabajo académico de investigación.

- No tenga miedo de eliminar partes que no suenen bien. Si no suenan bien para usted como escritor, imagínese cómo le van a sonar al lector.

- Es una buena idea leer el trabajo *en voz alta* antes de entregarlo y, si es posible, encontrar un lector calificado que le pueda dar buenos consejos.

- Antes de entregar su trabajo, preste atención a los detalles de su presentación. Use papel limpio, enumere las páginas, escriba su nombre, el nombre del profesor y el del curso en la primera página y organice con mucho cuidado la bibliografía. Use una impresora que tenga tinta negra y engrape el trabajo. Todos estos detalles dicen mucho de la persona que escribe el trabajo.

Comprensión

A. De acuerdo con el texto anterior, en una hoja aparte haga una lista de ocho recomendaciones que usted considera más importantes para llegar a ser buen escritor. Luego comparta la información con la clase.

B. ¿Qué tipo de escritor es usted? Conteste las siguientes preguntas.

1. ¿Es fácil o difícil para usted escribir en español? ¿Por qué?

2. ¿Prefiere leer o escribir? ¿Por qué?

3. ¿Escribe todos los días? ¿De qué forma escribe (por ejemplo, diario íntimo, Facebook, blog, correo electrónico, ensayo, ficción, poesía).

4. ¿Escribe en papel o solo en computador? ¿Cree que la tecnología ha cambiado mucho nuestra forma de escribir?

5. ¿En qué tipo de espacio le gusta escribir? ¿Le gusta escribir en la biblioteca? ¿en su habitación? ¿en un lugar público?

6. ¿Por qué cree que es importante escribir bien? ¿Es necesario hoy en día? ¿Por qué?

7. ¿Quién es su escritor preferido? ¿Por qué?

FIG. 0.1 Estudio del escritor español José Ovejero, Bruselas (fotografía personal del escritor)

C. La imagen 0.1 muestra una foto del estudio en Bruselas (Bélgica) del escritor español José Ovejero (Madrid, 1958–). Mire la foto con cuidado y lea la descripción que hace el escritor de su estudio. Luego, conteste las preguntas.

No sé cómo hablar de mi escritorio; tengo una relación ambigua con él. Una parte excesiva de mi vida transcurre en sus cercanías. ¿Es eso lo que quería, ser escritor, pasar horas y horas solo en una habitación? Aunque es una habitación agradable —mirad los ventanales que se adivinan a la izquierda de la foto—, amplia, de techos altos, llena de luz cuando hay luz en Bruselas. Me gustan sobre todo la mesa de cerezo, las fotografías sobre la chimenea, el ruido de la calle, el silencio de la habitación.

Escribo normalmente de pie, de ahí esa construcción para aumentar la altura a la que se encuentran la pantalla y el teclado; para pensar me siento, me tumbo en el sofá rojo que hay enfrente y no podéis ver, o paseo por este cuarto de cinco por cinco metros, suficientes para contener mi inquietud cuando no sé qué o cómo escribir.

A veces me pregunto para qué paso tanto tiempo ahí, con la sensación de estarlo perdiendo, de no encontrarme donde la vida transcurre, buscando palabras cuando hay tantas cosas más importantes que buscar. Otras, no quisiera encontrarme en ningún otro lugar, porque la vida transcurre precisamente aquí, mientras recuerdo, invento, creo, me adentro en todas esas imágenes, escenas, desgracias y alegrías que hacen que mi existencia sea más rica e intensa que si no fuese escritor.

1. ¿Le gusta el estudio de este escritor? ¿Qué le gusta y qué no le gusta?

2. ¿Cómo es el escritorio?

3. ¿Cómo escribe Ovejero? ¿Escribe sentado o de pie?

4. ¿Le gustaría tener un espacio como este para escribir? ¿Por qué?

5. ¿Cómo sería para usted el estudio ideal? ¿Sería grande? ¿luminoso? ¿desordenado? ¿lleno de libros? ¿minimalista? ¿moderno?

Si quiere ver más estudios de escritores, visite el blog "Proyecto Escritorio" en http://proyectoescritoriojesusortega.blogspot.com/2012/04/juan-carlos-marquez.html.

Para información acerca de la disponibilidad de los varios recursos electrónicos que se mencionan en el libro, véase la página web de *Retratos*: www.hackettpublishing.com/retratos.

CAPÍTULO 1

¿CÓMO PERCIBIMOS A LOS DEMÁS?: EL OTRO

"El extraño, el otro, es nuestro doble".
—Octavio Paz, escritor mexicano y ganador
del Premio Nobel de Literatura

La idea del "otro" ha sido definida de diferentes formas dependiendo del momento histórico, del espacio geográfico y la situación política. Desde el siglo XX, y especialmente en este siglo, la concepción de la otredad ha tenido una relevancia importante en el arte, la literatura y el cine hispano y latinoamericano. Aquellos que han sido oprimidos o aislados por su raza, su género, su clase social, su nacionalidad o su preferencia sexual toman un papel protagónico en el lienzo*[1], en el papel y en la cinta. Para este capítulo introductorio se ha hecho una selección representativa de un artista, un escritor y un director de cortometraje que abren un espacio para acercarse a la noción de la otredad desde una perspectiva crítica. El material escogido permite un análisis particular del cuadro*, del cuento y del cortometraje* en su contexto geográfico e histórico. También se ofrece la posibilidad de establecer comparaciones entre las diferentes formas de representar al otro. Hombres y mujeres aparecen en situaciones **cotidianas**, dramáticas o de reivindicación, y hablan desde su propia voz o son representados por otros. En algunas imágenes se percibe el dramatismo de la realidad, en otras somos testigos de la persistencia y la fortaleza con las que los personajes confrontan la adversidad.

Este capítulo introductorio abre las puertas a una discusión importante sobre la forma en que nos definimos a nosotros mismos en contraste con otros. Cada representación nos transporta a un mundo cercano o ajeno, conocido o desconocido, un mundo al que debemos entrar listos para cuestionar a otros, pero especialmente a nosotros mismos. A través del capítulo viajamos a Mali, en el oeste de África, lugar donde el pintor* español Miquel

---

1.   Las definiciones de la mayoría de las palabras y frases relacionadas con el arte (indicadas con asterisco la primera vez que aparecen) se encuentran en el Anexo, al final del libro.

Barceló vivió durante varios años y descubrió una nueva forma de pintar. El cuento "Fotografías", del escritor boliviano Edmundo Paz Soldán, nos habla sobre un personaje que se siente ajeno a sí mismo mientras se mira en sus fotografías. Al final, en el cortometraje "El héroe", nos encontramos en una ciudad moderna y caótica donde ocurren episodios absurdos e inhumanos. El arte permite un acercamiento único y un entendimiento de condiciones sociales presentes en diferentes partes del mundo. El cuento nos invita a hacer una reflexión sobre la complejidad del ser humano y las etapas por las que pasamos a través de la vida. El cortometraje cierra el capítulo con un hombre que es "otro" entre otros y que vive de manera dramática la dura realidad de una urbe latinoamericana.

Preguntas

1. Según lo que ha leído en la introducción del tema, ¿quiénes pueden ser categorizados como "otros" en nuestras sociedades occidentales del siglo XXI? Haga una lista y explique su elección.

2. ¿Cuáles son algunos elementos que nos invitan a dividir el mundo en las categorías de "nosotros" y "los otros"? Explique su respuesta.

3. ¿Por qué cree que es importante pensar en "los otros"? ¿Qué podemos aprender de los demás? Busque un ejemplo concreto en su vida personal.

4. ¿En qué tipo de situaciones tenemos la oportunidad de conocer gente diferente a nosotros?

5. ¿Se ha sentido alguna vez diferente a los demás? ¿En qué situación?

ARTE VISUAL MIQUEL BARCELÓ (ESPAÑA, 1957–)

FIG. 1.1 Retrato de Miquel Barceló, de Rodrigo Isaza (2015). Carboncillo sobre papel. Colección privada.

Miquel Barceló es uno de los artistas contemporáneos más importantes de España y es reconocido también a nivel internacional. Su madre era paisajista* y su influencia fue definitiva en su carrera como artista. Barceló rechazó y protestó contra la dictadura de Francisco Franco durante su juventud. En París y en Barcelona encontró su estilo* propio mientras descubría las obras de los pintores Paul Klee, Jean Dubuffet y el *art brut*. Otros pintores que influenciaron su obra fueron los artistas españoles Antoni Tàpies y Joan Miró. Fue en el sur de Italia y en Portugal donde mezcló elementos como la **arena**, las piedras y las **algas** con su pintura. Africa comienza a aparecer en su arte a partir de 1988, año en el que viaja por primera vez a Mali, lugar que cambiará su estilo de diferentes maneras. Allí pinta en papel con pigmentos* locales. El desierto, la vida y el paisaje africano marcan de manera dramática la obra del artista. Comenzó a explorar la cerámica* en 1995. Realizó una célebre ilustración de *La divina comedia* de Dante Alighieri en la catedral de Palma de Mallorca en el 2002. Pintó la cúpula de la sala XX, ahora la Sala de los Derechos Humanos y de la Alianza de Civilizaciones, de las Naciones Unidas en Ginebra. Durante los veranos de 2009 y 2010, Barceló recorrió la cordillera del Himalaya, atraído por el paisaje y la espiritualidad del Tibet. Los dibujos de esa época se publicaron en su libro *Cuadernos del Himalaya* (2012).

> **VOCABULARIO ÚTIL**
>
> Nota importante sobre vocabulario: En cada capítulo de *Retratos* encontrará una lista de vocabulario útil antes de cada artista y de las obras literarias. Lea estas listas con cuidado pues serán útiles para la comprensión del material.
>
> **alga (m.)** *planta marina*
> **arena** *piedras diminutas que se encuentran en la playa*
> **barcaza** *bote estrecho*
> **barro** *mezcla de agua y tierra*
> **endeudado/a** *que debe dinero o debe algo*
> **infancia** *primera etapa de la vida*
> **sequía** *período sin lluvia*
> **vida cotidiana** *la vida de todos los días*

La versatilidad de Barceló se muestra en las diferentes formas de arte en las que deja su marca: desde telas inmensas y murales hasta esculturas y ccrámicas. Otra faceta importante de su obra es la ilustración de obras literarias. Actualmente trabaja entre París y la isla de Mallorca.

"África inmediatamente me remitió al mundo salvaje, sucio y feliz de mi **infancia**. Veo el continente africano arruinado y armado, **endeudado** y enfermo, del que nos llegan solo imágenes de mutilación, fragmentos, pedazos de máscaras, de ceremonias olvidadas, **barcazas** llenas de muertos, que solo consiguen penetrar nuestra cómoda fortaleza europea en forma de cadáver, de esclavo o de fragmento".

—Miquel Barceló

La acuarela es una técnica de la pintura que utiliza colores diluidos con agua sobre un papel resistente, especial porque absorbe la humedad. Los colores son transparentes y dejan ver el blanco del papel. Es una técnica de ejecución muy rápida para mantener la humedad en cada color y no permitir que se seque antes de tiempo. Algunos acuarelistas destacados son: Albrecht Dürer, William Turner, Winslow Homer, Paul Cézanne, Egon Schiele, John Singer Sargent, Pedro Nel Gómez, Débora Arango, Miquel Barceló y Georgia O'Keeffe.

Cómo analizar y entender mejor una pintura*

El arte es una forma de expresión, un lenguaje visual poderoso que transmite la visión personal de un artista, pero también los pensamientos colectivos de una época histórica determinada o de una cultura. La reacción del espectador frente a una obra de arte es siempre única. A veces un cuadro nos atrae y nos conmueve por su belleza aunque no podamos explicar racionalmente por qué. En otras ocasiones nos sentimos frustrados ante una obra porque no llegamos a entender su significado o su mensaje. Si queremos apreciar una obra de arte, primero tenemos que aprender a mirar y tener paciencia. La apreciación de una obra requiere tiempo y observación detenida para poder llegar a entender las propuestas artísticas del pintor.

Para cada obra de arte se puede considerar lo siguiente:

FIG. 1.2 *La mirada del otro*, de Pablo Pintado-Casas (2005). Óleo sobre lienzo. Colección privada.

1. **Nuestra reacción inicial ante la obra**

    Antes de empezar un análisis formal, debemos preguntarnos cuáles son las ideas o las emociones que nos trasmite la obra. Aun si no entendemos la obra, podemos encontrar en ella elementos que nos interesan, que nos intrigan o que nos hablan emocionalmente.

2. **Alguna información básica acerca de la obra y del artista**

    Esta información nos ayuda a situar la obra en un contexto y entenderla con más profundidad.

    *   ¿Qué tipo de obra es? (Ejemplos: pintura, escultura*, mural*, dibujo*, grabado*)

- ¿Cuál es la técnica* que se utilizó? (Ejemplos: acuarela* sobre lienzo, óleo sobre madera, témpera*; aguafuerte*, litografía*; relieve*; técnica mixta*)

- ¿Cuál es el título de la obra? ¿Qué sugiere?

- ¿Quién es el/la artista? ¿De dónde es? ¿A qué movimiento artístico pertenece?[1]

- ¿Cuál es la fecha de la obra? ¿Es una fecha significativa en la historia?

3. La forma

En un análisis formal hay que fijarse cuidadosamente en los siguientes elementos.

a. La composición y la perspectiva

La *composición** es la manera en que el artista ordena los elementos de la obra. Pueden ser ordenados de forma armónica o caótica.

La *perspectiva** es una manera de reproducir en dos dimensiones lo que se ve en tres dimensiones. Adoptamos un punto de vista y dibujamos el espacio dependiendo de nuestra posición. Se ubican las cosas ordenadamente según la distancia y se toma en cuenta siempre la posición del observador. La perspectiva se desarrolló en el Renacimiento y se convirtió en un sistema de representación riguroso que permitía lograr obras más realistas.

b. Las líneas

Las líneas pueden ser irregulares, cortantes, suaves, gruesas o finas. Las líneas de un cuadro pueden influir en la perspectiva y marcar el tono de la obra.

c. Las formas, los colores y la luz

Las formas, los colores y el efecto de la luz en un cuadro son fundamentales porque nos transmiten su sentido expresivo y producen en el espectador distintas emociones. En su "período azul", por ejemplo, el pintor español Pablo Picasso utilizó el color azul para expresar su tristeza y desolación; de alguna manera todos los cuadros de esa época nos acercan al mundo interior del pintor a través del color.

---

1. En el Anexo al final del libro se encuentra una lista de algunos movimientos artísticos importantes.

d. El contenido, los temas

Toda obra de arte, aún la más abstracta, nos habla de algo. Más allá de las formas, de las líneas y de los colores, el pintor expresa una idea, sea estética, filosófica, social, política o cultural. Al analizar una pintura es importante cuestionar las motivaciones del artista y buscar el significado de la obra. Para guiarnos, podemos preguntarnos si la obra se puede vincular con un contexto histórico o cultural determinado, si el pintor ha utilizado símbolos* para contar una historia, si los personajes o el paisaje tienen un significado particular. A veces el propio artista comparte con el público las ideas detrás de sus obras y nos va abriendo las puertas de su mundo.

SU VOZ

"En 1987 vivía en Nueva York y pintaba cuadros blancos en los que la imagen desaparecía. Eran la negación de las imágenes. [...] Después me fui a África. Quería ir a un desierto: al Amazonas o a otra región aislada de América del Sur, tenía ganas de desierto porque mis cuadros se habían convertido en desiertos. […] En África hay una terrible belleza de lo extremo. No es nada, pero es siempre lo esencial. La humedad y la **sequía**. A la orilla del río está la vida, y un poco más lejos la muerte, el desierto, la nada. Esa unión es una sensación que está próxima a la pintura, una metáfora de lo húmedo y lo seco, de la vida y de la muerte".

Entrevista a Barceló por Marie-Laure Bernadac, 1995

Preguntas

1. De acuerdo a la biografía de Barceló, ¿cómo empezó a experimentar con el arte?

2. Según la cita, ¿qué tipo de cuadros pintaba Barceló en Nueva York?

3. ¿Qué tipo de naturaleza buscaba? ¿Por qué?

4. ¿Qué nos dice el artista acerca de África? ¿Qué aprendió Barceló mientras vivía en África?

5. ¿Cree que es importante para un artista viajar a otros países? ¿Por qué sí o no?

SU OBRA: *JOVEN AFRICANA CON FALDA VIOLETA*

Africa en la vida de Barceló

Miquel Barceló es un viajero incansable y el lugar donde trabaja siempre ha tenido una gran influencia en su obra. Viajó por primera vez a África en 1988 y decidió quedarse ocho meses. Cruzó el Sáhara y se instaló en las orillas del río Níger en Gao, en la República de Mali. En los cuadros de esa época utilizó guache* y acuarela, pero también materias locales: el agua y el **barro** del río, pigmentos del polen de las flores, tierra y arena. Pinta y dibuja en cuadernos, y la fuerza del viento del desierto cambia a veces las formas de sus dibujos; así nacen representaciones únicas de la **vida cotidiana** africana. Barceló establece una profunda conexión con el paisaje africano, con su gente y con el ritmo de la vida diaria en la República de Mali.

En África, el artista redescubre la belleza en las cosas cotidianas y su estilo cambia de forma radical. Empieza a utilizar lienzos pequeños para poder llevarlos con más facilidad por el desierto. Cuando no puede pintar al óleo porque el sol quema sus

FIG. 1.3 *Joven africana con falda violeta* (Mali), de Miquel Barceló (2005)

pinceles, empieza a llenar pequeños cuadernos con notas y dibujos sobre la sencillez de la vida cotidiana en la República de Mali como, por ejemplo, los mercados, escenas domésticas, retratos* de pescadores, gente bañándose en el río y animales.

Análisis de la pintura

1. ¿Cuántas personas hay en este cuadro? ¿Qué están haciendo? ¿Las vemos de cerca o de lejos?

2. ¿Por qué no vemos claramente los pies de las mujeres?

3. ¿Cuáles son los colores que predominan en el cuadro? ¿Son vivos*, como los colores primarios* o secundarios*, o son apagados*? ¿Son oscuros, como el negro y el café? ¿Son colores pastel*? ¿Qué tipo de emoción le transmiten estos colores? ¿Son emociones positivas?

4. ¿Cree que estas mujeres han posado para Barceló? Explique su respuesta.

5. En la mujer con falda violeta, parece que la pintura se ha escurrido alrededor de la falda. ¿Cree que el pintor lo ha hecho a propósito? ¿Cómo se han podido formar estas manchas? Recuerde que Barceló pintaba mucho en el Sáhara.

6. ¿Vemos claramente el desierto o el río en el cuadro? ¿Por qué cree que el pintor no le da mucha importancia al paisaje?

7. ¿Hay movimiento en este cuadro o es una escena estática? ¿Puede imaginar la conversación entre las mujeres?

Preguntas de discusión

1. Miquel Barceló es un pintor que representa al "otro" desde la perspectiva de este personaje; no lo hace sintiéndose superior a él o a ella. ¿Cómo retrata Barceló a las mujeres africanas en este cuadro? Explique su respuesta.

2. ¿Cuáles son los elementos en este cuadro que enseñan aspectos de la cultura de Mali?

3. ¿Qué ideas nos trasmite el pintor acerca de esta cultura?

4. ¿Cree que a Barceló le interesa buscar la perfección en el arte? ¿Por qué?

5. En la página web de Barceló (www.miquelbarcelo.com/), podrá encontrar otros cuadros y también fotografías* del pintor en Mali. Busque un cuadro o una foto y comparta algo interesante que haya descubierto con el resto de la clase.

Para más información sobre la vida y la obra de Miquel Barceló, puede consultar el libro de Michael Damiano, *Porque la vida no basta. Encuentros con Miquel Barceló* (Editorial Anagrama, 2012). Se puede leer un fragmento del libro en la página de la editorial en www.anagrama-ed.es/PDF/fragmentos/BM_30.pdf.

REPASO DE GRAMÁTICA

Los verbos *ser* y *estar*

En semestres anteriores ha aprendido que en español se utilizan dos verbos que equivalen al verbo *to be* en inglés. Aunque las diferencias son claras y no hay ambigüedad, son verbos que tienden a confundir a los estudiantes.

En principio, es importante tener en cuenta que hay muchos más usos del verbo ser (para expresar origen, profesión, la hora, características personales, material, relación, eventos, direcciones de lugares y en expresiones impersonales) que del verbo estar (para expresar estados emocionales o físicos temporales, el lugar donde se encuentra una persona o un objeto, y es el verbo auxiliar para el gerundio y el auxiliar para el pasado participio como adjetivo). Si observamos los usos entre paréntesis, podemos ver que las diferencias son obvias y que no hay lugar para la confusión.

Observe los siguientes usos de los verbos ser y estar en frases relacionadas con el pintor Miquel Barceló.

ORIGEN Miquel Barceló es de la isla de Mallorca.

DIRECCIÓN DE LUGAR La casa de Barceló es en París.

CARACTERÍSTICAS PERSONALES: Barceló es creativo y apasionado por lo que hace.

PROFESIÓN Es un artista contemporáneo muy conocido.

LA HORA Son las seis de la tarde y Barceló pinta una escena en Mali.

MATERIAL El bote es de madera.

RELACIÓN La madre de Barceló es Francisca Artigues.

EVENTO La conferencia sobre el arte de Barceló es en el Museo* Reina Sofía, en Madrid.

EXPRESIÓN IMPERSONAL Es evidente que tiene mucho talento.

LUGAR DE UNA PERSONA Miquel Barceló está en Barcelona ahora.

LUGAR DE OBJETO/EDIFICIO La galería* con las obras de Barceló está en Mallorca. (En Latinoamérica también se usa el verbo ser para dar direcciones.)

ESTADO EMOCIONAL TEMPORAL Está feliz después de su último viaje.

ESTADO FÍSICO TEMPORAL Barceló está cansado de viajar por todo el mundo.

VERBO AUXILIAR PARA EL GERUNDIO El artista está pintando en el desierto de Mali.

VERBO AUXILIAR PARA EL PASADO PARTICIPIO COMO ADJETIVO Los cuadros están hechos de barro y pigmentos locales.

EJERCICIOS DE GRAMÁTICA

A. Indique las opciones correctas en el siguiente párrafo.

Yo (**1.** soy / estoy) estudiante de español. Las clases (**2.** son / estar) a las nueve de la mañana; es muy temprano, pero yo siempre (**3.** soy / estoy) interesado en el material que aprendemos. La profesora (**4.** es / está) peruana pero (**5.** es / está) en este país desde hace veinte años. Nosotros (**6.** somos / estamos) en clase en este momento y la profesora (**7.** es / está) explicando las diferencias entre **ser** y **estar**. Yo (**8.** soy / estoy) inteligente pero mis respuestas no siempre (**9.** son / están) correctas. La profesora dice que su país (**10.** es / está) maravilloso y que Machu Picchu (**11.** es / estar) un lugar mágico. Yo (**12.** soy / estoy) aprendiendo mucho sobre Latinoamérica y pienso que las culturas (**13.** son / están) impresionantes. (**14.** Soy / Estoy) una persona bastante aventurera y (**15.** soy / estoy) pensando en ir a Perú este verano para mejorar mi español.

B. Llene los espacios en blanco con la forma correcta de los verbos **ser** y **estar** en el presente del indicativo.

Miquel Barceló _____¹ un pintor contemporáneo de España. En el cuadro *Joven africana con falda violeta*, hay tres mujeres que _____² trabajando en un río. La pintura _____³ una acuarela con trazos de colores vivos. Sabemos que las mujeres _____⁴ de África por las referencias culturales que nos da el pintor. Esta pintura nos muestra cómo Barceló _____⁵ interesado en las culturas africanas. Las mujeres _____⁶ inclinadas y hay un balde (*bucket*) que indica el tipo de actividad que ellas _____⁷ haciendo. El cuadro _____⁸ típico de las obras de Barceló hechas en África.

C. Construya frases lógicas usando elementos de las columnas A y B. Debe agregar el verbo **ser** o **estar** para cada una de las frases.

A	**B**
1. _____ Miquel Barceló...	a. una obra alegre con colores vivos.
2. _____ La casa de Barceló en Mali...	b. lavando ropa en un río.
3. _____ La pintura *Joven africana con falda violeta*...	c. en muchos museos del mundo.
4. _____ La República de Mali...	d. paisajista.
5. _____ La madre de Barceló...	e. cerca del desierto.
6. _____ Las tres mujeres de la pintura...	f. un artista español contemporáneo.
7. _____ Las pinturas de Barceló...	g. en la costa oeste de África.

Expresiones escritas: *En cada capítulo de* Retratos *se explora una expresión escrita útil para saber cómo expresar las ideas al escribir. Encontrará en esta sección una lista de características sobre la expresión escrita del capítulo. Se espera que los estudiantes se familiaricen con la forma de escritura y la usen para describir o analizar el arte visual, la literatura o el cortometraje.*

EXPRESIONES ESCRITAS

Así es mi vida: La autobiografía

Aunque existe una larga tradición del género autobiográfico, el término apareció en el siglo XIX. La autobiografía es un relato retrospectivo que se concentra en vivencias individuales y en la historia personal. Puede enfocarse en un período de la vida o cubrir toda la historia del narrador. A veces toma en cuenta sucesos externos históricos. Hay muchas semejanzas entre la autobiografía y la biografía, el diario íntimo, y las memorias.

Es importante tener en cuenta los siguientes puntos al escribir una autobiografía.

- Es un relato en primera persona.

- La vida, las emociones, el ambiente que rodea al narrador son elementos importantes de la autobiografía.

- El narrador del texto autobiográfico tiene la responsabilidad de contar la verdad. Aunque puede haber ficción en la autobiografía, generalmente hay un pacto de verdad entre el narrador del relato y el lector.

- El autor selecciona pasajes de su vida y oculta los que no quiere compartir con sus lectores.

- El estilo usado y la estructura de la autobiografía varía dependiendo del autor.

Modelo del género autobiográfico

La persona que escribe el siguiente texto selecciona pasajes de su vida como inmigrante en los Estados Unidos. Por su brevedad, omite muchos detalles y se concentra en los aspectos generales de sus primeras experiencias en este nuevo ambiente.

Días ajenos

Llegué a Nueva Jersey hace veinticinco años; me casé y me fui a vivir a un sótano oscuro con una pequeña ventana que daba a un patio pavimentado. Pasé los primeros meses de invierno en la Jefferson Street de Hoboken, mirando televisión, comiendo helado e imaginando cómo podría sobrevivir en un lugar que sentía tan ajeno. En las noches me quedaba sola o acompañaba a Pablo a repartir pan en un camión pintado de grafiti en letras redondas. Estudiaba inglés en un College al que llegaba después de tomar dos trenes subterráneos, el Ferry de Staten Island y un autobús. Había estudiado periodismo en Colombia y pensaba que podría encontrar un trabajo en cualquier periódico hispano. No tenía permiso de trabajo, pero llegué a las puertas de un semanario de la calle Bergenline, un lugar donde nadie hablaba inglés, donde se tomaba un café cubano que perforaba el hígado y donde los viejos hablaban de Fidel Castro hasta el cansancio.

El dueño del semanario había salido de la Isla antes del éxodo del Mariel, tenía un peluquín muy bien puesto y apenas sabía escribir. Era un hombre gritón que repetía varias veces al día "esto es un arroz con mango". Desde su oficina podía controlar todo lo que ocurría en las diferentes divisiones a través de una pequeña cámara fotográfica* localizada en el techo, arriba de su escritorio. Yo empecé en la sección de clasificados pero el mismo día fui trasladada a la sala de redacción. Sergio, el encargado de la publicidad, se dio cuenta que no podría vender ni una letra y me preguntó si sabía escribir. Entramos a un cuartito oscuro donde olía a cigarrillo y a perfume barato. Había dos máquinas de escribir y un computador. Una rubia de caderas anchas leía las notas de una entrevista a una cantante chilena, mientras un señor con gorra de los Jets intentaba narrar el último partido de béisbol entre su equipo y los Braves de Atlanta. Les pregunté quién escribía el resto del semanario y me dijeron que el director del periódico se había ido de vacaciones a la Florida y había dejado un archivo lleno de fotografías robadas de revistas famosas y de artículos genéricos. A la rubia caderona y al aficionado al béisbol había que corregirles sus columnas, la una tenía muy mala ortografía y el otro podía narrar oralmente el partido, pero no escribía bien en español.

Desde el primer día comencé a escribir lo que nunca había escrito, columnas de chismes de farándula, partidos de béisbol e historias de crímenes reales o inventados. Dos semanas después de mi llegada al semanario, pasé por la oficina del director quien con sus pies sobre el escritorio y su cigarro en la boca me dijo "oye, por si no te has dado cuenta, tú eres la directora del periódico". Esa misma noche salí con Pablo en medio de una gran nevada para tomar una foto de portada. Necesitaba a un vagabundo para hablar de las estadísticas de personas que vivían en las calles y Pablo salió con una chaqueta grande y negra, se recostó a una gran caneca de basuras y se tomó un trago de una botella cubierta de papel. La primera portada bajo mi dirección tenía a varios miembros de mi familia, columnas de crímenes con el seudónimo del nombre de mi abuela, y chismes de artistas con mi segundo nombre y apellido. En tres años que trabajé con un salario en efectivo de trescientos dólares por semana, solo publiqué un reportaje con mi nombre propio. La historia era sobre un hombre hondureño que había sobrevivido a un incendio en una discoteca del Bronx. Es la primera vez que escribo sobre esos tres años de mi vida que no cuento y de los que me acuerdo como si todo le hubiera ocurrido a otra persona.

1. Describa las características del género autobiográfico que observa en este texto.

2. ¿Siente que tiene acceso a detalles de la vida de esta persona? Explique su respuesta.

3. Este fragmento habla de una inmigrante que llega por primera vez a los Estados Unidos. ¿Qué le llama la atención de la historia de esta persona?

4. ¿Cómo contrasta la vida de esta inmigrante con la de otros inmigrantes sobre los que usted ha oído hablar?

5. ¿Cuáles elementos tiene en cuenta la narradora para contar esta historia?

LITERATURA
EDMUNDO PAZ SOLDÁN
(BOLIVIA, 1967–)

Edmundo Paz Soldán hace parte de una nueva generación de escritores que explora la tecnología y los medios de comunicación como las más grandes influencias del presente siglo. En su narrativa aparece el tema de la biotecnología y de las diferentes ansiedades del hombre del siglo XXI. *El delirio de Turing* (2003), novela traducida al inglés, es una historia de suspenso que se desarrolla durante protestas populares contra la invasión de las multinacionales. Uno de los personajes principales de esta novela es un *hacker*. Paz Soldán es un escritor que no le tiene miedo al cambio tecnológico y destaca la importancia del blog como medio de comunicación. *Río fugitivo* es el nombre de su propio blog.

FIG. 1.4 El escritor Edmundo Paz Soldán (Fotografía de Liliana Colanzi)

Estudió Ciencias Políticas en la Universidad de Alabama y obtuvo su doctorado en letras en la Universidad de California, Berkeley. Es profesor de literatura latinoamericana en la Universidad de Cornell y miembro del movimiento llamado MacOndo, la nueva tendencia literaria que se aleja del realismo mágico. Es autor de varias novelas, entre ellas *Río Fugitivo* (1998), *La materia del deseo* (2001), *Palacio quemado* (2006) e *Iris* (2014). Sus obras han sido traducidas a ocho idiomas, y ha recibido numerosos premios, entre los que destaca el Premio Juan Rulfo de cuentos (1997) y el Nacional de Novela en Bolivia (2002). La cultura popular y los medios de comunicación han influenciado la escritura realista de Paz Soldán. En sus novelas y colecciones de cuentos habla sobre la realidad social y política de su país, utilizando el pueblo ficticio Río Fugitivo. Participa en periódicos y revistas como *El País*, *The New York Times, Time* y *Etiqueta Negra*. Ha escrito cuentos y novelas de crimen y ha explorado temas como la inmigración, las pasiones humanas, la política, así como la vida cotidiana y la influencia del internet, de MTV y de los juegos digitales.

SU VOZ

"La literatura puede estar hoy a los márgenes de la sociedad, no ocupa tanto espacio como la televisión o el cine, y no tiene el *glamour* de las nuevas tecnologías, pero a la vez es un medio fundado en la autorreflexividad y la distancia irónica, y quizás por ello es el más capaz de ejercer una mirada crítica sobre su momento histórico".

"Escribo en computadora, y el lugar favorito para hacerlo es una mesa en la cocina de mi casa, el lugar más cálido, cerca de la cafetera y el refrigerador".
—De una entrevista a Edmundo Paz Soldán por Araceli Otamendi, 2010

Preguntas

1. De acuerdo a los datos biográficos, ¿cree usted que Paz Soldán tiene en cuenta al público lector de su generación? Explique su respuesta.

2. ¿Qué tipo de lugar escoge Paz Soldán para escribir?

3. En sus propias palabras, ¿cuáles son los elementos importantes de la literatura de hoy en día para el escritor Paz Soldán?

4. ¿Cómo definiría usted la literatura? ¿Los libros que ha leído en su vida han tenido una influencia en la forma en que usted actúa o piensa?

5. ¿Es posible usar los avances tecnológicos para escribir buena literatura? Explique su respuesta.

SU OBRA: "FOTOGRAFÍAS"

Antes de leer

1. ¿Son importantes las fotografías en su vida? Explique su respuesta.

2. ¿De qué forma nos ayudan las fotografías a recordar momentos de nuestro pasado?

3. ¿Le gusta que los demás le tomen foto?

4. ¿Tiene algun álbum? ¿Le gusta mirar fotografías de otras épocas de su vida?

5. ¿Se reconoce siempre en sus fotografías? ¿Hay algunas que le chocan o le molestan? ¿Por qué?

Lectura

Fotografías

En este álbum de fotografías se encuentran pruebas de la existencia de algunos seres de la **muchedumbre** que fui y soy yo. En esta foto, por ejemplo, uno puede observar una de las múltiples versiones que me encarné de adolescente, la sonrisa **despreocupada** en la puerta del colegio, la mirada que **confía** en que la historia tendrá un final feliz. Aquí, entre amigos, **se halla** el ser que soñó algún día con seguir los pasos del **Che**. El que posa en medio de dos campesinos es el que estuvo a punto de irse a vivir a un pueblito del valle **cochabambino** para descubrir la parte de su país que era un misterio para él. Esta foto **desvaída** muestra al joven que

VOCABULARIO DE LA LECTURA

ajeno/a *que le pertenece a otra persona*
arrojar *tirar a un lugar*
basurero *lugar donde se depositan las basuras*
burdo/a *una persona poco cuidadosa*
burdel (m.) *casa de prostitución*
cobardía *falta de valor para confrontar una situación*
cochabambino/a *originario/a de Cochabamba, Bolivia*
colgar *cerrar una comunicación telefónica*
confiar *tener esperanza que algo va a ocurrir*
despreocupado/a *sin preocupación*
desvaído/a *descolorido/a, borroso/a*
enterarse *tener noticia de algo*
esconderse *ocultarse en un lugar*
hallarse *ocupar un lugar, encontrarse, estar*
madrugada *temprano en la mañana*
muchedumbre (f.) *muchas personas en un mismo lugar*
nombrar *decir el nombre de alguien o de algo*
temer *tener miedo de algo*

amó a y sufrió por Ximena. El que pedalea en el triciclo azul es un niño en paz que no supo nunca de la existencia del ser angustiado de la foto en blanco y negro de al lado, los ojos que miran penetrantes y a la vez no miran en una **burda** imitación del ejemplo de esos días, **Kafka**. Allí, borracho, con un desconocido, se encuentra el ser que en la **madrugada** del 24 de febrero de 1971, día en el que cumplía 25 años, prometió que no descansaría hasta que Bolivia retornara al mar. El de pelo corto, abrazado por sus padres, es una versión de pocos días, los suficientes para creer en y descreer de la política. El que duerme

En el cuento "Fotografías" se encuentran algunas referencias a personalidades de la política y de la literatura. Esta lista le ayudará.

Che   *Ernesto "Che" Guevara (1928–1967), revolucionario argentino que participó en la Revolución cubana*
García Meza   *Luis García Meza Tejada (1932–), militar y dictador de Bolivia de 1980 a 1981*
Germán Busch   *Germán Busch Becerra (1904–1939), presidente de Bolivia de 1937 a 1939*
Kafka   *Franz Kafka (1883–1924), escritor en lengua alemana que nació y vivió en Praga; autor de La metamorfosis*

la siesta sin **enterarse** de que una foto lo acaba de atrapar era el que, día tras día, no dejaba de pensar en el suicidio de **Germán Busch**. Allí, en el extremo izquierdo de esa foto de grupo, está el que se casaría sin convicción y siete meses después se divorciaría sin convicción. El ser que, en esa foto recortada de un periódico, está siendo posesionado como ministro de gabinete de **García Meza**, es el que **temía** demasiado a la muerte y eligió vivir el resto de sus días con el estigma de la **cobardía**. Esa foto, tomada en un **burdel** el día en que cumplía 41 años, es de aquel que bebía hasta la intoxicación porque no encontraba cosa mejor que hacer. La última foto, tomada hace poco más de una hora con una polaroid, es de un ser, o seres, que todavía no conozco.

Suena el timbre del teléfono. Contesto. Preguntan por Gonzalo Peña. Es un nombre que he oído muchas veces, aplicado a los seres que habitan las páginas de este álbum de fotos. Es mi nombre, pero por alguna razón, como cuando uno repite varias veces una palabra y ella termina por perder su sentido, es un nombre que ya no me **nombra**. Sin mentirle, sin intentar **esconderme**, le digo que aquí no vive ningún Gonzalo Peña, número equivocado. **Cuelgo**.

Vuelvo a mirar la última foto del álbum. La extraigo y **arrojo** el álbum al **basurero**. Nunca podré responderme qué hacía una foto mía en un álbum **ajeno**.

Comprensión de la obra

A. Primero, indique si las siguientes afirmaciones son verdaderas (V) o falsas (F), según el contenido del cuento. Luego, corrija las que son falsas.

1. V F   El cuento está narrado en primera persona.

2. V F   El protagonista/narrador se reconoce en todas las fotografías.

3. V F   Piensa que ha sido muchas personas diferentes a lo largo de su vida.

4. V F   Habla de una mujer importante en su vida.

5. V F   Todas las fotos son en color.

6. V F   Al narrador no le interesa la política.

7. V F   Al final no se reconoce a sí mismo en las fotografías.

8. V F   La última foto es una polaroid sacada hace poco tiempo.

9. V F   Alguien lo llama por teléfono.

10. V F   El protagonista decide guardar todas sus fotos.

B. Conteste las siguientes preguntas.

1. ¿Dónde guarda sus fotos el narrador? ¿Las guarda en un álbum o las tiene en su computador o su teléfono? ¿Tiene muchas?

2. El cuento se divide en tres párrafos, el primero bastante largo, el segundo mucho más corto y el tercero son solo dos frases. ¿Qué tipo de información encuentra en cada uno de ellos?

3. ¿Cómo interpreta el final del cuento?

Preguntas de discusión

1. Este cuento presenta los cambios por los que atraviesa un ser humano a lo largo de su vida. ¿Cuál fue la época más importante de su vida hasta ahora? ¿Por qué?

2. ¿Cree que una persona puede ser objetiva sobre sí misma? ¿Piensa que los demás nos ven de otra manera? Dé un ejemplo concreto en su caso.

3. ¿De qué manera sirven las fotografías como una herramienta para construir su memoria?

4. Es posible que uno no se reconoza en una foto? ¿Alguna vez le ha ocurrido?

5. ¿Cómo se sentiría usted si un día perdiera todas las fotos que tiene?

EJERCICIOS DE GRAMÁTICA

A. Llene los espacios en blanco con la conjugación correcta en el presente del indicativo de los verbos **ser** y **estar**.

Edmundo Paz Soldán _____ [1] un escritor muy importante del siglo XXI. _____ [2] boliviano y ha escrito mucho sobre cómo _____ [3] los seres humanos hoy en día. La vida de los inmigrantes _____ [4] también un tema en sus cuentos y novelas. En "Fotografías", el protagonista _____ [5] mirando un álbum. Él _____ [6] una persona que cuestiona su vida. El Che y Kafka _____ [7] personajes históricos que tuvieron una influencia en el personaje. Las fotografías _____ [8] útiles para recordar episodios del pasado. _____ [9] claro que el personaje se cuestiona y deja de reconocerse al final. Los sueños _____ [10] una parte muy importante de la vida del protagonista.

B. Haga un collage literario de sus fotografías o recuerdos: Escriba una breve descripción de esas imágenes y episodios de su vida utilizando los verbos **ser** y **estar**.

Sugerencias para las presentaciones orales en clase

1. Debe comenzar la preparación de la presentación por lo menos con una semana de anticipación, investigar el tema con cuidado, escribir en sus propias palabras el contenido de la presentación y prepararse para presentarlo sin leer.

2. La originalidad es un elemento fundamental. Dicha originalidad es evaluada con base en el contenido y en la forma de la presentación.

3. Es recomendable que se concentre en un tema específico en lugar de dar información general. La persona que presente tiene que comprender y presentar el tema como experta. **OJO:** Acuérdese que copiar información del internet para ponerla en su presentación se considera un acto de plagio.

4. Debe revisar con mucho cuidado la gramática y la ortografía para no reproducir ningún error en la presentación.

5. Es recomendable practicar la presentación en voz alta varias veces y refinar la pronunciación para que el público comprenda sin problemas el contenido de la presentación.

CORTOMETRAJE
LUIS CARLOS CARRERA GONZÁLEZ (MÉXICO, 1962–)

El cortometraje

Desde los inicios del cine en Francia, cuando los hermanos Lumière hicieron sus primeras películas que duraban apenas un minuto por las limitaciones del invento, se creó la noción del cortometraje. Cuando estudiamos la biografía de los grandes directores de largometrajes*, descubrimos que casi todos exploraron el género del cortometraje al inicio de sus carreras. Desafortunadamente, a pesar de la creatividad y la calidad artística de este subgénero, los cortometrajes solo circulan a través de festivales de cine especializados. En realidad, los cortometrajes requieren múltiples habilidades por parte de los realizadores. Para comenzar, la capacidad de síntesis es un requisito fundamental. Por supuesto, la originalidad es también esencial para un buen cortometraje.

Existen el corto animado, el documental, la comedia, el drama, entre otros, y cada uno de ellos tiene características particulares. Puesto que los cortometrajes no tienen buena distribución comercial, muchos realizadores los hacen como una labor de amor.

El director mexicano Luis Carlos Carrera González es considerado como uno de los mejores directores del nuevo cine mexicano. Hace sus primeros cortometrajes de animación a los 8 años con una cámara Súper 8. Los muñecos usados son hechos en plastilina. Es conocido a nivel internacional por su película *El crimen del padre Amaro* (2002), nominada a los premios Óscars. A pesar de la polémica en torno a esta película debido al tema amoroso entre un cura y una chica, fue un gran éxito comercial en México y en los Estados Unidos. La carrera de Luis Carlos Carrera ha sido bastante exitosa. Ha dirigido varios largometrajes y los premios se siguen acumulando: un premio en el Festival de Cannes (1994), tres en el Festival de Montreal (dos en 2010, uno en 1993), el Ariel al mejor guión en 1992, el mismo premio al mejor cortometraje en 1994 y al mejor cortometraje de ficción y la mejor dirección en 1996. En 1994, Carrera obtuvo el premio al mejor cortometraje con "El héroe". Su película *Backyard: El traspatio* (2009) aborda el caso de las mujeres asesinadas en Ciudad Juárez, en la frontera entre México y los Estados Unidos.

FIG. 1.5 El director Luis Carlos Carrera González. Instituto Mexicano de Cinematografía (IMCINE).

SU OBRA: "EL HÉROE"

Mire el cortometraje "El héroe", de Luis Carlos Carrera, en el sitio web http://www.youtube.com/watch?v=cRwRZ3r0edU. Luego, conteste las preguntas.

FIG. 1.6 Escena del cortometraje "El héroe", de Luis Carlos Carrera (México, 1994)

Preguntas

1. ¿Dónde tiene lugar esta historia? Describa el ambiente con detalles precisos.

2. ¿Cómo son los colores y sonidos que utiliza el director para este cortometraje? ¿Son importantes para la creación del ambiente? ¿Qué nos dicen?

3. En la introducción del capítulo se dice que el protagonista de este cortometraje es "otro" entre otros. Explique esta frase ahora que ha visto el cortometraje.

4. ¿Quién es el héroe en esta historia y por qué?

5. ¿Quién es responsable por la muerte de la chica? (¿Es responsable el policía? ¿la sociedad en general? ¿ella misma? ¿nadie?) Explique su respuesta y hable sobre las problemáticas sociales que presenta este cortometraje.

ACTIVIDADES CREATIVAS

A. ACTIVIDADES ORALES

1. Este capítulo introductorio nos hace reflexionar sobre lo que significa "ser otro/a" en contextos diferentes. Comente las diferencias y semejanzas entre los tipos de "otredad" en las obras de Miquel Barceló, Edmundo Paz Soldán y Luis Carlos Carrera González.

2. ¿Por qué piensa usted que es importante tener en cuenta el concepto de "la otredad" en la época contemporánea? ¿Qué tipos de "otredad" son los más obvios en el contexto norteamericano del siglo XXI?

3. Teniendo en cuenta la obra de Barceló, el cuento de Paz Soldán y el cortometraje de Luis Carlos Carrera González, ¿cuál de los tres ha tenido un impacto más fuerte en usted y por qué?

B. ACTIVIDADES ESCRITAS

1. A continuación tiene un modelo de escritura para el género autobiográfico. No es un texto escrito por Miquel Barceló, pero está basado en su vida y reproduce algunas de sus ideas sobre la creación artística. Elija una de las personas o los personajes estudiados en el capítulo y escriba una autobiografía ficticia de una página, incluyendo elementos originales.

Tres casas, tres vidas: mi recorrido artístico

Mi nombre es Miquel Barceló. Nací el ocho de enero de 1957 en la pequeña localidad de Felanitx, en Mallorca, una isla localizada en el Mediterráneo. Mi niñez estuvo rodeada de almendros y olivos, de un paisaje que ha quedado en mis primeras obras. Tanto la forma, como la técnica de mis cuadros vienen de esos espacios de infancia. Crecí entre artistas y comencé mis estudios de arte en la Escuela de Artes de Palma de Mallorca. Mi madre fue la que descubrió mi talento y me apoyó desde el comienzo. Ella fue la que me dio mi primer lápiz y mi primera cuartilla en blanco. Las herramientas diversas, algunas de ellas parte de la naturaleza, han sido mi obsesión. Así, las diferentes capas de mi pintura, las superficies rocosas, los tonos ocres, son una invitación a entrar a mi mundo artístico. Soy mediterráneo y esto es claro en mi obra. He pasado muchas horas a la orilla del mar y el mar ha entrado al lienzo de forma espontánea, a veces violenta. Mis cuadros no son planos ni horizontales.

A mediados de los años setenta me mudé a Barcelona, buscando nuevos horizontes artísticos. Allí comencé a desarrollar un estilo propio. Hoy puedo decir que he tenido tres casas, una en París, otra en Mali y otra en Mallorca. Cada una de ellas es un espacio de creación diferente y cada una de ellas está representada en mis pinturas. Lo fascinante de mis cuadros es que nunca acabo de entenderlos. El azar es el secreto de mi vida como artista.

Las ciudades me han inspirado, en ellas he experimentado y he representado el mundo que me rodea. En Barcelona recibí la influencia de grandes maestros* como Guadí y Miró. Madrid también marcó mis primeros años como artista. Se puede decir que he estado en el lugar preciso, en el momento preciso. Salí de Europa porque ya no me sentía inspirado, mis pinturas habían perdido el color. A comienzos de 1988 atravesé el Sáhara por primera vez y comencé a plasmar ese paisaje en mis obras.

En mis estancias en Mali comencé a ver otro tipo de claridad. "Me estaba desintoxicando de Occidente", podía experimentar los horizontes extensos sin pensar en un calendario y en una agenda. "Mali es como una fábrica de imágenes para mí" y las cosas vuelven a tener sentido. Lo que "intento hacer es establecer nuevas relaciones con las cosas".

En los últimos años he pintado retratos con modelos*. No son realistas, cambian y se transforman como el retrato de Dorian Grey. Me he pintado a mí mismo como simio, algo que a muchos les ha parecido original. Bueno, pero qué más puedo decirles, sí, soy un pintor original, he vivido mi vida y mi pintura con intensidad. Pruebo y arriesgo y allí está el secreto de mi vida.

2. Escriba un texto autobiográfico de dos páginas en el que considere su propia condición de "otro/a" en la sociedad. ¿Cómo es usted único/a y diferente a los demás? Antes de comenzar el trabajo, consulte las recomendaciones en la "Guía para el buen escritor" al comienzo de esta introducción. No se olvide de incluir un título original.

3. Escriba un texto "autobiográfico" de dos páginas desde la perspectiva de uno de los personajes del cortometraje "El héroe". Tiene que entrar en la personalidad del personaje y pensar en **el tono** que va a utilizar para contar su vida. No se olvide de incluir detalles interesantes.

C. PROYECTO PARA TRABAJAR EN GRUPOS

¡Entrevistas! Ocho estudiantes deben venir a clase preparados para personificar a una de las siguientes personas. ¡Tienen que ser creativos! Piensen en la forma de hablar, actuar e incluso de vestir de cada persona. Los demás estudiantes se preparan con preguntas específicas e interesantes sobre la vida o la obra de las personas o los personajes.

- Miquel Barceló

- el narrador/protagonista de "Fotografías"

- el personaje principal del cortometraje "El héroe"

- la chica del cortometraje "El héroe"

Para información acerca de la disponibilidad de los varios recursos electrónicos que se mencionan en el libro, véase la página web de *Retratos*: www.hackettpublishing.com/retratos

CAPÍTULO 2

BAJO SUS OJOS: EL NIÑO

"Todos los niños nacen artistas. El problema es cómo seguir siendo artistas al crecer".

—Pablo Picasso, artista español

"En cada niño nace la humanidad".

—Jacinto Benavente, dramaturgo y crítico español

La figura del niño ha sido una presencia constante en las obras de pintores, fotógrafos*, escritores y directores de cine. La niñez es sin duda una etapa fundamental en nuestra vida, y no es de sorprender que tantos artistas hayan encontrado su inspiración en el mundo infantil. El pintor español Pablo Picasso decía que a través de su arte aspiraba a recuperar la inocencia y la creatividad de un niño. Los niños nos inspiran, nos conmueven, nos hacen pensar y nos hacen reír por su manera tan única de ver las cosas. Desgraciadamente, no todos los niños en el mundo pueden disfrutar de su infancia. Algunos artistas, como el gran fotógrafo brasileño Sebastião Salgado, se han preocupado por denunciar las circunstancias difíciles que tienen que superar los niños y adolescentes en países en vías de desarrollo.

La literatura es sin duda un medio privilegiado para reflexionar sobre el pasado, y la presencia del niño es central en las historias de muchos escritores. En España, uno de los primeros textos que retrata la vida de un niño es la novela anónima *El Lazarillo de Tormes* (1554). Escrita en forma autobiográfica, narra la historia de un niño que se transforma en pícaro (una persona astuta que engaña a los demás). Para poder sobrevivir en un mundo cruel, Lázaro tiene que engañar a los adultos, mentir y robar comida. En las novelas de la Guerra Civil española (1936–1939), muchos escritores se enfocan en la vida de niños que pierden su inocencia y sufren. Los autores de Hispanoamérica retratan también a niños que viven en situaciones sociales desfavorecidas. En la novela *Pedro Páramo* (1955), del autor mexicano Juan Rulfo, aparece el personaje del niño como narrador inocente en medio de la pobreza del campo en México.

Este capítulo ofrece representaciones muy variadas del niño a través de los siglos. En la sección sobre arte visual, examinamos las obras de los pintores españoles Bartolomé Esteban Murillo y Joaquín Sorolla y Bastida. Mientras que Murillo nos ofrece una visión realista de dos niños pícaros durante en siglo XVII, Sorolla pinta dos siglos más tarde una imagen idealizada de niños felices y despreocupados jugando en la playa. Las dos lecturas en este capítulo provienen de escritoras que se acercan al mundo interior del niño. En el cuento "El niño al que se le murió el amigo", la escritora española Ana María Matute nos hace reflexionar sobre lo que significa la muerte para un niño. Clarice Lispector, una de las más destacadas escritoras de Brasil, presenta en "Felicidad clandestina" el lado cruel y perverso de algunos niños. Al final del capítulo conoceremos a Martín, el protagonista del cortometraje de Sergio Barrejón "El encargado". Martín nos hace reír, pero también nos obliga a reflexionar sobre la situación difícil que conocen algunos niños en la escuela.

Para algunos artistas y escritores, el niño representa la pureza, la sinceridad, la creatividad y la ilusión del futuro y, a través de sus obras, descubrimos un mundo idílico. Otros retratan al niño como un ser que vive al margen de las normas sociales y denuncian las injusticias y la soledad que sufren en el mundo. Mientras vamos descubriendo a estos personajes, tenemos también la oportunidad de pensar en nuestra propia infancia y en la vida actual de los niños en el siglo XXI.

Preguntas

1. ¿Por qué cree que tantos artistas y escritores se han interesado por el mundo de los niños?

2. El pintor Pablo Picasso dijo que todo niño era un artista. ¿Cómo son los dibujos que hacen los niños? ¿Por qué son tan interesantes?

3. ¿A usted le gustaba pintar y dibujar cuando era pequeño/a? ¿Qué tipo de dibujos hacía?

4. ¿Qué tipo de niño/a era usted de pequeño/a? ¿Era tranquilo/a? ¿travieso/a? ¿cómico/a? ¿solitario/a? ¿mezquino/a?

5. En su opinión, ¿cuál es el efecto que tiene la tecnología (televisión, juegos electrónicos, teléfono móvil, internet) en la vida de los niños hoy? ¿Cree que la tecnología ayuda o mata la creatividad del niño?

ARTE VISUAL
BARTOLOMÉ ESTEBAN MURILLO Y
JOAQUÍN SOROLLA Y BASTIDA

Bartolomé Esteban Murillo (España, 1617–1682)

FIG. 2.1 *Autorretrato**, de Bartolomé Esteban Murillo (circa 1670–1673). Óleo sobre lienzo. Galería Nacional, Londres.

Bartolomé Esteban Murillo es una de las figuras más destacadas de la pintura barroca española. Nació en Sevilla, donde pasó la mayor parte de su vida. En esta ciudad fundó una prestigiosa academia de dibujo y pintura, y tuvo gran éxito profesional a lo largo de su vida. Murillo recibió influencia de los pintores italianos de la época, y de la obra del artista español Diego de Velázquez. Es conocido por la gran calidad técnica de sus cuadros y la utilización de colores que crean un ambiente **intimista**. En el siglo XVII el arte era fundamentalmente un vehículo de propaganda para la Iglesia. Aunque Murillo es conocido por sus cuadros religiosos, también es un gran pintor de escenas cotidianas en las calles de Sevilla. Gracias al apoyo de un hombre de negocios llamado Nicolás Omazur, Murillo pudo escaparse del dominio de la Iglesia y dedicarse a pintar escenas con temas sociales y costumbristas.

Murillo fue el más joven de catorce hermanos. Su padre, un barbero-cirujano de Sevilla, murió en 1627, cuando Murillo tenía 10 años. Un año después su madre también falleció. Su hermana Ana se hizo cargo de él y le permitió visitar el taller* del pintor Juan del Castillo, un familiar. Durante su primera etapa, como **aprendiz** y pintor de la calle, pintó a los más pobres. Su fama comenzó cuando le encargaron once obras para el Convento de San Francisco. En 1645 se casó con Beatriz Cabrera y juntos tuvieron nueve hijos. En 1649 fue víctima de una terrible **peste** que afectó la ciudad de Sevilla. La mitad de la población

VOCABULARIO ÚTIL

aprendiz(a) *principiante; persona que se dedica a aprender un arte u oficio*

conmover *causar emociones, producir un impacto emocional*

intimista (adj. m., f.) *de los aspectos privados e íntimos de las personas (en oposición a lo público)*

penumbra *sombra que oscurece ligeramente un espacio*

peste (f.) *enfermedad usualmente contagiosa que afecta a una comunidad*

testimonio *declaración, relato de un testigo de un hecho*

murió, entre ellos cuatro de los niños de Murillo. Su esposa murió en 1663, en su último parto.

El mejor período de la pintura de Murillo se inició en 1665 cuando le encargaron los lienzos para la iglesia Santa María la Blanca. Entre 1666 y 1670, realizó uno de sus trabajos más interesantes con la decoración del templo del Hospital de la Caridad de Sevilla. Su fama se extendió por todo el país y llegó a la corte madrileña. El rey Carlos II lo invitó a instalarse en Madrid, pero Murillo no aceptó por razones de su edad. Sufrió una caída mientras completaba uno de sus encargos* y murió unos meses después de forma repentina. En el testamento, pidió que lo enterraran en la parroquia de Santa Cruz en Sevilla. La iglesia fue destruida por las tropas francesas en 1811. Algunas leyendas dicen que murió pobre, otras que donó su dinero a instituciones religiosas.

SU VOZ

*Puesto que es imposible encontrar un **testimonio** directo del pintor Murillo, al final del capítulo (en la sección Actividades escritas) se incluye un ejercicio creativo relacionado con esta sección.*

El Barroco es el período que sigue inmediatamente al Renacimiento y se extiende hasta el siglo XVIII. A diferencia de los artistas del Renacimiento, quienes ofrecían una visión idealizada del hombre, los pintores barrocos pintaban la realidad tal y como la veían. Combinaban efectos dramáticos, colores vivos y detalles decorativos con gran originalidad y libertad. El estilo de la pintura barroca se asocia con el tenebrismo*, una tendencia que acentúa el fuerte contraste entre la luz y la sombra*. En muchos casos el fondo del cuadro se queda en la **penumbra** mientras que la escena principal en el primer plano* resalta con una gran luminosidad*. El pintor más influyente del Barroco en sus inicios fue el artista italiano Caravaggio, quien usó la luz y la sombra de un modo dramático.

SU OBRA: *NIÑOS COMIENDO MELÓN Y UVAS*

En la época de Murillo, Sevilla era una ciudad cosmopolita y multicultural con una vida intelectual muy activa. Sin embargo, sufría una grave crisis económica y gran parte de la población vivía en la pobreza.

El cuadro *Niños comiendo melón y uvas* es una de las obras más conocidas del pintor. La escena del cuadro refleja la realidad social de Sevilla en la época, con multitudes de niños pobres viviendo en la calle, a veces abandonados por sus familias. Es importante señalar que Murillo fue uno de primeros pintores españoles que retrató el mundo infantil fuera de un contexto religioso. Su acercamiento a los niños de las calles de Sevilla representa por lo tanto un importante testimonio sociológico y cultural de la época.

FIG. 2.2. *Niños comiendo melón y uvas*, de Bartolomé Esteban Murillo (circa 1650). Óleo sobre lienzo. Pinacoteca Antigua, Múnich.

Análisis de la pintura

1. ¿Cuántos años pueden tener estos dos niños? ¿A qué clase social pertenecen? Justifique su respuesta con algunos detalles del cuadro.

2. ¿Cuáles son los detalles del cuadro que indican que están comiendo rápidamente? ¿Por qué cree usted que comen de esta manera? ¿Cómo cree que han conseguido los niños estas frutas?

3. ¿En qué zonas del cuadro se nota un contraste entre colores claros y oscuros?

4. Murillo es conocido por el uso magistral de los colores. Utilizando un buen diccionario, haga una lista de los varios colores que aparecen en esta obra. ¿Cuáles son los que predominan?

5. ¿Por qué podemos decir que este cuadro es típico del período barroco?

Preguntas de discusión

1. ¿Cuál es la actitud de Murillo hacia estos niños? (Por ejemplo, ¿los está juzgando? ¿Siente el pintor compasión por ellos?)

2. ¿Qué piensa usted de estos niños? ¿Lo/La hacen reír? ¿Lo/La **conmueven**? ¿Lo/La entristecen?

3. ¿Ha visto alguna vez a niños en estas circunstancias? ¿Cuándo? ¿Dónde? ¿Qué reacción tuvo hacia ellos?

Joaquín Sorolla y Bastida (España, 1863–1923)

Joaquín Sorolla y Bastida nació en Valencia en 1863. Desde muy joven se interesó por el arte y se aficionó por la pintura al aire libre. A los 18 años viajó a Madrid y estudió los cuadros de grandes maestros en el Museo del Prado. Se casó con Clotilde García, una de sus mejores modelos, con la cual tuvo tres hijos. La pareja se instaló en Madrid, donde Sorolla consiguió inmediatamente un gran éxito profesional. Sorolla viajó a París en 1894 para asistir a la Exposición Universal. Allí se interesó por los pintores nórdicos y la manera en la cual conseguían captar los efectos de la luz en sus cuadros. Cuando volvió a España, empezó a pintar al aire libre* y en muchos de sus cuadros aparecen los paisajes de las playas españolas de la región de Valencia. Aunque Sorolla no pertenece al grupo de los impresionistas franceses (Manet, Monet, Sisley, Renoir, Degas, Pissarro), sus obras tienen mucho en común con las del impresionismo. El pintor se enfoca

FIG. 2.3. *Retrato de Joaquín Sorolla,* de Pablo Pintado-Casas. Óleo sobre lienzo. Colección privada.

en momentos **fugaces** marcados siempre por la luz y
el color. Retrata escenas cotidianas en las que capta
imágenes de pescadores, niños jugando en el mar y
gente paseando, entre otros. De 1901 a 1905, pintó
más de 500 cuadros y tuvo exhibiciones* importantes
en París, Berlín, Londres, Nueva York y Chicago. Los
críticos hablan de la intensa luminosidad en sus obras

y lo colocan en la categoría de los pintores luministas. En noviembre de 1911 Sorolla fue
contratado por la *Hispanic Society of America* en Nueva York para pintar catorce murales
de las diversas regiones de España.

   Después de la muerte de su esposo, la viuda de Sorolla dejó muchos cuadros al Estado
español. Hoy se puede ver esta colección en el Museo Sorolla, que fue la antigua casa del
pintor en Madrid.

El impresionismo es un movimiento artístico que nace en Francia hacia 1874, cuando recibe el nombre por un cuadro de Claude Monet titulado *Impresión, sol naciente*. Los artistas impresionistas empezaron a realizar obras al aire libre, tratando de capturar la impresión creada por la luz en el paisaje. Utilizaron colores puros y una pincelada suelta sin
tanta preocupación por el dibujo. El impresionismo se considera como el primer movimiento moderno de la historia del arte. Con este movimiento también ocurre una renovación temática en el arte. Se adoptan temas de la vida moderna como, por ejemplo, las
estaciones de trenes, el humo de las fábricas y las multitudes que acuden a los sitios públicos en la ciudad. Este movimiento libera a la pintura de los temas literarios e históricos
para adquirir un lenguaje propio.

SU VOZ

"Me sería imposible pintar despacio al aire libre, aunque quisiera. No hay nada
inmóvil en lo que nos rodea. [...] Pero, aunque todo esto estuviera petrificado y fijo,
bastaría que se moviera el sol, lo que hace continuamente, para dar diverso aspecto
a las cosas. Aquellas montañas de lejos ya no son lo que eran hace un momento.
Hay que pintar deprisa. ¡Cuánto se pierde, fugaz, que no vuelve a encontrarse!"

Preguntas

1.   ¿Es posible para Sorolla pintar despacio al aire libre? Explique su respuesta.

2.   ¿Qué elementos de la naturaleza debe tener en cuenta un artista cuando pinta
     al aire libre?

3.   ¿Piensa usted que sería más interesante pintar en un estudio o al aire libre?

SU OBRA: *NIÑOS A LA ORILLA DEL MAR*

Los colores de Joaquín Sorolla

Joaquín Sorolla trabajó a finales del siglo XIX y a principios del siglo XX. En esta época se hicieron muchos avances con la utilización de colores, gracias al descubrimiento de nuevos materiales químicos. Fue también una época en la que los artistas experimentaron con el estilo y conocieron una nueva libertad en cuanto a la forma. Por ejemplo, muchos pintores empezaron a superponer capas de pintura y a trabajar con líneas más gruesas y sueltas. Sabemos que Sorolla trabajaba muy rápidamente y a veces mezclaba los colores directamente en el lienzo, en vez de utilizar una paleta*. Trabajaba con preparaciones comerciales pero también hacía sus propios colores con elementos naturales. Su esposa y sus hijos fueron algunos de sus principales modelos.

FIG. 2.4 *Niños a la orilla del mar*, de Joaquín Sorolla (1903). Óleo sobre lienzo. Museo de Arte de Filadelfia, Pennsylvania.

En 2009 se empezó en España un estudio importante sobre la obra de Joaquín Sorolla para intentar descubrir los secretos detrás de sus obras: cómo preparaba los lienzos, cómo mezclaba los colores y qué tipo de aceites utilizaba, entre otros misterios.

Como Sorolla viajaba mucho, en cada nuevo lugar montaba un taller y creaba allí los pigmentos necesarios para sus cuadros. Por esta razón se ha notado una diferencia entre los cuadros que hacía en las playas de Valencia y los que pintaba en su estudio de Madrid.

Análisis de la pintura

1. Describa la escena de este cuadro. ¿Dónde tiene lugar? ¿Cuántos niños hay? ¿Qué están haciendo?

2. ¿Cuáles son los sonidos que se puede imaginar en esta escena? ¿Cómo sabemos que hay mucho viento en la playa?

3. ¿Cómo es la piel de los niños que juegan en el agua?

4. Usando un buen diccionario, haga una lista de todos los diferentes colores que ve en el cuadro.

5. ¿De dónde viene la palabra *impresionismo*? Basándose en lo que ha leído anteriormente, ¿qué características del movimiento impresionista tiene este cuadro?

Preguntas de discusión

1. Sorolla dijo que nunca podría pintar si tuviera que pintar despacio. ¿Por qué cree usted que tuvo que pintar rápidamente para este cuadro?

2. ¿Cuál es el ambiente creado en este cuadro? ¿Es sereno? ¿idílico? ¿Están felices estos niños? ¿despreocupados?

3. ¿Es significativo el hecho de que no haya adultos en este cuadro? ¿Por qué?

4. ¿Tiene usted buenos recuerdos de días pasados en la playa con su familia? ¿Qué tipo de actividades hacían?

5. Entre el cuadro de Murrillo y el de Sorolla, ¿cuál le parece más impactante? ¿Por qué?

REPASO DE GRAMÁTICA

El género y la concordancia

La primera lección de una clase de español elemental se enfoca en el género y el número. Aprendemos entonces sobre la concordancia del sustantivo con el adjetivo. Es decir, si un sustantivo es femenino, el adjetivo también debe ser femenino, y si el sustantivo está en singular, el adjetivo también debe estar en singular.

Por alguna razón, los errores de concordancia y de género siguen apareciendo en trabajos de estudiantes que toman clases de español a nivel avanzado. En este capítulo se insiste en la importancia de eliminar este tipo de errores básicos a través de ejercicios y de las correcciones de los borradores de los trabajos escritos.

- El adjetivo, el artículo y el participio deben concordar con el sustantivo en género y número. Tenga en cuenta también la conjugación verbal.

  Los cuadros de Murillo son históricos y son conocidos alrededor del mundo.

  Los personajes niños de este capítulo son traviesos, inocentes y a veces crueles.

- Cuando hay dos o más sustantivos de un mismo género en singular coordinados, el adjetivo que acompañe a ambos debe ir en plural.

  Las mujeres jóvenes, **las ancianas** y **las santas** pintadas por Murillo son protagonistas maravillosas.

- Cuando hay dos sustantivos de distinto género, tiene dos opciones.

  a. Se pone el adjetivo en plural y el adjetivo concuerda con el masculino.

  Esta mujer y este hombre están cansados de trabajar.
  Tiene **una creatividad y un instinto** únicos.

  b. Si los sustantivos no refieren a personas o animales, el adjetivo puede concordar con el sustantivo más inmediato.

  Tiene **una creatividad y un instinto** único.

- No olvide que la mayoría de los sustantivos que terminan en **-ema** y en **-ama** son masculinos, los que terminan en **-ción**, **-sión**, **-dad**, **-tad** y **-tud** son femeninos, y los que terminan en **-ista** típicamente se emplean para ambos géneros (**el/la taxista, el/la electricista, el/la tenista**, *pero* **el/la modista**). De igual manera, los adjetivos en **-ista** se emplean para ambos géneros (**el gobierno centrista, la victoria realista**).

- Tenga en cuenta que cuando una palabra femenina empieza con la vocal **a-** (o **ha-**) y la acentuación está sobre esa vocal, el singular llevará el artículo masculino pero la concordancia femenina de adjetivos.[1]

el agua clara	(*pero:* esta agua clara)
el águila calva	(*pero:* alguna águila calva)
un alma buena	(*pero:* esta alma buena)
un habla enfática	(*pero:* alguna habla enfática)

Como es de esperar, los artículos definidos plurales son femeninos: **las aguas, las águilas, las almas, las artes** y **las hablas.**

La concordancia de género y número, el buen uso de los pronombres, el orden correcto y la combinación de las palabras que forman una oración son algunos de los principales aspectos gramaticales que es necesario tener en cuenta para comunicarse de forma coherente y significativa. Revise los borradores de los trabajos varias veces para evitar errores. Es importante también tener en cuenta que cuando escribimos en un computador que tiene el corrector ortográfico configurado para el inglés, el programa puede corregir automáticamente palabras en español que son correctas.

Un trabajo con errores, especialmente los de género y de concordancia, da muy mala impresión. ¡Tenga mucho cuidado, revise y corrija!

EJERCICIOS DE GRAMÁTICA

A. Seleccione las palabras correctas para completar las siguientes oraciones.

1. Murillo trabaja con (el / la) corte de España y recibe encargos muy (importante / importantes).

2. (El / La) cuadro de Murillo es muy (conocido / conocida) en el mundo (entero / entera).

3. (Los / Las) manos de los niños están (limpios / limpias) pero (los / las) pies muestran (el / la) estado en el que se encuentran.

4. (Los / Las) problemas sociales en Sevilla eran muy (evidente / evidentes) durante (el / la) época de Murillo.

5. Murillo tuvo (un / una) vida (lleno / llena) de momentos (difícil / difíciles).

---

1. Una excepción notable es **el arte**, que suele ser masculino en singular (**el arte público**) pero femenino en plural (**las artes públicas**).

6. (Los / Las) padres de Murillo tuvieron catorce (hija/hijos).

7. (El / La) relación entre Murillo y personajes de la iglesia era muy (cercano / cercana).

8. Murillo caminó por (muchos / muchas) calles de Sevilla y captó (los / las) expresiones más importantes de (los / las) niños (del / de la) clase social (desfavorecido / desfavorecida).

9. Murillo y Velázquez eran (pintor / pintores) (excelente / excelentes).

10. (El / La) muerte de Murillo fue (repentino / repentina).

B. Complete los párrafos con la terminación apropiada de las palabras, teniendo mucho cuidado con la concordancia de género y número.

La vida de Murillo durante su infanci_____[1] estuvo llen_____[2] de momentos difícil_____[3]. Fue el últim_____[4] hijo de una familia numeros_____[5], y tanto su padre como su madre murieron cuando él era todavía muy jóven_____[6].

La obra de este gran pintor barroc_____[7] se distingue por temas muy variad_____[8], algunos religios_____[9], otros más social_____[10]. Pudo captar en su arte momentos históric_____[11] de la vida en Sevilla durante el siglo XVII.

Bartolomé Esteban Murillo recibió una influencia dramátic_____[12] del gran artista alemán Peter Paul Rubens, otro pintor barroc_____[13] de la época. Rubens también dedicó much_____[14] parte de su obra al arte religios_____[15].

Murillo se considera un pintor sentimentalist_____[16] por las expresiones de sus personaj_____[17]. Aunque su reputación no ha sido tan reconocid_____[18] como la de otros pintores, hoy en día muchos museos famos_____[19] del mundo exhiben sus pinturas maravillos_____[20].

C. Para mejorar su técnica de editar y corregir sus trabajos escritos, corrija los catorce errores de género y de concordancia que encuentra en el siguiente párrafo sobre la vida de Sorolla.

En el Museo Sorrolla, en Madrid, están reunidos muchas de las grande obras del pintor.

Joaquín Sorolla era un pintor prolífico que apreciaba los paisajes natural y podía captar la belleza especial del luz de Valencia en su cuadros. Su amigos contaban que cuando él llegaban al salón de clase, a las nueve de la mañana, venía de largos paseos por los afueras.

Tomaba apuntes de la playa y de cualquier detalle de la naturaleza. Se ve el evolución en su técnica hasta el momento de plenitud cuando se convierte en un pintor muy valorada por los críticos y por el público. Sorolla utilizó muchos veces como modelo a su esposa y su hijos. El pintor adoraba a su familia, y todo los miembros aparecen en su cuadros. La relación con su familia lo define como persona y como artista.

EXPRESIONES ESCRITAS

El poder de la imaginación: La escritura creativa

En este capítulo se explora el poder de la imaginación con la escritura creativa. Es normal que los estudiantes sientan temores al escribir un texto de ficción por primera vez. Sin embargo, la mayoría de ellos se sorprenden por sus capacidades creativas. Recuerde que la escritura es un proceso, y que no se puede estar satisfecho con el resultado hasta que las frases tengan vida y generen un sentimiento en el lector.

La inspiración, el primer componente de la escritura creativa, viene de la confianza que tenemos en nuestra capacidad de inventar o de poner en palabras historias que hemos vivido o imaginado. Para mejorar en el proceso de inventar y escribir, es importante crear una rutina de escritura, repetir ejercicios y estar listos a borrar lo que no es útil. Escribir diariamente en cuadernos de notas o en un diario puede ayudarle; muchos grandes escritores usan esta técnica muy efectiva para entrenarse en el oficio. La voz propia se desarrolla con la experiencia de escribir y también de leer obras de grandes escritores. La inspiración y la disciplina de la escritura y de la lectura son componentes esenciales para convertirnos en buenos escritores de ficción.

Es importante tener en cuenta los siguientes puntos al escribir un texto creativo:

- Antes de empezar a escribir, tome apuntes para establecer el esquema general de su narración.

- Determine el tono que va a emplear para su texto. ¿Va a ser poético? ¿filosófico? ¿satírico? ¿burlón?

- Recuerde que hay que crear una historia interesante para que su lector no se aparte de la lectura.

- El comienzo y el fin de su texto deben captar la atención del lector.

- El clímax del cuento es un elemento fundamental.

- Muestre lo que ocurre y escriba a partir de escenas.

- Puede enfocarse en el diálogo entre los personajes.

- Los personajes deben estar definidos y tener un papel particular en la historia. Provea detalles específicos en la descripción como, por ejemplo, su apariencia física, su ropa, sus gestos, el tono de su voz y elementos de su personalidad.

- Debe haber un proceso de edición en el que usted corrige y limpia el texto. En esta etapa puede borrar palabras que sobran, mejorar el lenguaje y ampliar los elementos poéticos cuando sea necesario.

Además, muchos escritores han resumido las mejores estrategias para escribir un buen cuento. Algunas listas notables son las de Horacio Quiroga ("Manual del perfecto cuentista"), Julio Cortázar ("Algunos aspectos del cuento") y Roberto Bolaño ("Los doce consejos para escribir buenos cuentos"). Si necesita ayuda en la escritura, revise las estrategies de estos escritores maestros.

Modelo de escritura creativa

Este cuento corto está basado en una fotografía de la infancia.

En el balcón

Esa mañana pasaron tantas cosas. Mi papá acababa de comprar una cámara de fotografía y nos despertó para que nos vistiéramos y estuviéramos listos para posar en el balcón de nuestro apartamento. No todos estábamos de ánimo para una sección fotográfica y en lo único que pensábamos era en irnos a la playa para disfrutar del buen tiempo. Javier, nuestro amigo

FIG. 2.5 Fotografía por Alberto Sánchez (1971)

del quinto piso nos llamó temprano para ver si él también podía ir con nosotros. Yo estaba enamorada de él porque tenía los ojos azules como los actores de cine. Creo que él prefería a María Teresa porque cada vez que la veía se ponía rojo como un tomate.

Mis primos mayores habían pasado dos semanas con nosotros en Cartagena y ya estaban tan hartos de los gritos de mis hermanos que adelantaron su viaje tres días. Ese día pusieron los Rolling Stones a todo volumen para competir con las órdenes de mi padre y las disputas de mis hermanos. Todo era caos en el apartamento: el pájaro cantaba desde su jaula, la música sonaba, unos reían a carcajadas y otros lloraban. Javier llegó en ese momento y yo salí corriendo al baño para cepillarme los dientes y peinarme... Como si a él le interesara mi aliento y mi cara despejada...

Mi papá apagó la música, lanzó un grito feroz y nos empujó a todos hacia el balcón. Nos trató de acomodar para la foto... Puso a mis primos al fondo, a María Teresa en el centro y yo estaba feliz porque había quedado exactamente al lado de Javier... Quedé con la sonrisa congelada hasta muchos minutos después de la foto cuando pasé frente a un espejo y me di cuenta de lo ridícula que me veía.

Cuando mi papá terminó todo el rollo de fotografías (en esa época no existían las digitales), todos salimos corriendo hacia la puerta. Unas horas después, en el cuarto oscuro que había improvisado en uno de los baños del apartamento, mi papá empezó a sacar una serie de negativos negros y al final solamente quedó una foto medio borrosa, la foto más viva, la más histórica, la que mostraba con más detalles el pisón que le había pegado Juan Fernando a Carlos en el momento en que disparó la cámara. Mauricio y Juancho se reían a carcajadas de esa venganza aunque supieran que serían víctimas de la rabia de su hermano mayor unos minutos después... Y yo, yo solo pensaba en esos ojos azules que no podía ver en ese momento pero que me recordaban a los de los actores de cine.

1. ¿Usted tiene buenos recuerdos de momentos pasados con sus hermanos o sus primos cuando eran pequeños? ¿Se peleaban mucho?

2. ¿Se puede imaginar cómo es la vida de los niños de este cuento? ¿Piensa que son felices? ¿Por qué lo piensa?

FIG. 2.6 *Jacobo*, de Rodrigo Isaza (2004). Acrílico* sobre tela. Colección privada.

3. ¿Cuáles son algunos detalles específicos que le dan vida a este texto?

4. ¿Quién tiene el "poder" en la casa, el padre o los niños?

5. ¿Cuál es el clímax del cuento?

LITERATURA
ANA MARÍA MATUTE Y CLARICE LISPECTOR

Ana María Matute (España, 1926–2014)

Ana María Matute es una de las escritoras más importantes en la historia de las letras españolas. Nació en la ciudad de Barcelona en 1926. De niña se interesó por el teatro, la escritura y el arte. Escribió su primer cuento a los 5 años y a esa edad también empezó a ilustrar sus textos con dibujos excepcionales. Matute tenía 11 años cuando estalló la Guerra Civil española, conflicto que duró tres años (1936-1939) y resultó en la dictadura de Francisco Franco hasta el año 1975. La tragedia de la Guerra tuvo un impacto profundo en la vida de Matute y cambió para siempre su manera de ver y de entender el mundo. En 1952 se casó con el escritor Ramón Eugenio de Goicoechea, con el cual tuvo un hijo, Juan Pablo. Después de su separación en 1963, Matute perdió la custodia de su hijo debido a las leyes represivas durante la dictadura. Como consecuencia, no pudo verlo durante años. Escribió la mayoría de sus obras en los años cincuenta y sesenta, y es considerada como una de las escritoras más importantes de la posguerra. La infancia es uno de los temas fundamentales en la obra de Ana María Matute. Sus cuentos y novelas están poblados de niños y adolescentes cuya pureza es destrozada por la dura realidad del mundo adulto. En 1958 recibió el Premio Nacional de Literatura con su novela *Los hijos muertos* y en 1959 el Premio Nadal con *Primera memoria*. Sus libros, que incluyen novelas, cuentos, obras de

FIG. 2.7 *Retrato de Ana María Matute,* de Pablo Pintado-Casas (2014). Óleo sobre lienzo. Colección privada.

teatro y relatos para niños, han sido traducidos a 23 idiomas. Ganó el prestigioso Premio Cervantes en 2010 y fue miembro de la Real Academia Española de la Lengua. Ana María Matute murió en Barcelona en 2014, a la edad de 88 años. Su última novela, *Demonios familiares*, se publicó tres meses después de su muerte.

> **VOCABULARIO ÚTIL**
>
> **posguerra** *después de la guerra*

SU VOZ

"La infancia es fundamental. Yo creo que para todo el mundo, se dé o no se dé cuenta. El niño que fuimos ¡pesa!, de una manera tremenda, condiciona de una manera tremenda. Además, eso te lo dirá cualquier psiquiatra, no lo dice la Matute, no. El niño que fuimos es muy importante, la infancia marca. Yo digo y lo digo en *Paraíso inhabitado* que "a veces la infancia es más larga que la vida... Persiste más".
—Entrevista a Ana María Matute por Antonio Ayuso Pérez, 2007

Preguntas

1. Según la biografía de Matute, ¿cuál es el elemento de su infancia que ha tenido un impacto importante en su vida?

2. ¿Qué quiere decir Ana María Matute en esta cita cuando afirma que el niño que fuimos "pesa"? ¿Está usted de acuerdo con la escritora?

3. ¿Tiene usted buenos recuerdos de su infancia? ¿Lo han marcado algunos eventos en particular? ¿Cuáles?

SU OBRA: "EL NIÑO AL QUE SE LE MURIÓ EL AMIGO"

Antes de leer

1. ¿Cuál era su juguete preferido de niño?

2. ¿Tuvo usted un mejor amigo cuando era pequeño? ¿Qué tipo de actividades hacían juntos?

3. En el cuento "El niño al que se le murió el amigo", el narrador utiliza descripciones y formas verbales básicas y sencillas, como si el narrador fuera un niño. ¿Cuáles son los posibles retos para un escritor que escribe en la voz de un niño?

4. ¿Cuáles son algunas diferencias entre la manera de pensar de los niños y la de los adultos?

5. ¿Qué piensa del título de este cuento? ¿Es un título impactante? ¿Por qué?

El cuento "El niño al que se le murió el amigo" forma parte de *Los niños tontos* (1956), una colección de veintiún cuentos cortos. Todas las historias en esta colección comparten un tema común: la inocencia del mundo infantil. Desgraciadamente, los sueños, los deseos, las fantasías y las ilusiones de los niños siempre acaban mal cuando se enfrentan al mundo adulto. Estos niños son "tontos" según la sociedad, porque nadie tiene la capacidad de escucharlos o de acercarse a su mundo. En el universo adulto, no hay lugar para la fantasía o la imaginación. El resultado es la representación de un mundo infantil en el que reina la incomprensión, la crueldad, la soledad, y el sufrimiento más profundo.

VOCABULARIO DE LA LECTURA

canica   *bolita de vidrio de color; (pl.) un juego de niños que consiste en chocar estas bolitas*

codo   *articulación del brazo con el antebrazo*

hojalata   *hoja de acero o de hierro*

pozo   *una excavación profunda que se hace en la tierra para encontrar agua*

traje (m.)   *un conjunto masculino para ocasiones formales, con chaqueta y pantalón*

valla   *una separación hecha de madera o metal para cerrar o delimitar un espacio, como por ejemplo un jardín*

Lectura

El niño al que se le murió el amigo

Una mañana se levantó y fue a buscar al amigo, al otro lado de la **valla**. Pero el amigo no estaba, y, cuando volvió, le dijo la madre:

El amigo se murió.

—Niño, no pienses más en él y busca otros para jugar.

El niño se sentó en el quicio de la puerta, con la cara entre las manos y los **codos** en las rodillas. «Él volverá», pensó. Porque no podía ser que allí estuviesen las **canicas,** el camión y la pistola de **hojalata**, y el reloj aquel que ya no andaba, y el amigo no viniese a buscarlos. Vino la noche, con una estrella muy grande, y el niño no quería entrar a cenar.

—Entra, niño, que llega el frío —dijo la madre.

Pero, en lugar de entrar, el niño se levantó del quicio y se fue en busca del amigo, con las canicas, el camión, la pistola de hojalata y el reloj que no andaba. Al llegar a la cerca, la voz del amigo no le llamó, ni le oyó en el árbol, ni en **el pozo**. Pasó buscándole toda la noche. Y fue una larga noche casi blanca, que le llenó de polvo **el traje** y los zapatos. Cuando llegó el sol, el niño, que tenía sueño y sed, estiró los brazos y pensó: «Qué tontos y pequeños son esos juguetes. Y ese reloj que no anda, no sirve para nada». Lo tiró todo al pozo, y volvió a la casa, con mucha hambre. La madre le abrió la puerta, y dijo: «Cuánto ha crecido este niño, Dios mío, cuánto ha crecido». Y le compró un traje de hombre, porque el que llevaba le venía muy corto.

FIG. 2.8. *Alessandra bailando,* de Pablo Pintado-Casas (2012). Óleo sobre lienzo. Colección privada.

Comprensión de la obra

1. Los personajes en este cuento son anónimos. ¿Qué puede simbolizar este hecho?

2. ¿Cuál es la reacción de la madre frente a la muerte del amigo de su hijo?

3. ¿Cómo se rebela al principio el niño ante la autoridad de su madre?

4. Entre los juguetes del niño muerto había un reloj que no andaba. ¿Cuál podría ser el significado de esto?

5. ¿Qué hace el niño al final con todos los juguetes? ¿Por qué?

6. Ana María Matute utiliza un estilo poético en este cuento. ¿Cómo se contrapone el estilo del cuento con lo que pasa en la historia?

7. ¿Qué otro título se le podría dar a este cuento?

Preguntas de discusión

1. ¿Cómo interpreta usted el final del cuento? ¿Cree que el niño traiciona a su amigo muerto?

2.   ¿Qué significa *crecer* en este cuento? ¿Se ve como algo positivo o negativo?

3.   ¿Qué nos dice Ana María Matute acerca del mundo de los adultos? ¿Está usted de acuerdo con ella?

EJERCICIOS DE GRAMÁTICA

A.   Primero, complete el siguiente párrafo con los artículos definidos (**el, la, los, las**) apropiados en los espacios con números. Luego, llene cada espacio indicado con letra con uno de los adjetivos de la lista (o con otro que mejor describa la situación). Cuidado con la concordancia.

bello	inocente	poético	trágico
cruel	luminoso	simbólico	triste
duro	misterioso		

_____¹ personajes del cuento de Matute son niños _____ª que exploran _____² mundo _____ᵇ en el que viven. _____³ protagonista de este cuento pasa por una experiencia _____ᶜ cuando se muere su amigo. _____⁴ ambiente del cuento es _____ᵈ pero podemos imaginar los sentimientos del niño. En _____⁵ cuento, _____⁶ juguetes son _____ᵉ porque representan _____⁷ tipo de amistad que tienen los dos niños. _____⁸ lectores pueden apreciar _____⁹ relación entre la madre y el hijo a través del diálogo que abre la historia. Las primeras palabras de la madre son _____ᶠ y el niño se va y se sienta afuera de su casa para pensar. El final del cuento es _____ᵍ porque muestra _____¹⁰ transformación del niño a un ser adulto.

B.   Traduzca las siguientes oraciones al español. Tenga cuidado con los pronombres y la concordancia y con el uso de **ser** y **estar**.

1.   The boy in this short story is sad.

2.   The mother doesn't speak to the boy about the death of his friend.

3.   Children use their imagination when they see death for the first time.

4.   Children are the protagonists in many of Matute's short stories.

5.   The Spanish Civil War had a profound impact on the works of Matute.

Start

Clarice Lispector (Brasil, 1920–1977)

Clarice Lispector nació en el pueblo de origen de sus padres en Ucrania, pero dos meses después la familia se fue a Maceió, capital del estado de Alagoas en Brasil, escapando de la persecución a los **judíos**. Su madre fue **violada** por un soldado con sífilis. Creció en un barrio judío de Recife donde perdió a su amada madre. En su adolescencia emigró con su padre y sus hermanas a Río de Janeiro. Trabajó como maestra en un colegio, estudió **leyes** y después de graduarse en 1943 comenzó su carrera en la diplomacia. A los 23 años publicó su primera novela *Cerca del corazón salvaje*. Fue aclamada como la novela más fuerte escrita por una mujer en portugués.

Clarice Lispector es un ícono de la literatura brasileña y una de las escritoras más admiradas a nivel latinoamericano. Trabajó como **entrevistadora** y columnista de belleza en un periódico de Río. Durante dieciséis años viajó a través del mundo con su esposo diplomático hasta que se separaron en 1959. En 1971 publicó *Felicidad clandestina*, una colección de veinticinco cuentos que aborda temas tales como la infancia, la adolescencia, la familia y las angustias del ser humano. El cuento del mismo título se enfoca en la pasión por la lectura y la importancia de los libros en las vidas de los niños.

El gran traductor Gregory Ravasa dijo que Lispector era un personaje único que se parecía a la actriz Marlene Dietrich y escribía como la escritora Virginia Woolf.

Los biógrafos de Lispector afirman que su belleza y su enigmática personalidad ponían a la gente nerviosa y que por eso es más fácil acercarse a ella ahora que está muerta. *Felicidad clandestina* hace parte de la colección de cuentos que lleva el mismo nombre.

FIG. 2.9 *Retrato de Clarice Lispector,* de Gustavo Alberto Taborda (2012). Óleo sobre lienzo. Colección privada.

VOCABULARIO ÚTIL

cisne (m.) *ave (pájaro) grande de cuello largo y plumas blancas que nada en el agua*

entrevistador/a *persona que hace entrevistas (conversa con gente para informar al público de sus respuestas)*

judío/a *persona que sigue la ley de Moisés*

ley (f.) *estudio de los estatutos y las reglas de un país*

patito *la cría (bebé) del pato (ave [pájaro] de cuello corto que nada en el agua)*

sostener *tener en las manos*

violar *tener sexo con alguien en contra de su voluntad*

SU VOZ

"Me preguntaron una vez cuál fue el primer libro de mi vida. Prefiero hablar del primer libro de cada una de mis vidas. Busco en la memoria y tengo en las manos la sensación casi física de **sostener** aquella preciosura: un libro finito que contaba la historia del **Patito** Feo y la de la lámpara de Aladino. Yo leía y releía las dos historias, los niños no tienen eso de leer solo una vez: los niños aprenden casi de memoria y, aún sabiendo de memoria, releen con mucho de la excitación de la primera vez. La historia del patito que era feo en medio de los otros lindos, pero cuando creció se reveló el misterio: no era un pato sino un bello **cisne**. Esa historia me hizo meditar mucho, y me identifiqué con el sufrimiento del patito feo; ¿quién sabe si yo no era un cisne?"

—De *A descoberta do mundo*, 1984

Preguntas

1. Según la biografía de Lispector, ¿cuál fue el acontecimiento más significativo en su infancia?

2. ¿Alguna vez leyó usted el cuento *El patito feo*? Léalo por primera vez o vuélvalo a leer y explique la moraleja de este cuento de niños.

3. ¿Cree que el libro en papel va a desaparecer en el futuro? ¿Usted prefiere leer libros en papel o libros electrónicos? ¿Por qué?

SU OBRA: "FELICIDAD CLANDESTINA"

Antes de leer

1. ¿Qué quiere decir la palabra *clandestina*? ¿En qué circunstancias se utiliza esta palabra?

2. ¿Usted leía mucho cuando era pequeño? ¿Qué tipo de historias le gustaban? ¿Quién le compraba libros? ¿Cuál era su libro preferido?

3. A veces los niños pueden ser muy crueles. ¿Por qué cree que actúan de esa manera?

Lectura

Felicidad clandestina

[handwritten: frecules] *[handwritten: 20]*

Ella era gorda, baja, **pecosa** y de pelo excesivamente **crespo**, medio amarillento. Tenía un busto enorme, mientras que todas nosotras todavía éramos **chatas**. Como si no fuese suficiente, por encima del pecho se llenaba de caramelos los dos bolsillos de la blusa. Pero poseía lo que a cualquier niña devoradora de historietas le habría gustado tener: un padre **dueño** de una librería.

No lo **aprovechaba** mucho. Y nosotras todavía menos: incluso para los cumpleaños, en vez de un librito barato por lo menos, nos entregaba una **postal** de la tienda del padre. Encima siempre era un paisaje de Recife, la ciudad donde vivíamos, con sus puentes más que vistos.

Detrás escribía con letra elaboradísima palabras como "fecha natalicio" y "recuerdos".

Pero qué talento tenía para la crueldad. Mientras haciendo **barullo chupaba** caramelos, toda ella era pura venganza. Cómo nos debía odiar esa niña a nosotras, que éramos imperdonablemente **monas**, altas, de cabello libre. Conmigo ejerció su sadismo con una serena ferocidad. En mi ansiedad por leer, yo no me daba cuenta de las humillaciones que me imponía: seguía pidiéndole **prestados** los libros que a ella no le interesaban.

Hasta que le llegó el día magno de empezar a infligirme una tortura china. Como al pasar, me informó que tenía *El reinado de Naricita*, de Monteiro Lobato.

Era un libro gordo, válgame Dios, era un libro para quedarse a vivir con

[handwritten: study vocab]

VOCABULARIO DE LA LECTURA

apoderarse *tomar posesión de algo*

apretar *estrechar, oprimir algo con las manos o los brazos*

aprovechar *emplear algo de manera útil* *[handwritten: take advant...]*

barullo *confusión, desorden*

boquiabierta (adj. m., f.) *que tiene la boca abierta, pasmado/a ante una situación*

chata *tener el busto muy pequeño*

chupar *humedecer con la boca y los labios, extraer el jugo*

crespo/a *rizado/a de forma natural*

dueño/a *propietario de un lugar*

esperanza *estado del ánimo en el cual se nos presenta como posible lo que deseamos*

hallarse *encontrarse*

mono/a *lindo/a*

ojeras *marcas debajo de los ojos a causa del cansancio*

osadía *atrevimiento, audacia, resolución*

pecoso/a *que tiene manchas del sol en su cara*

postal (f.) *tarjeta que lleva una imagen y se emplea como una carta*

postergar *posponer* *[handwritten: postpone]*

prestar *entregar algo a alguien para que lo utilice durante algún tiempo y después lo restituya o devuelva*

pudor (m.) *honestidad, modestia, recato*

[handwritten at bottom: happened over a period of time — imperfecto — repetida — pretérito]

él, para comer, para dormir con él. Y totalmente por encima de mis posibilidades. Me dijo que si al día siguiente pasaba por la casa de ella me lo prestaría.

Hasta el día siguiente, de alegría, yo estuve transformada en la misma **esperanza**: no vivía, flotaba lentamente en un mar suave, las olas me transportaban de un lado a otro.

Literalmente corriendo, al día siguiente fui a su casa. No vivía en un apartamento, como yo, sino en una casa. No me hizo pasar. Con la mirada fija en la mía, me dijo que le había prestado el libro a otra niña y que volviera a buscarlo al día siguiente. **Boquiabierta**, yo me fui despacio, pero al poco rato la esperanza había vuelto a **apoderarse** de mí por completo y ya caminaba por la calle a saltos, que era mi manera extraña de caminar por las calles de Recife. Esa vez no me caí: me guiaba la promesa del libro, llegaría el día siguiente, los siguientes serían después mi vida entera, me esperaba el amor por el mundo, y no me caí una sola vez.

Pero las cosas no fueron tan sencillas. El plan secreto de la hija del dueño de la librería era sereno y diabólico. Al día siguiente allí estaba yo en la puerta de su casa, con una sonrisa y el corazón palpitante. Todo para oír la tranquila respuesta: que el libro no **se hallaba** aún en su poder, que volviese al día siguiente. Poco me imaginaba yo que más tarde, en el curso de la vida, el drama del "día siguiente" iba a repetirse para mi corazón palpitante otras veces como aquella.

Y así seguimos. ¿Cuánto tiempo? Yo iba a su casa todos los días, sin faltar ni uno. A veces ella decía: Pues el libro estuvo conmigo ayer por la tarde, pero como tú no has venido hasta esta mañana se lo presté a otra niña. Y yo, que era propensa a las **ojeras**, sentía cómo las ojeras se ahondaban bajo mis ojos sorprendidos.

Hasta que un día, cuando yo estaba en la puerta de la casa de ella oyendo silenciosa, humildemente, su negativa, apareció la madre. Debía de extrañarle la presencia muda y cotidiana de esa niña en la puerta de su casa. Nos pidió explicaciones a las dos. Hubo una confusión silenciosa, un entrecortado de palabras poco aclaratorias. A la señora le resultaba cada vez más extraño el hecho de no entender. Hasta que, madre buena, entendió al fin. Se volvió hacia la hija y con enorme sorpresa exclamó: ¡Pero si ese libro no ha salido nunca de casa y tú ni siquiera querías leerlo!

Y lo peor para la mujer no era el descubrimiento de lo que pasaba. Debía de ser el horrorizado descubrimiento de la hija que tenía. Nos espiaba en silencio: la potencia de perversidad de su hija desconocida, la niña rubia de pie ante la puerta, exhausta, al viento de las calles de Recife. Fue entonces cuando, recobrándose al fin, firme y serena le ordenó a su hija: Vas a prestar ahora mismo ese libro. Y a mí: Y tú te quedas con el libro todo el tiempo que quieras.

¿Entendido? Eso era más valioso que si me hubiesen regalado el libro: "el tiempo que quieras" es todo lo que una persona, grande o pequeña, puede tener la **osadía** de querer.

¿Cómo contar lo que siguió? Yo estaba atontada y fue así como recibí el libro en la mano. Creo que no dije nada. Cogí el libro. No, no partí saltando como siempre. Me fui caminando muy despacio. Sé que sostenía el grueso libro con las dos manos, **apretándolo** contra el pecho. Poco importa también cuánto tardé en llegar a casa. Tenía el pecho caliente, el corazón pensativo.

Al llegar a casa no empecé a leer. Simulaba que no lo tenía, únicamente para sentir después el sobresalto de tenerlo. Horas más tarde lo abrí, leí unas líneas maravillosas, volví a cerrarlo, me fui a pasear por la casa, lo **postergué** más aún yendo a comer pan con mantequilla, fingí no saber dónde había guardado el libro, lo encontraba, lo abría por unos instantes. Creaba los obstáculos más falsos para esa cosa clandestina que era la felicidad. Para mí la felicidad siempre habría de ser clandestina. Era como si yo lo presintiera. ¡Cuánto me demoré! Vivía en el aire... había en mí orgullo y **pudor**. Yo era una reina delicada.

A veces me sentaba en la hamaca para balancearme con el libro abierto en el regazo, sin tocarlo, en un éxtasis purísimo. No era más una niña con un libro: era una mujer con su amante.

Comprensión de la obra

A. Primero, indique si las siguientes afirmaciones son verdaderas (V) o falsas (F), según el contenido del cuento. Luego, corrija las que son falsas.

1. V F — "Ella" es la hija del dueño de una librería.

2. V F — "Ella" se siente segura de su apariencia física.

3. V F — A la narradora del cuento no le gusta leer.

4. V F — "Ella" le promete un libro prestado y la atormenta con la espera durante mucho tiempo.

5. V F — La madre de "ella" defiende a su hija.

6. V F — La madre le presta el libro a la narradora todo el tiempo que quiera.

7. V F — La narradora lee el libro inmediatamente cuando llega a su casa.

8. V F — "Ella" le decía mentiras a la narradora.

9. V F — El cuento habla sobre la crueldad de algunos niños.

10. V F — En el cuento el libro es un objeto ordinario y sin valor.

B. Responda a las siguientes preguntas de forma breve y clara.

1. El cuento "Felicidad clandestina" habla de la crueldad de una niña. ¿Por qué actúa la niña de esta manera? ¿Cree que se puede justificar su comportamiento?

2. La relación que tiene la narradora con los libros es muy especial. ¿Existe esa pasión en los niños hoy en día? ¿Qué tipo de niño crece con el hábito de leer y disfrutar de los libros?

3. ¿Cuándo fue la última vez que usted compró un libro por placer? ¿Qué compró?

4. La narradora de este cuento tiene una pasión por los libros. ¿Tiene usted también una pasión especial por algo?

Temas de discusión

1. ¿Su infancia ha tenido un gran impacto en su vida? Dé un ejemplo preciso de un evento que lo/la haya marcado mucho.

2. ¿Todavía tienen las librerías y las bibliotecas una importancia en nuestra sociedad? Explique su respuesta.

3. ¿Es la tecnología algo positivo o negativo en la vida de los niños en el siglo XXI? Explique su respuesta.

CORTOMETRAJE
SERGIO BARREJÓN (ESPAÑA, 1973–)

En 2000, Sergio Barrejón dirigió su primer cortometraje, "El paraguas". Participó en la producción del famoso cortometraje español "Éramos pocos", que fue nominado para un premio Óscar. La idea inicial para "El encargado" surgió en 2004, pero la película no salió hasta el año 2008. Fue nominada a los

FIG. 2.10 *Sara con el caballo y el papel*, de Gustavo Alberto Taborda (2000). Óleo sobre lienzo. Colección privada.

XXIII Premios Goya en la categoría de Mejor Cortometraje de Ficción.

En una entrevista con Alberto Quintanilla,
Barrejón confiesa que uno de los retos para este cortometraje fue encontrar a 25 niños "serios y puntuales"
entre las edades de 8 y 10 años. La película se basa en
el género del *Western*, aunque aquí el Oeste se transforma en un salón de clase de primaria. Además de su
trabajo en el cine, desde 2004 escribe guiones para
varias series de televisión.

SU VOZ

"Quería contar cómo las leyes de los adultos no
sirven para el mundo de los niños. Y extrapolando
la situación, quería mostrar que la ley más difícil
de infringir es 'la ley del más fuerte'". Me gustaba
la idea de filmar una variante infantil del
viejo enfrentamiento de la pluma contra la espada. O en este caso, del puño contra la tiza".

—Entrevista a Sergio Barrejón por Alberto
Quintanilla, 2008

SU OBRA: "EL ENCARGADO"

Mire el cortometraje "El encargado", de Sergio
Barrejón, en el sitio web http://www.youtube
.com/watch?v=Y7qwcELSJXw. Luego, conteste
las preguntas.

Preguntas

1. ¿Cuál es el "arma" que le entrega el profesor a Martín? la tiza que
   puede apuntar en la pizarra

2. ¿Cree que a Martín le gusta apuntar
   los nombres de sus compañeros en la
   pizarra? Si hasta que el otro niño
   le insulto / poder

3. ¿Está de acuerdo con lo que hizo el profesor? ¿Por qué? no por que al ultimo
   entro sin decirada

FIG. 2.11 El director Sergio Barrejón
(fotografía por Ana Álvarez Prada)

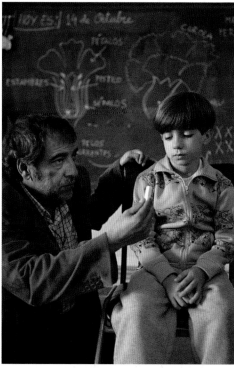

FIG. 2.12 Escena del cortometraje "El encargado", de Sergio Barrejón (España, 2008)
(fotografía de Nacho Méndez)

4. ¿En qué sentido se parece esta película a un *Western*? ¿Quién es el nuevo "sheriff" de la clase?

5. ¿Cómo retrata Sergio Barrejón el mundo de los niños en este cortometraje? ¿Es un mundo cruel? ¿Por qué?

6. ¿Cuál es el efecto producido por el ruido del bolígrafo contra el pupitre al final?

7. ¿Cómo le pareció la actuación de los niños en el cortometraje? ¿Es difícil hacer una película con niños? ¿Por qué?

ACTIVIDADES CREATIVAS

A. ACTIVIDADES ORALES

1. En grupos de dos, expliquen en qué parte del capítulo y en qué contexto se ha hablado de las siguientes expresiones e ideas.

   a. La crueldad de los niños

   b. La pérdida de inocencia

   c. La venganza

   d. La luminosidad

   e. El hambre

   f. La pobreza

   g. Los juguetes de niños

   h. El impresionismo

   i. El género *Western*

   j. La incomprensión de los adultos

2. ¿Se puede establecer una relación entre el cortometraje "El encargado" y los cuentos "El niño al que se le murió el amigo" de Ana María Matute y "Felicidad clandestina" de Clarice Lispector? ¿Qué tienen en común?

3. ¿Cree que hoy en día los niños pierden su inocencia demasiado rápido? ¿Qué tipo de juguetes se venden para niños y niñas? Justifique su respuesta con ejemplos precisos.

B. ACTIVIDADES ESCRITAS

1. Puesto que en la sección de arte sobre Bartolomé Esteban Murillo no se incluye la voz del pintor, invente un breve fragmento imaginando lo que él dice sobre la vida de los niños en las calles de Sevilla.

2. El pintor Joaquín Sorolla hizo construir una casa en Madrid en 1911, y allí trabajó y vivió con su familia los últimos once años de su vida. En 1932, la casa de Sorolla se convirtió en un museo abierto al público. Haga un recorrido virtual del Museo Sorolla (http://museosorolla.mcu.es/) y escriba una composición de una página sobre lo que ha aprendido acerca de la casa del pintor. ¿Cómo es el jardín? ¿Cómo son los espacios interiores? ¿Cuáles son los colores que predominan en la casa?

3. Escoja cinco palabras de la lista a continuación y utilícelas para escribir un breve cuento de dos párrafos basado en la fotografía de Alberto Korda *La niña con la muñeca de palo*, que puede encontrar en internet. Antes de escribir, revise las recomendaciones en este capítulo para la escritura creativa.

la cámara	el mar	la inocencia
la huérfana	la mirada	feliz
la imaginación	los ojos	sucio/a
la madera	el miedo	triste
	el viaje	

4. Escriba un cuento para niños de dos a tres páginas. Tiene que determinar la edad de sus lectores, elegir un tema interesante, y utilizar un estilo y un vocabulario apropiados. Antes de comenzar el trabajo, consulte las recomendaciones en la **Guía para el buen escritor** en la introducción del libro.

5. Reescriba en dos páginas el cuento "Felicidad clandestina" desde la perspectiva de la hija del dueño de la librería. ¿Cómo piensa? ¿Cuál es su interpretación de los hechos? ¿Cómo ve ella a las demás chicas del colegio? ¿Cuál es la relación que tiene con su madre?

C. PROYECTO PARA TRABAJAR EN PAREJAS

Sebastião Salgado es un gran fotógrafo brasileño que ha explorado la vida de los niños en diferentes lugares del mundo. En parejas, seleccionen dos o tres de sus fotografías en internet en que aparecen niños para comentarlas con la clase. ¿Qué comentario social hace Salgado con sus fotografías de niños? Pueden explorar la página de Salgado en www.amazonasimages.com.

Para más información sobre Salgado, vean el documental *Le sel de la terre* (*The Salt of Earth*) (Francia/Brasil, 2014), dirigido por Win Wenders.

REPASO GENERAL

A. A continuación va a encontrar algunas referencias conectadas con el arte, la literatura y el cortometraje de este capítulo. Identifique el artista, la obra literaria, o el cortometraje que relaciona con cada definición, pasaje o idea.

1.   La narradora de este cuento es una niña amante de los libros.

2.   El personaje de esta historia sufre por el abuso de sus compañeros.

3.   Este artista representó la vida dura de los niños en las calles de Sevilla.

4.   Trabajaba muy rápidamente y eso se puede ver en su estilo.

5.   La Guerra Civil española influyó en su escritura.

6.   Este artista tiene mucho en común con el grupo de artistas impresionistas.

7.   Este cuento está narrado desde la perspectiva de un niño.

8.   Es una de las escritoras más reconocidas de España.

9. Su casa en Madrid fue convertida en museo.

10. El final de esta historia es trágico.

B. Complete el siguiente texto con los artículos apropiados y adjetivos de la lista (o con otros que mejor describan la situación), según el contenido de este capítulo. Tenga mucho cuidado con el género y la concordancia.

bello	difícil	mezquino
conocido	hermoso	optimista
cruel	inteligente	pequeño
diferente	maduro	serio

En este capítulo vimos a varios niños retratados en ____¹ arte, ____² literatura y ____³ cine. Bartolomé Esteban Murillo fue un pintor _____⁴ durante su época. ____⁵ época en la que vivió este pintor fue muy difícil a causa de ____⁶ peste. Murillo retrató la dura realidad social de ____⁷ niños pobres de la ciudad de Sevilla. ____⁸ pinturas del pintor Joaquín Sorolla, por el otro lado, son más _____⁹. ____¹⁰ artista se dedicó a pintar escenas _____¹¹ de niños jugando en la playa.

En ____¹² sección sobre literatura, analizamos dos cuentos muy diferentes. ____¹³ cuento de Ana María Matute habla sobre ____¹⁴ niño a quien se le murió el amigo. ____¹⁵ madre se sorprende con ____¹⁶ actitud _____¹⁷ de su hijo al final del cuento. ____¹⁸ personaje principal de Clarice Lispector es una niña _____¹⁹ que sueña con los libros. ____²⁰ otra niña del cuento es _____²¹ y le dice a su compañera que venga a su casa para recoger _____²² libro, pero no se lo presta hasta que la mamá se da cuenta al final.

_____²³ fotografías de Alberto Korda y de Sebastiao Salgado muestran ____²⁴ realidad _____²⁵ de los niños pobres en los países del tercer mundo. Korda retrata a una niña _____²⁶ con un pedazo de palo que representa una muñeca. _____²⁷ rostros de los niños de Salgado son _____²⁸.

Por fin, ____²⁹ cortometraje mantiene _____³⁰ mismo tema de ____³¹ niños _____³² que abusan y se burlan de sus amigos. ____³³ profesor de la clase no es muy _____³⁴, pues al final borra ____³⁵ lista que Martín había escrito en la pizarra. Todos los niños estudiados en este capítulo viven situaciones _____³⁵.

Películas recomendadas

Los siguientes largometrajes ofrecen visiones interesantes acerca de la vida de los niños en Hispanoamérica y España.

- *Los colores de la montaña* (Colombia, 2010), dirigida por Carlos César Arbeláez

- *El viaje de Teo* (México, 2008), dirigida por Walter Doehner

- *El laberinto del fauno* (España/México, 2006), dirigida por Guillermo del Toro

- *Machuca* (Chile, 2004), dirigida por Andrés Wood

- *Voces inocentes* (México, 2004), dirigida por Luis Mandoki

- *El viaje de Carol* (España, 2002), dirigida por Imanol Uribe

- *Valentín* (Argentina, 2002), dirigida por Alejandro Agresti

- *Kamchatka* (Argentina, 2002), dirigida por Marcelo Piñeyro

- *El bola* (España, 2000), dirigida por Achero Mañas

- *La lengua de las mariposas* (España, 1999), dirigida por José Luis Cuerda

- *Secretos del corazón* (España, 1997), dirigida por Montxo Armendáriz

- *Los olvidados* (México, 1950), dirigida por Luis Buñuel

Para información acerca de la disponibilidad de los varios recursos electrónicos que se mencionan en el libro, véase la página web de *Retratos*: www.hackettpublishing.com/retratos.

CAPÍTULO 3

TODO SOBRE ELLA: LA MADRE

"Creo que la maternidad es el gran milagro de nuestra naturaleza. La creación máxima. Se pueden hacer miles de películas sobre la maternidad".

—Pedro Almodóvar, director español

"Hay formas de sentir la maternidad que no nos han sido transmitidas por nuestra madre ni por nuestra familia, nuevas formas que se han abierto camino en una sociedad que no las conocía y en cierta medida tampoco aceptaba. De ahí que la nueva madre soltera, la de un hijo adoptado, en definitiva la que no sigue el modelo establecido, tiene que echar mano de la imaginación y la fantasía para crear un modelo que le convenga según sea su propia vida y sus propias circunstancias".

—Rosa Regás, escritora española

Todos podemos relacionarnos de alguna manera con la figura de la Madre porque todos fuimos niños algún día y, por eso, tenemos o hemos tenido lazos únicos con una figura materna. Como bien dice el proverbio: "Madre no hay más que una". A lo largo de la historia, la madre ha sido símbolo de amor, bondad, generosidad, compasión, y sacrificio absoluto. Es una de las referencias más sólidas en la vida de un niño y el centro del núcleo familiar en los países de Hispanoamérica y en España. Por otro lado, también se han perpetuado imágenes estereotípicas de la "Mala Madre", como en la figura de la madrastra en los cuentos de hadas. Esta figura es egoísta y violenta, se siente amenazada por la belleza y la juventud de su hija. El pensamiento feminista del siglo XX propone una visión mucho más realista de la Madre: ni divinidad ni monstruo, sino un punto de referencia vital en la vida de los seres humanos.

Hoy en día, ya no se puede hablar de un solo tipo de madre. Como señala la escritora Rosa Regás en la cita al principio del capítulo, la "nueva madre" del siglo XXI va abriendo otros caminos: madre soltera, madre de hijos adoptados, madre trabajadora, madre lesbiana, madre imperfecta. Estamos definitivamente en una época que cuestiona lo que significa realmente ser madre.

En este capítulo vamos a desmitificar algunas ideas estereotípicas acerca de la madre para llegar a un entendimiento más completo de esta figura. El capítulo se titula "Todo sobre ella" para rendir homenaje a la magnífica película del director español Pedro Almodóvar, "Todo sobre mi madre" (1999). Pocos directores contemporáneos se han interesado tanto en la figura de la madre como Almodóvar. Como leemos en la cita al principio del capítulo, Almodóvar opina que se podrían hacer miles de películas acerca de la madre, quizás porque es una figura tan compleja. El director tenía además una relación magnífica con su propia madre, y muchas veces la incluía en sus películas. En el cortometraje para este capítulo, el director español Carlos Navarro se acerca al tema de la maternidad a través de una madre que se siente completamente sola y atrapada por el peso de la rutina como madre y ama de casa. Sueña con un mundo mejor, pero no logra cambiar de vida.

En el arte, la representación de la madre ha sido un tema constante en todas las culturas. Podemos imaginar innumerables imágenes de madres con sus hijos en escenas de adoración y amor puro. Algunos artistas nos enseñan también el peor sufrimiento para una madre: la muerte de su hijo. Así lo hizo Pablo Picasso en su cuadro *Guernica*, donde una madre lleva en brazos, horrorizada, a su niño muerto a causa una bomba. En este capítulo examinamos las obras de la española María Blanchard y el ecuatoriano Oswaldo Guayasamín, dos artistas que proponen una manera completamente original de representar a la Madre en el arte. Blanchard, quien no pudo tener hijos, llega sin embargo a captar en su obra la belleza del lazo materno con colores dramáticos. Oswaldo Guayasamín pintó más de 100 cuadros de madres e hijos como homenaje a su propia madre y a todas las madres del mundo. Finalmente, la figura de la madre ha sido un tema privilegiado para muchos escritores, incluyendo a Gabriel García Márquez, Junot Díaz, Soledad Puértolas e Isabel Allende. Examinamos el género epistolar a través de una carta de la escritora Laura Freixas, quien le confiesa a una amiga todo el amor que siente al ser madre por primera vez. En el cuento elegido para este capítulo, la escritora Paloma Díaz-Mas hace el retrato de una madre cuyo amor desmesurado por su hija la lleva a un acto extremo. En este capítulo les invitamos a reflexionar sobre la versatilidad del personaje de la madre y a pensar en lo que significa ser madre en la época actual.

Preguntas

1. En la cita al principio del capítulo, la escritora española Rosa Regás habla de nuevas formas de maternidad en nuestra sociedad. ¿Quiénes son las madres de hoy?

2. El director Pedro Almodóvar dice que se pueden hacer miles de películas sobre la maternidad. ¿Está usted de acuerdo con él? ¿Por qué?

   Si, hay diferentes estorias que se pueden deprerir

3. Los dos artistas visuales seleccionados para este capítulo son una mujer que nunca tuvo hijos y un hombre. ¿Por qué cree usted que es importante incluir su perspectiva en un capítulo sobre la madre?

   Uno que pueda y uno que no

4. En su opinión, ¿cuáles son las calidades de una buena madre? ¿Existe la madre perfecta? *Yo crea que siempre hara algo que le falte a una madre que la hace* *una madre perfecta buena imperfecta*

5. ¿Cree usted que también ha cambiado el papel del padre en el siglo XXI? ¿De qué manera?

ARTE VISUAL
MARÍA GUTIÉRREZ BLANCHARD
Y OSWALDO GUAYASAMÍN

María Gutiérrez Blanchard (España, 1881–1932)

La pintora María Gutiérrez Blanchard nació en 1881 en la ciudad de Santander, en el norte de España. Su vida fue marcada por una tragedia que ocurrió cuando su madre se cayó mientras estaba **embarazada.** Blanchard nació por lo tanto con graves deformaciones físicas: sufrió **enanismo**, **joroba** y **cojera**. Su estado físico la afectó psicológicamente el resto de su vida, pero la pintura llegó a ser una forma de salvación y evasión. Blanchard fue criada en un ambiente muy **culto**. Su padre era director del prestigioso periódico español *El Atlántico* y su madre era de **ascendencia** francesa y polaca. Fue su padre quien le despertó un interés por el arte, y en 1903 Blanchard se trasladó a Madrid para comenzar su formación como artista.

VOCABULARIO ÚTIL

ascendencia   *procedente (que tiene antecesores) de algún lugar o cultura*

cilindro   *objeto de forma tubular*

cojera   *dificultad para caminar, generalmente causada por una herida o enfermedad*

culto/a   *instruido, conocedor, que tiene cualidades de una persona con cultura o instrucción*

desarrollar   *evolucionar, crecer, cuando un ser vivo o una estructura alcanza su madurez y su mayor forma y capacidad*

En 1916 se mudó definitivamente a París para trabajar. Allí formó parte del grupo de artistas cubistas y conoció a algunos de los más grandes pintores de la época, tales como Juan Gris, Diego Rivera y Pablo Picasso. Estableció una gran amistad con Juan Gris, quien tendría una importante influencia sobre ella. Blanchard tuvo varias exposiciones en París y Bélgica durante los años veinte. En esta época se dedicó a pintar numerosas escenas de madres e hijos. Sus cuadros se caracterizaron

geometría   *disciplina que estudia la relación de las formas con las matemáticas*
joroba   *protuberancia en la espalda*
pipa   *pieza de madera o metal que se utiliza para fumar*
prisionero/a   *persona privada de su libertad*

por colores dramáticos y la representación de escenas íntimas y expresivas. En 1927, con la muerte de Juan Gris, Blanchard perdió el contacto con otros artistas. Su salud empezó a deteriorarse, sufrió tuberculosis, pero siguió pintando. En los últimos años de su vida tuvo graves problemas económicos porque varios miembros de su familia se fueron a vivir con ella a París.

Con su muerte en 1932, apareció un artículo en el periódico francés *L'Intransigeant* que rindió homenaje a su vida: "La artista española, ha muerto anoche, después de una dolorosa enfermedad. El sitio que ocupaba en el arte contemporáneo era preponderante. Su arte, poderoso, hecho de misticismo y de un amor apasionado por la profesión, quedará como uno de los auténticos artistas y más significativos de nuestra época. Su vida de **reclusa** y enferma, había por otro lado contribuido a **desarrollar** y a agudizar singularmente una de las más bellas inteligencias de ese tiempo".

Aunque María Blanchard fue relativamente desconocida durante su época, sus contribuciones al mundo artístico del siglo XX se están redescubriendo hoy. El siglo XXI celebra el talento único de esta artista que rompió barreras en un mundo dominado por hombres. En 2012 el Museo Reina Sofía en Madrid organizó una exhibición sobre su obra. El mismo año, Gloria Crespo MacLennan escribió, produjo y dirigió un documental corto sobre la vida de la artista titulado "26, Rue de Départ. Érase una vez en París". Afirma Crespo: "Fue una mujer avanzada para su tiempo que logró imponerse en un mundo de hombres y fue moderna simplemente siendo fiel a sí misma, sin impostura ninguna" (*El país*, 2012).

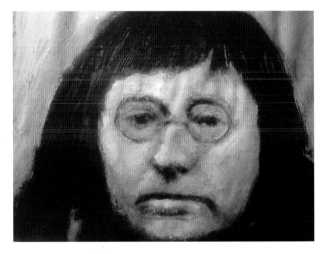

FIG. 3.1 *Retrato de María Blanchard*, de Rodrigo Isaza (2014). Acrílico sobre papel. Colección privada.

Junto a Pablo Picasso, Juan Gris, Joan Miró y Salvador Dalí, María Blanchard es considerada hoy como una de las figuras más importantes del arte español moderno.

SU VOZ

"No tengo talento, lo que hago lo hago solo con mucho trabajo".
"Cambiaría toda mi obra… por un poco de belleza".

Preguntas

1. Observe los datos importantes sobre la vida de María Blanchard y comente las razones por las que esta artista fue excepcional, tanto por su arte como por su vida.

2. Estas dos citas nos dicen mucho acerca de la personalidad de María Blanchard. ¿Qué opina la pintora acerca de su talento? ¿Cree usted que la artista se siente segura de sí misma?

3. María Blanchard sufrió toda su vida a causa de las limitaciones físicas de su cuerpo y por la ausencia de maternidad y de amor en su vida. ¿Cuál es el tono de la primera cita? ¿Es triste? ¿arrogante? ¿frustrado? ¿orgulloso? ¿cínico?

El cubismo es un movimiento artístico que empieza en Francia con los pintores Pablo Picasso, Juan Gris y Georges Braque, y se desarrolla entre los años 1907 y 1924. Este movimiento permite una verdadera liberación en la pintura: la perspectiva y la representación del mundo ya no se relacionan con la apariencia real de las cosas. En algunos cuadros cubistas la imagen es casi imposible de ver, aunque se reconocen ciertos objetos—como una letra de un periódico, **una pipa**, un instrumento de música. Los cubistas buscan representar la realidad utilizando la **geometría** para mostrar varios puntos de vista de los objetos a la vez. Las formas geométricas más utilizadas son el **cilindro**, el cono, y el cubo. Algunos artistas latinoamericanos que se acercaron al cubismo fueron Rufino Tamayo (México) y Tarsila do Amaral (Brasil).

FIG. 3.2 Ejemplo de arte cubista: *Botella de agua y frutero*, de Juan Gris (1915). Óleo sobre lienzo. Colección privada.

Preguntas

1. El pintor español Juan Gris (1887–1927), gran amigo de María Blanchard, presentó en sus cuadros imágenes simplificadas de la realidad. Pintó muchos bodegones con botellas, fruteros, periódicos, pipas e instrumentos musicales. Mire cuidadosamente el cuadro *Botella de agua y frutero*. ¿Cuáles son algunas características típicas del cubismo que se perciben en esta obra?

2. ¿Qué otro título se le podría dar al cuadro de Gris?

SU OBRA:
MATERNIDAD OVAL

A pesar de no poder ser madre, María Blanchard pintó una serie de cuadros dedicados a la maternidad que se destacan por una gran ternura y sensibilidad. Para el cuadro *Maternidad oval*, María Blanchard se inspiró en la obra *La Virgen de Melun* pintada por el pintor medieval francés Jean Fouquet hacia 1450.

Blanchard participó en el movimiento cubista en París entre 1913–1919, y llegó a ser una figura muy conocida entre los grandes pintores de la época. A partir de 1919, y hasta su muerte en 1932, se alejó del cubismo y desarrolló un estilo más personal, basándose en sus propias experiencias. Durante esta época utilizaba la figura humana para representar vivencias íntimas y conflictos internos.

FIG. 3.3 *Maternidad oval*, de María Blanchard (1921–1922). Óleo sobre lienzo. Museo de Arte Moderno de París.

Análisis de la pintura

1. ¿Cuáles son los colores que predominan en este cuadro? ¿Qué color utiliza Blanchard para crear un efecto dramático?

2. En esta obra se percibe un contaste entre tonos* claros y oscuros. ¿Qué tonos se utilizan para el fondo del cuadro? ¿En qué parte se utiliza más el blanco? ¿Qué puede simbolizar este color?

3. La utilización del óvalo aparece frecuentemente en el arte religioso. En su opinión, ¿cuál es el efecto creado por el óvalo aquí?

4. Fíjese en el tamaño del niño. ¿Es un tamaño realista? ¿Por qué cree que Blanchard lo pintó de esta manera?

5. ¿Quién es el centro de atención en el cuadro: la madre, el niño o los dos? Explique su respuesta.

Preguntas de discusión

1. Antes del siglo XX, muchos cuadros relacionados con la maternidad se hicieron en tonos claros y suaves. ¿Cree que los colores intensos en la obra de Blanchard le dan al cuadro un aire más original? ¿más moderno? ¿más dramático?

2. ¿Cómo es la expresión de la cara de la madre?

3. María Blanchard no tuvo hijos. Basándonos en este cuadro, ¿qué nos dice la pintora acerca de la maternidad?

4. ¿Por qué cree que la pintora decidió mostrar el pecho de la madre?

5. Busque en internet el cuadro *La virgen de Melun*, del pintor francés Jean Fouquet. ¿Cómo se inspiró María Blanchard en el cuadro de Fouquet?

Oswaldo Guayasamín (Ecuador, 1919–1999)

Oswaldo Guayasamín nació en Quito, Ecuador, en el año 1919. Su madre era mestiza y su padre era indígena. Guayasamín fue el primero de diez niños y su familia vivió en la pobreza.

Desde una edad temprana, conoció la discriminación y entendió las luchas del pueblo indígena. De pequeño mostró un gran talento por el arte y empezó a vender cuadros y dibujos a los turistas que visitaban Ecuador. Gracias al apoyo de su madre, a los 13 años ingresó a la Escuela de Bellas Artes en Quito. Su arte refleja el sufrimiento del pueblo latinoamericano, los efectos de la pobreza y la profunda angustia del ser humano. Su primera exposición en el año 1942 causó mucha polémica por el carácter de denuncia social y protesta de sus cuadros.

En 1943 pasó siete meses en los Estados Unidos para estudiar las obras de los pintores españoles Goya, El Greco y Picasso. Entre 1946 y 1952 produjo una serie de más de cien cuadros llamada *Huacayñán* o *El camino del **llanto***. Estas obras, compuestas casi todas de manos y caras enormes, denunciaban la angustia y la tristeza de los pueblos indígenas. Produjo su segunda serie, *La edad de la **ira***, entre 1961 y 1990. En estos cuadros el pintor se enfocaba en las injusticias políticas, tales como el asesinato del Che Guevara y las protestas de las Madres de la Plaza de Mayo en Buenos Aires. La tercera época es *La edad de la **ternura*** (1991–1999), donde el pintor rinde homenaje a su madre y a todas las madres del mundo por su amor y humanidad. El pintor murió en Baltimore, Estados Unidos, en 1999. En el Museo Fundación Guayasamín se pueden leer las siguientes palabras de un proverbio famoso: "Yo lloré porque no tenía zapatos, hasta que vi un niño que no tenía pies."

El estilo de Guayasamín es único. Utilizó el blanco, el negro, el rojo, y el amarillo para establecer fuertes contrastes en sus obras. Pintó más de siete mil cuadros en su vida, muchos de ellos en menos de tres horas. Algunas importantes figuras políticas e intelectuales que retrató son Fidel Castro, los reyes Juan Carlos y Sofía de España y la princesa Carolina de Mónaco. Los retratos de Guayasamín expresan la verdadera esencia de sus sujetos con pocas líneas y la utilización de colores dramáticos.

FIG. 3.4 *Retrato de Oswaldo Guayasamín*, de Rodrigo Isaza (2014). Técnica mixta. Colección privada.

VOCABULARIO ÚTIL

acorde (m.) *conjunto de sonidos musicales*

aliento *inspiración, motivación*

arañar *usar las uñas para herir la piel de otra persona*

barro *tierra mojada moldeable*

destacado/a *que sobresale entre otros*

ira *rabia*

llanto *conjunto de lágrimas, en ocasiones acompañado de quejas*

mestizo/a *persona que desciende de europeos e indígenas*

seno *parte de la mujer con la que puede alimentar a sus hijos, pecho*

tejido *textura hecha con materiales diferentes*

ternura *expresión de cariño*

tierno/a *delicado/a, dócil, cariñoso/a*

El arte y la conciencia social

La palabra *Guayasamín* quiere decir "pájaro blanco volando" en quechua, una familia de lenguas que provienen de los Andes centrales de Suramérica. Este nombre parece apropiado para un hombre que luchó toda su vida por la paz mundial y la libertad de su gente. En sus obras, Guayasamín denuncia la división de clases, el racismo y todo tipo de discriminación. A través de su compromiso político y social formó amistades profundas con muchos intelectuales hispanoamericanos de su época, entre ellos los escritores Gabriel García Márquez y Pablo Neruda.

   Rigoberta Menchú Tum, activista guatemalteca y ganadora del Premio Nóbel de la Paz (1992), escribió lo siguiente después de la muerte del pintor: "Fue un hombre de convicción latinoamericana y luchador por la democracia. Su obra refleja su profundo compromiso con el progreso social y con los pueblos marginados y explotados. América pierde a uno de los hombres más **destacados** en el mundo del arte, pero también a uno de los más solidarios y humanistas que ha dado nuestra América en toda su historia. No hay palabras para expresar los sentimientos y los recuerdos que guardo y guardaré de este hombre que ha dado lo mejor de sí por nuestros pueblos. Su memoria permanecerá en nosotros y será **aliento** permanente para quienes buscamos un mejor futuro para la humanidad".

Pregunta

1.   ¿Cree Ud. que el arte tiene la capacidad de promover cambios sociales? ¿Conoce otros artistas que hayan luchado por causas sociales o políticas a través de su arte?

El arte indígena se refiere a todas las manifestaciones artísticas de los pueblos nativos de América. En América existieron grandes civilizaciones que dejaron amplias muestras de su desarrollo: la azteca, la olmeca, la tolteca, la maya, la inca y la San Agustín en Colombia, entre otras. Éstas crearon grandes obras de arquitectura, escultura y pintura, también en orfebrería y en cerámica. Más tarde, los pueblos que sobrevivieron a la conquista mantuvieron parte de la tradición cultural, un poco menguada por el despojo y el mestizaje. Así, hoy en día encontramos manifestaciones artísticas auténticas en la cerámica, los tejidos y otras artes, principalmente en aquellos países donde las etnias nativas se mantuvieron más puras.

FIG. 3.5 Ejemplo de arte indígena: Escultura maya (400–600 d. C.). Cerámica. Museo de Historia Natural del condado de Los Ángeles, California.

SU VOZ

"Mi pintura es para herir, para **arañar** y golpear en el corazón de la gente. Para mostrar lo que el Hombre hace en contra del Hombre".

— En la página oficial del artista, http://www.guayasamin.org/

"Mi madre era una verdadera poesía, estaba siempre en gestación, tocaba la guitarra y cantaba a maravilla. Me enseñó los primeros **acordes**, las primeras voces. Recuerdo que de niño trataba de copiar un cielo rojizo, tormentoso. Seguramente no podía darle luminosidad y mi madre, que entendía mi angustia, sacó en un platito de **barro** un poco de leche de su **seno** y me la dio, para ver si mezclando su esencia con mis colores, alcanzaba la luz. Mi madre era como el pan recién salido del horno. Me dio las dos vidas que tengo. Era y sigue siendo una **tierna** poesía. Mientras viva siempre te recuerdo".

— De *El tiempo que me ha tocado vivir* (1988)

Preguntas

1. De acuerdo con la biografía de Guayasamín, ¿cree usted que era un pintor comprometido socialmente? Explique su respuesta.

2. ¿Cuáles son algunos de los temas que se reflejan en su obra artística?

3. En su opinión, ¿qué quiere decir el pintor cuando afirma que quiere mostrar "lo que el Hombre hace en contra del Hombre"?

4. Guayasamín dice que su pintura es para "arañar", "herir" y "golpear." ¿Cuál es el significado de estas palabras en este contexto?

5. ¿Qué dice Guayasamín acerca de la influencia que tuvo su madre en su arte? ¿Cómo habla el pintor de su madre? ¿Qué palabras o imágenes utiliza para describirla?

SU OBRA: *MADRE Y NIÑO*

Análisis de la pintura

1. ¿Cuánto espacio ocupan la madre y el niño en este cuadro? ¿Hay mucho fondo en la obra? Hable sobre el tamaño de los personajes en el cuadro.

2. ¿Cuáles son los colores principales que utiliza el pintor? ¿Cuáles son los contrastes que se ven en el cuadro?

3. ¿Cómo son las manos de la madre? ¿Qué pueden simbolizar estas manos?

4. ¿Por qué cree que el pintor decidió pintar a la madre con su hijo sin ropa? ¿Crea así una conexión más íntima? ¿Hay una fusión entre los dos cuerpos?

5. ¿Cómo son los ojos del niño en comparación con los de la madre? ¿Qué percibimos a través de su mirada? ¿Se siente protegido? ¿Tiene miedo?

Preguntas de discusión

1. Esta obra forma parte de la serie *La edad de la ternura*. ¿Cómo transmite el pintor el sentimiento de ternura en este cuadro?

FIG. 3.6 *Madre y niño*, de Oswaldo Guayasamín (1986). Óleo sobre tela. Fundación Oswaldo Guayasamín (Quito, Ecuador).

2. ¿Qué representan los cuerpos esqueléticos de la madre y del niño? ¿Qué está denunciando Guayasamín a través de estos dos cuerpos?

3. ¿Qué ve usted en este cuadro, sufrimiento o esperanza?

4. Según este cuadro, ¿qué opina Guayasamín sobre el papel de las madres en el mundo? ¿Cómo ve Guayasamín a los niños?

5. En su opinión, ¿cuál es el elemento más poderoso del cuadro? ¿Los colores? ¿Las formas? ¿Las expresiones?

REPASO DE GRAMÁTICA (I)

El pretérito

El uso del pretérito es tal vez uno de los más difíciles por requerir la memorización de las formas irregulares. Por eso, es importante agrupar los verbos que tienen conjugaciones similares y tener en cuenta las siguientes claves para el uso del pretérito en español.

Para narrar en el pasado, es importante saber utilizar tanto el pretérito como el imperfecto del indicativo. Puesto que las conjugaciones en el pretérito son más difíciles de memorizar, es buena idea revisar primero este tiempo verbal. Fíjese especialmente en los cambios señalados con el color rojo.

Verbos regulares: Los verbos regulares siguen todos un modelo similar: Se elimina la terminación del verbo en infinitivo (**-ar**, **-er**, **-ir**) y se agrega la terminación.

-ar:	**-é, -aste, -ó, -amos, -asteis, -aron**
-er / -ir:	**-í, -iste, -ió, -imos, -isteis, -ieron**

Verbos con cambio de raíz (*stem*): Los verbos con cambio de raíz en el presente del indicativo son regulares en el pasado, con la excepción de la tercera persona del singular y del plural de los verbos que terminan en **-ir**.

mentir (ie, i[1])**:**	mentí, mentiste mintió, mentimos mentisteis, mintieron
servir (i, i)**:**	serví, serviste, sirvió, servimos, servisteis, sirvieron
dormir (ue, u)**:**	dormí, dormiste, durmió, dormimos, dormisteis, durmieron

En esta categoría también se incluyen los verbos **reír** y **sonreír**, para los que hay que notar una irregularidad de los acentos escritos cuando se comparan a otros verbos con cambio de raíz.

reír (i, i)**:**	reí, reíste, rio, reímos, reísteis, rieron
sonreír (i, i)**:**	sonreí, sonreíste, sonrió, sonreímos, sonreísteis, sonrieron

---

1. La información entre paréntesis indica los cambios de raíz del verbo en el presente del indicativo (el primer cambio indicado) y en el pretérito (el segundo cambio indicado). En el ejemplo de **mentir (ie, i)**, la **-e-** tónica cambia a **-ie-** en el presente del indicativo (**miento, mientes,...**) y a **-i-** en la tercera persona singular y plural del pretérito (**mintió, mintieron**). Para **dormir (ue, u)**, la **-o-** tónica cambia a **-ue-** en el presente del indicativo (**duermo, duermes,...**) y a **-u-** en la tercera persona singular y plural del pretérito (**durmió, durmieron,...**).

Grupos de verbos irregulares en el pretérito: Hay que memorizar las formas de los verbos irregulares. Es de notar que ninguna de las formas irregulares en el pretérito lleva acento.

	dar:	di, diste, dio, dimos, disteis, dieron
	ser / ir:	fui, fuiste, fue, fuimos, fuisteis, fueron
	ver:	vi, viste, vio, vimos, visteis, vieron
-uv-	**andar:**	anduve, anduviste, anduvo, anduvimos, anduvisteis, anduvieron
	estar:	estuve, estuviste, estuvo, estuvimos, estuvisteis, estuvieron
	tener:	tuve, tuviste, tuvo, tuvimos, tuvisteis, tuvieron
-u-	**poder:**	pude, pudiste, pudo, pudimos, pudisteis, pudieron
	poner (nàs):	puse, pusiste, puso, pusimos, pusisteis, pusieron
	saber (bàp):	supe, supiste, supo, supimos, supisteis, supieron

En este grupo también se encuentran **caber** *y* **haber.**

-i-	**hacer:**	hice, hiciste, hizo, hicimos, hicisteis, hicieron
	querer:	quise, quisiste, quiso, quisimos, quisisteis, quisieron
	venir:	vine, viniste, vino, vinimos, vinisteis, vinieron
-j-	**conducir:**	conduje, condujiste, condujo, condujimos, condujisteis, condujeron
	decir:	dije, dijiste, dijo, dijimos, dijisteis, dijeron
	traer:	traje, trajiste, trajo, trajimos, trajisteis, trajeron

Para hacernos expertos en el uso del pretérito es necesario recordar que este tiempo verbal se utiliza para hablar sobre ACCIONES que tuvieron lugar en un momento específico o en un período de tiempo específico en el pasado. Hay algunos verbos que casi siempre se usan en el pretérito (tales como nacer y morir), porque ocurren una sola vez en el pasado. Los verbos que indican una acción (hablar, escribir, comenzar, decir, bailar, bañarse, y muchísimos más —la mayoría de los verbos en español) se usan en el pretérito a menos que hayan ocurrido repetidamente en el pasado o en un período de tiempo indefinido. En esos casos se usa el imperfecto del indicativo. El verbo querer se usa con mucha más frecuencia en el imperfecto.

María Blanchard **vivió** en Madrid durante varios años. (pretérito: período específico de tiempo aunque no se indica el número de años)

María Blanchard vivía en París cuando **murió**. (pretérito: una acción que interrumpe una acción en progreso [imperfecto])

Hay algunos verbos comunes que tienen un significado diferente en el pretérito y el imperfecto.

    conocer: conocí (*I met* [*someone for the first time*]) / **conocía** (*I knew* [*a person or a place*])

    poder: pude (*I succeeded, managed to*), **no pude** (*I failed to*) / **podía** (*I could, was able to*),

    no podía (*I couldn't, wasn't able to*)

    querer: quise (*I tried*), **no quise** (*I refused*) / **quería** (*I wanted*)

    saber: supe (*I found out*) / **sabía** (*I knew*)

Más adelante en el capítulo se presenta el repaso de las formas y los usos del imperfecto del indicativo.

EJERCICIOS DE GRAMÁTICA

A. Complete esta carta ficticia de Pablo Picasso al enterarse de la muerte de María Blanchard con la forma correcta del pretérito de los verbos.

París, 6 de abril de 1932

Mi querido amigo,

Ayer _____ (**1.** morir) mi gran amiga María Blanchard. En la mañana _____ (**2.** desayunar) tranquilamente, luego _____ (**3.** salir) a comprar el periódico. _____ (**4.** Ver) la foto de María en la segunda página y no la _____ (**5.** reconocer). Cuando _____ (**6.** leer) su nombre en el titular del artículo, _____ (**7.** quedarse) frío. _____ (**8.** Caminar) desorientado por las calles de Montparnasse hasta que _____ (**9.** sentarse) en el banco de un parque. Allí _____ (**10.** llorar) desconsoladamente por varios minutos. _____ (**11.** Recordar) todos los momentos maravillosos que nosotros _____ (**12.** pasar) juntos en París. _____ (**13.** Sacar) un papel de mi bolsillo e _____ (**14.** hacer) un dibujo de su cara. No _____ (**15.** ser) fácil: hacía muchos años que no nos veíamos. _____ (**16.** Regresar) a mi apartamento y _____ (**17.** buscar) en un cajón su última carta. La _____ (**18.** leer) muchas veces, la _____ (**19.** oler)… ¡Qué lástima que haya perdido el contacto con ella en los últimos años! Después de que Juan Gris _____ (**20.** morir), María y yo no

_____ (**21.** volver) a hablar. La voy a extrañar, estoy seguro. Ayer el mundo del arte _____ (**22.** perder) a una gran artista.
Con mucho afecto,
Pablo

B. Explique la razón por la que usamos el pretérito en las siguientes frases.

1. Blanchard nació en Santander, en el norte de España.

2. Blanchard sufrió mucho durante su infancia a causa de su aspecto físico.

3. María Blanchard empezó sus estudios de pintura en Madrid.

4. El arte le sirvió para salir de su tristeza.

5. El cubismo es un movimiento artístico que apareció a comienzos del siglo XX.

6. Blanchard conoció a Pablo Picasso en París.

7. Blanchard perdió contacto con muchos artistas después de la muerte del pintor Juan Gris.

8. Blanchard pintó muchos cuadros sobre la maternidad.

9. Blanchard utilizó colores dramáticos como el rojo y el negro en sus cuadros.

10. Blanchard nunca tuvo hijos.

C. Según lo que leyó de las vidas y obras de María Blanchard y Oswaldo Guayasamín, forme oraciones originales *en el pretérito* con las palabras que siguen.

1. Blanchard y Juan Gris / conocerse

2. Blanchard / sentirse

3. Blanchard / vivir

4. Desde pequeño, Guayasamín / descubrir

5. La pintura de Guayasamín / servir

6. Guayasamín / decir

7. Blanchard / encontrarse

8. Blanchard / morir

9. Guayasamín / comenzar

10. Para Blanchard y Guayasamín, la madre / ser

D. Complete la siguiente carta con la forma correcta del pretérito de los verbos.

Mi querida madre,
Ayer _____ (**1.** despertarse: yo) pensando en ti. Ya hace dos años
que _____ (**2.** irse: tú) y siento que me haces mucha falta. Anoche
_____ (**3.** soñar) con nuestras últimas vacaciones en el campo. Tú me
_____ (**4.** decir) que te sentías cansada, pero nunca
_____ (**5.** pensar: yo) que nos
quedaba tan poco tiempo juntas. Aquel mes
de julio tú y yo _____
(**6.** hacer) muchas cosas juntas:
_____ (**7.** bañarse) en el lago,
_____ (**8.** estar) en la casa de
tu vecina Rosita, _____ (**9.**
cocinar) nuestras recetas favoritas. Esas
vacaciones _____ (**10.** ser)
las mejores que he pasado contigo. Te
_____ (**11.** sentir) muy
cerca. Te _____ (**12.** ver) hermosa y
llena de vida. Papá me _____
(**13.** dar) una foto de ambas donde nos
reíamos como niñas. Juntos, papá y yo
_____ (**14.** llorar) y
_____ (**15.** reírse)
hablando sobre ti.
Te extraño mamá; no me acostumbro a tu
ausencia.
Lola

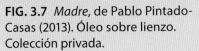

FIG. 3.7 *Madre*, de Pablo Pintado-Casas (2013). Óleo sobre lienzo. Colección privada.

EXPRESIONES ESCRITAS

Secretos y lectores intrusos: La carta

¿Cuándo fue la última vez que usted le mandó a alguien una carta escrita en papel? Las cartas ya no son lo que eran antes. Hoy en día, un sobre que se recibe por correo contiene una cuenta bancaria, un aviso publicitario o anuncios impersonales. En el pasado, una carta era una forma de comunicación entre personas que se conocían o que tenían un nexo de algún tipo. Incluían historias íntimas, intercambios de emociones y secretos; se usaban para dejar por escrito memorias que se querían compartir con otros. Podemos conocer mucho sobre la vida de hombres y mujeres famosos a través de su correspondencia. En las cartas se encuentran las anécdotas insignificantes que contribuyeron a su grandeza. A través de los siglos, las cartas han sido la forma más preciosa de conectarse con los que se encuentran lejos. También son un recurso muy importante para académicos que investigan sucesos históricos: Por medio de la correspondencia se puede revivir el pasado. Desafortunadamente, el género epistolar es cuestión del pasado y las personas hoy en día se comunican a través de mensajes de internet o redes sociales como Facebook o Twitter. Esta forma de correspondencia pertenece a otra cultura —el lenguaje es diferente, las intenciones también.

A pesar de que la carta está en vías de extinción, no se puede desconocer su importancia en la historia. En la literatura, ha tenido un espacio importante tanto en la ficción como en las biografías y autobiografías. La carta puede aparecer como un tema o ser el centro de un relato. Existe un maravilloso cuento de Julio Cortázar, "La salud de los enfermos", donde muere un personaje y los hermanos escriben cartas en su nombre, para ocultarle la verdad a la madre. Todos terminan atrapados en la mentira de las cartas. Existe también la carta como recurso narrativo, como una estrategia para construir un relato. Puede ser una presencia ocasional, o puede determinar la forma de la narrativa. Las cartas en la literatura crean una ilusión de verdad en que los personajes hablan de sus propias experiencias y de cuestiones íntimas. Para el lector, las cartas de los demás pueden revelar secretos y aspectos de sus vidas que deberían permanecer privadas. En este sentido, el lector se convierte en un intruso que invade el espacio privado de los demás.

Se incluye el género epistolar en este capítulo porque es apropiado para una escritura libre. A pesar de que hay códigos básicos que se deben seguir, el autor tiene mucha libertad y puede contar solo lo que quiere contar, de una forma coloquial o formal.

Es importante tener en cuenta los siguientes elementos al escribir una carta.

- **La fecha.** Se encuentra en la cabecera de la hoja e indica el contexto puesto que incluye el momento exacto en el que fue escrita la carta.

- **El encabezamiento.** Se debe especificar al comienzo a quién va dirigida la carta y en ocasiones este encabezamiento marca el tono de la carta. Puede ser afectivo (Querida Rosaura) o impersonal (A quien le pueda interesar).

- **El tono.** Se debe mantener el mismo tono a través de la carta, lo que depende del tipo de relación que se tiene con el destinatario. Si la relación con el destinatario es formal o distante, se le dirige de "usted", con las formas verbales y pronombres apropiados. Con una relación íntima o familiar, se le dirige al destinatario de "tú". Por otro lado, la persona que escribe puede usar un tono agresivo, compasivo, frío, profesional, cordial o combativo. Todo depende del momento de la escritura y de la intención de quien escribe. Sin duda, antes de decidir el tono de la carta, la persona debe tener en cuenta el nivel de educación del destinatario para que pueda comprender el contenido. Ya que es común que el remitente tenga un objetivo en mente, el tono debe ser convincente para lograr lo que se busca.

- **El contenido.** Existe una total libertad en cuanto al contenido de la carta. Así como se pueden contar experiencias íntimas, el remitente (el que escribe la carta) puede tener un objetivo muy claro en cuanto a la respuesta que quiere producir a través de la carta. El remitente controla el contenido de la carta.

- **La comunicación.** La carta establece un tipo de conversación o diálogo puesto que la idea es recibir una respuesta. Se establece una comunicación entre dos personas en espacios y en tiempos diferidos. En ese sentido, se distingue de una interacción oral.

- **El remitente:** La persona encargada de construir la carta se encuentra en un espacio y un contexto específico que normalmente aparece en el texto. Muchas veces se incluye el lugar de donde se escribe al lado de la fecha. Se habla del espacio donde se encuentra el emisor para que el destinatario tenga una idea de la experiencia que esta persona está viviendo en el momento de la escritura de la carta. El contexto puede ser el centro del texto.

- **El destinatario:** La persona que recibe la carta afecta el tono de la carta.

- **El cierre / La despedida:** Al final de la carta hay un cierre donde típicamente se incluyen frases que expresan el deseo de una respuesta a la carta.

LITERATURA
PALOMA DÍAZ-MAS Y LAURA FREIXAS

Paloma Díaz-Mas (España, 1954–)

Paloma Díaz-Mas nació en Madrid, donde estudió Filología Románica y Periodismo en la Universidad Complutense. Empezó a escribir a los 19 años con un libro que reúne una colección de biografías ficticias: *Biografías de genios, traidores, sabios y suicidas, según antiguos documentos*. Es profesora de investigación del Instituto de Lengua, Literatura y Antropología del Consejo Superior de Investigaciones Científicas (CSIC) de Madrid. Ha sido profesora de literatura española y sefardí en la Universidad de Vitoria, capital del País Vasco (comunidad autónoma en el norte de España). También enseñó en la Universidad de Oregon, en los Estados Unidos. Su investigación se enfoca en la literatura judía castellana medieval, la literatura sefardí y la literatura oral.

> **VOCABULARIO ÚTIL**
>
> **ala (f., *pero* el ala)** *parte de las aves que les sirve para volar*
> **sefardí (m.)** *de la cultura de los judíos de origen español*

En 1987 publicó la colección de relatos *Nuestro milenio* (*Narrativas hispánicas*), libro que cuestiona la rapidez con las que hacemos las cosas sin tener en cuenta que al final deben quedar bien hechas. En el año 2014 publicó el ensayo *Lo que aprendemos de los gatos*, donde habla de las relaciones de dependencia con nuestras mascotas y de lo que aprendemos sobre nosotros mismos cuando convivimos con un animal como el gato. Prefiere escribir de manera breve y sobria, y espera que sus lectores sean activos. Sus varias novelas incluyen *El sueño de Venecia* (1992), *La tierra fértil* (1999) y *Como un libro cerrado* (2005). El cuento "La niña sin **alas**" forma parte de la antología *Madres e hijas* (1996), editada por la escritora Laura Freixas.

En el cuento "La niña sin alas", nos encontramos en un hipotético mundo futuro donde los hombres y

FIG. 3.8 La escritora Paloma Díaz-Mas (fotografía de Carlos Mota)

las mujeres tienen alas. El personaje principal es una mujer que queda embarazada y le dan la terrible noticia de que su hija va a nacer "mutilada", porque no tendrá alas. Para poder cuidar a su hija minusválida, abandona todo en su vida: trabajo, familia y amigos. Paloma Díaz- Mas presenta en este cuento la imagen de la madre sacrificada y obsesiva. El final del cuento es sorprendente.

SU VOZ

"A mí me fastidia que me consideren una chica que escribe y que por tanto está determinada. Lógicamente, el hecho de ser mujer determina, como el hecho de ser española, ser profesora de literatura, vivir en Vitoria [...] pero no me gusta que lo consideren el elemento dominante, ni me gusta que consideren mi obra como la de una mujer que escribe y que por tanto la cubran de una manera distinta que juzgarán la obra de un hombre".
—De *Contemporary Spanish Women's Narrative and the Publishing Industry*.
Christine Henseler (2003)

Preguntas

1. En la biografía de Díaz-Mas aprendemos que la autora escribe sobre una variedad de temas, incluso la convivencia con los gatos. ¿Qué piensa ella sobre la relación que los seres humanos tenemos con los animales? ¿Está de acuerdo?

2. ¿De qué trata su colección de relatos *Nuestro milenio*? ¿Qué opina usted sobre el tema de estos relatos?

3. Según la cita, ¿se considera Paloma Díaz-Mas una escritora femenina, o sencillamente una escritora?

4. ¿Hay factores de la esencia de un escritor (por ejemplo: la edad, la nacionalidad, el estatus social, la orientación sexual, la raza) de los que no puede escapar y por lo tanto influyen de gran manera en su obra? ¿Es igual para todos los escritores? Explique.

5. ¿Piensa usted que los hombres y las mujeres escriben de forma diferente? ¿Piensa que deben ser estudiados de una manera distinta? ¿Por qué sí o no?

SU OBRA: "LA NIÑA SIN ALAS"

Antes de leer

1. ¿En qué tipo de textos vemos a seres humanos con alas? ¿Puede pensar en algunos ejemplos específicos?

2. ¿Qué representa el acto de volar desde un punto de vista simbólico? ¿Qué significa la expresión *cortarle las alas a alguien*?

3. ¿Es importante que una madre le dé libertad e independencia a su hijo? ¿Por qué? ¿Hay algunas madres que son demasiado controladoras?

4. ¿Cómo es su propia madre? ¿Le deja mucha libertad? ¿Se preocupa mucho por usted?

5. ¿Cree usted que se les exige más a las madres hoy en día que en el pasado? Explique su respuesta.

Lectura

La niña sin alas

"Había una vez un tiempo en que los hombres no tenían alas".

Así empezaban lodos los cuentos que me contaba mi madre cuando yo era niña: remitiéndose a una época antigua y tal vez mítica en que los hombres no habían adquirido aún la capacidad de volar. A mí me gustaba mucho oír aquellas historias, y le pedía que las repitiese una y otra vez, aunque ya me las sabía **de corrido**: la de aquel héroe **desalado** que, a falta de alas propias, se construyó unas de **cera** y plumas de aves; pero, al volar cerca del sol, la cera **se derritió** y él cayó al mar y **se ahogó**. O aquel otro que inventó un artilugio de lona y madera para, arrojándose

> ### VOCABULARIO DE LA LECTURA
>
> **ahogarse** *morir en el agua*
> **al fin y al cabo** *después de todo*
> **apoyarse** *poner una parte del cuerpo sobre un objeto*
> **apretado/a** *estrecho/a*
> **asombroso/a** *maravilloso/a*
> **aspereza** *desigualdad en la superficie*
> **atreverse** *hacer un acto arriesgado*
> **bofetada** *golpe en la cara*
> **bulto** *elevación en una superficie*
> **carencia** *falta de algo*

desde lo alto de las montañas, planear sobre los valles de su país aprovechando las corrientes de aire cálido: una cosa que hoy en día todos hacemos de forma intuitiva, pero que así contada me parecía nueva e inusual, como si yo misma acabase de descubrir un fenómeno tan cotidiano que hoy nos pasa **inadvertido**.

Lo que jamás pensé mientras oía los cuentos de mi madre es que alguna vez yo misma llegara a sentir como propia y cercana la **carencia** de alas y que aquel mito de los hombres mutilados acabaría habitando junto a mí.

Nunca tuve una gran vocación por la maternidad. Recuerdo que, de adolescentes, muchas amigas mías hacían planes ilusionados con respecto al momento en que se convertirían en madres; parecía que no tuviesen otra vocación en el mundo y a mí me irritaban profundamente sus grititos de alegría, sus mohines y morisquetas cada vez que veían un bebé: se apostaban junto a la **cuna** o el **cochecito**, empezaban a proferir gorjeos y arrullos de paloma y acababan pidiéndole a la madre que, por favor, les dejase arropar un momentito a la criatura entre sus alas. Y cuando, obtenido el permiso, se colocaban al niño sobre el

cera *sustancia sólida y amarillenta, de la que se hacen velas*

cicatrizante *algo que quita o reduce las marcas de la piel*

cochecito *carro pequeño para llevar niños*

cuna *lugar donde duermen los bebés*

de corrido *sin interrupciones*

derretirse *disolverse por el calor*

desalado/a *sin alas*

despacho *oficina*

desplegar *extender*

emprender *comenzar*

enfrentamiento *lucha*

envuelto/a *cubierto/a*

inadvertido/a *sin advertir, sin percibir*

malhumorado/a *de mal humor, enfadado/a*

moldear *dar forma*

morder *apretar algo entre los dientes*

polvo *partículas muy pequeñas que flotan en el aire*

porquería *conjunto de cosas sucias*

rasgar *romper*

vendaje (m.) *ligadura que se pone en el cuerpo para curar*

volcarse *dedicarse completamente*

pecho y se envolvían entre sus plumas remeras, ponían tal cara de felicidad que yo no sabía si **emprender** a **bofetadas** con ellas, por bobas y pánfilas, o conmigo misma, por despegada e insensible. Verlas tan ilusionadas por algo que a mí me dejaba fría me hacía sentir mal. Con el tiempo fui comprendiendo que ser madre no era ninguna obligación. Por eso, al filo de los cuarenta años, felizmente casada y situada profesionalmente, había renunciado a tener hijos, pero de una forma casi automática: sencillamente, la maternidad no entraba en mis planes. Entonces supe que me había quedado embarazada.

Desde el principio, a mi marido y a mí nos extrañó la solícita preocupación del médico, su insistencia en someterme a pruebas y análisis, en repetir algunos de ellos alegando que no veía claros los resultados. Parecía que algo no iba bien y, en efecto, así era: estaba ya en el inicio del tercer mes de embarazo cuando el doctor nos convocó en su **despacho** y nos dio las dos noticias. La primera, que el bebé era una niña; la segunda, que con toda probabilidad nacería sin alas.

Me ofrecieron la posibilidad de interrumpir el embarazo, pero no quise. Yo que nunca me había sentido atraída por la idea de ser madre, amaba ya a aquella niña desconocida, aun a sabiendas de que sería un lastre para toda mi vida. Pero era ya mi hija y por nada del mundo quería renunciar a ella.

El parto se dio bien, fue sorprendentemente fácil. Parecía como si aquella criatura mutilada llegase llena de ganas de vivir y como si la fuerza que debería tener en sus alas inexistentes se hubiera localizado en otras partes del cuerpo, especialmente en las extremidades: ya durante el embarazo me sorprendió el vigor de sus patadas en el vientre y todo el personal que asistió al parto pudo notar la fuerza que hacía la criatura con brazos y piernas.

Cuando me la trajeron, **envuelta** aun en sangre y grasa, para ponérmela sobre el pecho, yo la estreché entre mis alas cansadas y noté lo cálida que era su piel desnuda. Me pareció la niña más hermosa del mundo, toda rosada y limpia, sin el lanugo de plumón frío y enmarañado que suelen tener los recién nacidos. Aquella desnudez me conmovió tanto que pensé por un momento que la humanidad, desde que tiene alas, ha perdido la calidez del contacto de piel sobre piel, porque siempre se interponen las plumas ásperas* y llenas de **polvo**. Y quién sabe si al ganar alas no hemos perdido otras muchas cosas, dulces y suaves como la piel desprotegida.

Desde aquel día, la niña fue el centro de mi vida. Los primeros meses no resultaron problemáticos: **al fin y al cabo**, un bebé normal tiene las alas tan débiles que no puede volar ni servirse de ellas para ningún otro menester, así que mi hija parecía casi normal. Comía bien, dormía a sus horas, empezó muy pronto a conocernos, a sonreír y hacer gorjeos. Cuando veía que me acercaba a su cuna, en vez de extender las alas me echaba los brazos, pidiéndome que la cogiera. Salvo por ese detalle, en nada se diferenciaba de cualquier otra niña de su edad.

Naturalmente, el paso de los meses fue poniendo de manifiesto la diferencia. Entre los ocho y los diez meses lo normal es que un niño ya se ponga en cuclillas o arrodillado, **despliegue** las alas y comience a batirlas, preparándose para el primer vuelo. En vez de eso, mi niña se sentaba y se balanceaba adelante y atrás, o **se apoyaba** en las rodillas y las palmas de las manos e intentaba andar a cuatro patas, como los perros o los gatos. Mi marido se ponía enfermo cuando la veía hacer eso: decía que parecía un animal. Otros familiares me sugirieron que la atase a la cuna para quitarle ese vicio. Yo no quise de ninguna manera: defendí su derecho a ser diferente, a expresarse y moverse de forma distinta a como lo hacemos nosotros, a como lo hacían todos los demás niños. "Si no tiene alas, de alguna forma tiene que moverse, ¿no?", les decía yo a todos. Pero nadie entendía: me decían que debía acostumbrarla a moverse como los otros niños, que de mayor quizás podría suplir su carencia con unas alas ortopédicas, que si era distinta no podíamos fomentar que lo fuese cada vez más. Los **enfrentamientos** se hicieron progresivamente más violentos con todo el mundo: con mi marido, con los familiares, con los amigos. Nadie quería entender que si la niña era diferente, resultaba lógico que lo hiciera todo de diferente manera.

Un día descubrí algo nuevo y maravilloso. Yo había visto en grabados y cuadros antiguos que, en los tiempos de los hombres sin alas, las mujeres solían tomar en brazos a sus hijos, en vez de acogerlos entre las escápulas y las plumas remeras como hacemos hoy. Recuerdo que era una tarde de invierno, estaba sola con mi hija y la niña reptaba por la alfombra del salón; en un momento determinado se sentó en el suelo y me tendió los bracitos y yo, guiada por un impulso incontrolado, también tendí los brazos hacia ella y la tomé, la levanté en vilo y me la puse sobre la falda. No puedo explicar la dulzura que me invadió entonces: tenía a mi hija en el hueco de mi regazo y mis brazos la enlazaban por la derecha y por la izquierda y, lo que resultó más sorprendente, ella me imitó, enlazó sus bracitos en torno a mi cuerpo y así estuvimos las dos mucho tiempo, en esa postura nueva y nunca usada, una frente a otra, cuerpo contra cuerpo, ella sin alas y yo con las mías apartadas hacia atrás, unidas únicamente por nuestros brazos entrecruzados.

Desde entonces, adquirí la costumbre de cogerla siempre de aquella manera, Al principio lo hacía a escondidas, en parte por vergüenza y en parte porque no quería provocar más discusiones con mi marido, que cada vez aceptaba peor a nuestra hija; pero pronto empecé a tomarla de aquella forma en cualquier momento, en casa, y luego no me importó hacerlo en público. Las primeras veces me costaba muchísimo trabajo alzar a la criatura hasta mi falda, pero poco a poco mis brazos se fueron fortaleciendo a fuerza de repetir ese movimiento, e incluso yo diría que llegaron a tornearse de forma diferente, como si algunos de los músculos se desarrollasen y **moldeasen** para adecuarse a aquella postura. En las largas horas con mi niña en brazos entendí por qué los cuadros antiguos que representan el tema de la maternidad emanan esa ternura para nosotros inexplicable y no nos suscitan el rechazo que sería normal al tratarse de escenas entre seres mutilados: la madre que sostiene a su hijo en los brazos se comunica con él tan intensamente o más que la que lo arropa entre sus alas, Aunque, naturalmente, las pocas veces que **me atreví** a manifestar semejante opinión todo el mundo bajó la cabeza y guardó el silencio que siempre suscita la lástima por una desgracia ajena.

Dejé el trabajo y **me volqué** en la niña cada vez más. O tal vez se volcó ella en mí, porque lo cierto es que me descubrió tal mundo nuevo, un mundo a ras de tierra. En vez de volar, reptaba por el suelo; luego empezó a ponerse de pie y a dar pasitos, avanzaba agarrándose a los muebles y lograba desplazarse de esa manera por toda la habitación; cuando le faltaba un punto de apoyo, caía de bruces y se apoyaba en las palmas de las manos, algo muy distinto a lo que hacen los demás niños que aprenden primero a volar y luego, cuando ya tienen las alas lo suficientemente fuertes, comienzan a andar; de esa manera las alas les sirven de paracaídas en sus primeros pasos y, cuando se sienten caer, no tienen más que desplegarlas. Mi niña, en cambio, aprendió a andar mucho antes de lo habitual y, lo que era más sorprendente, sabía hacerlo sin ayuda de las alas: era **asombroso** ver cómo se las ingeniaba para guardar el equilibrio en una postura dificilísima con la espalda recta y sin más contrapeso que los movimientos de los brazos y la cabeza. Parecía inverosímil verla sostenerse así, avanzar bamboleándose pero sin caer y salvarse, cada vez que tropezaba, echando adelante los brazos para amortiguar el golpe.

Me acostumbré a echarme en el suelo para estar con ella. Mi marido se indignaba al verme así, tumbada boca abajo sobre la alfombra, con las alas plegadas como las de una mariposa, apoyándome en los codos para jugar con mi hija. Pero a mí me gustaba ver las cosas desde allí abajo, como ella las veía, sin la posibilidad de alzar el vuelo y colocarse en lo alto del armario o mirar la habitación desde una esquina del techo. Y poco a poco me acostumbré a no volar.

Los amigos y la familia me decían que volase, que hiciese una vida normal, que saliese más a la calle, que me estaba enterrando en vida. Pero yo no les oí: era completamente feliz.

Mi marido pasó por varias fases, de la indignación al aburrimiento. Cuando la niña cumplió dos años apenas nos hablábamos, casi ni coincidíamos en casa: él siempre tenía mucho trabajo y solo aparecía, **malhumorado**, los fines de semana; los días de diario volvía a casa tan tarde que se deslizaba a oscuras entre las sábanas, creyéndome ya dormida. Pronto empezó a tener trabajo también los sábados. Y luego, viajes de negocios los fines de semana. Entonces volvió a estar de buen humor y yo supe lo que pasaba, pero no dije nada: no estaba dispuesta a que mi hija se criase sin la figura de un padre, aunque fuese meramente simbólica. Una niña así necesita toda la protección que se le pueda dar.

Con dos añitos casi hablaba de corrido; era una niña extraordinariamente despierta y yo me sentía orgullosa de ella. Pero poco después empezó mi angustia.

El primer indicio lo tuve una noche, mientras la bañaba. Le estaba enjabonando la espalda y de repente noté una pequeña **aspereza** a la altura del omóplato izquierdo. La examiné, pensando que quizás se había herido: solo vi una pequeña rojez y no le di mayor importancia.

A los pocos días, las rojeces eran dos, colocadas simétricamente a los dos lados de la espalda. Al tacto se notaba una minúscula dureza bajo la piel. Me asusté mucho, pero no quise llevarla al médico y me limité a aplicarle una crema **cicatrizante**. Al cabo de una semana la cosa iba peor: las durezas habían crecido y eran ya dos bultitos como dos flemones, hinchados y al parecer dolorosos al tacto, porque la niña se quejaba cuando yo pasaba el dedo por encima de su superficie.

Le puse un apósito con más crema cicatrizante, pero no surtió efecto; le cambiaba los apósitos dos veces al día y los bultitos seguían creciendo. Entonces tomé vendas y esparadrapo y le vendé todo el tórax, procurando que estuviese firme pero no demasiado **apretado**. Por fortuna era invierno y nadie notó los vendajes, ocultos bajo las ropas abrigadas de la niña.

Tampoco esto surtió efecto. Los bultos eran cada vez más grandes y más duros, como un hueso saliente que amenazase con **rasgar** la piel. No sabía qué hacer ni a quién acudir.

Hasta que sucedió lo que tenía que pasar. Una mañana fui a levantarla de su cama y la encontré boca abajo, en contra de su costumbre. Bajo las ropas de la cama se marcaba un **bulto** sospechoso y supe lo que era antes de levantar las sábanas.

Allí estaban: incipientes pero lo suficientemente bien formadas como para que no hubiese ninguna duda. Durante la noche habían brotado, rasgando la piel, y la sabanita de abajo estaba ligeramente manchada de sangre. Se me vino el mundo abajo. Supe que solo podía hacer una cosa. Levanté a mi hija en brazos, le desnudé el torso y **mordí** con toda la fuerza que me daban la rabia y la desesperación. Me lleno la boca un sabor asqueroso a polvo y ácaros: parece mentira la cantidad de **porquería** que pueden acumular unas alas en solo una noche.

A la niña no pareció dolerle. Quizás solo sintió una ligera molestia, porque lloró un poco y se calmó enseguida. La llevé al cuarto de baño, le hice una cura rápida y logré cortar la hemorragia, desinfectar la herida y vendarla.

Estuvo unos cuantos días con los **vendajes**, que yo cambiaba con frecuencia. Cada vez que se los quitaba, examinaba el progreso de la herida. Vi con alivio que cicatrizaba pronto y bien y a las pocas semanas estuvo cerrada del todo.

Ahora no se le nota apenas. Únicamente tiene una ligera cicatriz invisible, que solo puede apreciarse al tacto si se pone atención o se va sobre aviso. Ha vuelto a ser la niña que era y yo sigo entregada a ella. A quienes me dicen que me estoy enterrando en vida, que debería volver a trabajar, que he perdido a mi marido, que no puedo atarme a la niña de esta forma, les contesto que estoy contenta con lo que hago y que la obligación de una madre es sacrificarse por su hija.

Comprensión de la obra

Primero, indique si las siguientes afirmaciones son verdaderas (V) o falsas (F), según el contenido del cuento. Luego, corrija las que son falsas.

1. V F   El cuento está narrado desde la perspectiva del padre.

2. V F   En el primer párrafo del cuento, la narradora se acuerda de los cuentos que le contaba su madre acerca de la época en que los seres humanos no tenían alas.

3. V F   Cuando era joven, la narradora tenía el mismo instinto materno que sus amigas.

4. V   F   El médico le da a la narradora la terrible noticia que su niña nacerá sin alas.

5. V   F   La madre quiere interrumpir el embarazo en seguida. No quiere un niño diferente.

6. V   F   Toda la familia apoya y ayuda a la madre con su hija.

7. V   F   La relación entre la narradora y su marido se deteriora a causa de la niña.

8. V   F   Un día la madre nota dos bultos en la espalda de su hija.

9. V   F   La madre se alegra de que a su niña le estén creciendo alas y deja que éstas crezcan.

10. V   F   La madre no quiere aceptar que su hija sea libre e independiente.

Preguntas de discusión

1. Mencione las diferentes etapas por las que pasa la protagonista/narradora en el cuento. ¿Qué opinaba acerca de la maternidad cuando era joven? ¿Por qué cambia su actitud?

2. ¿Por qué cree que esta madre abandona su propia vida después del nacimiento de su hija? ¿Es una reacción normal? ¿Lo haría cualquier madre con un niño "diferente"?

3. ¿Qué simbolizan las alas de la niña en este cuento? ¿Por qué no quiere la madre que su hija tenga alas y sea "normal"?

4. ¿Cree que la madre es un ejemplo de mujer sacrificada o de madre controladora y obsesiva?

5. En este cuento, ¿sufre la madre? ¿la hija? ¿el padre?

6. ¿Por qué cree que los familiares y los amigos de la madre no llegan a aceptar la diferencia de la niña?

7. Hable sobre el final del cuento. ¿Cómo lo interpreta?

Laura Freixas (España, 1958–)

Laura Freixas estudió en el Liceo Francés de Barcelona. Se licenció en Derecho en 1980, pero se ha dedicado siempre a la escritura. Se dio a conocer en 1988 con una colección de relatos, *El asesino en la muñeca*. En 1997 se publicaría su primera novela, *Último domingo en Londres*, a la que seguirían *Entre amigas* (1998), *Amor o lo que sea* (2005) y *Los otros son más felices* (2011). Paralelamente a su obra narrativa, Laura Freixas ha desarrollado una intensa labor como estudiosa y promotora de la literatura escrita por mujeres. En 1996 coordinó y prologó una antología de relatos de autoras españolas contemporáneas, *Madres e hijas* (que alcanzó nueve ediciones en el primer año), y en 2000 publicó el influyente ensayo *Literatura y mujeres*. También se acerca al tema de la maternidad en *Libro de madres*, una magnífica antología que reúne los textos de una gran variedad de autores que han escrito acerca de la madre. En 2015, publica *El silencio de las madres y otras reflexiones sobre las mujeres en la cultura*. Ha sido editora, crítica literaria, periodista y traductora. Imparte talleres literarios en diversas instituciones y ha sido profesora, conferenciante o escritora invitada en numerosas universidades españolas y extranjeras: en Estocolmo, Budapest, Londres, Edimburgo y especialmente en los Estados Unidos. Tras haber residido en Francia, como estudiante, y en el Reino Unido, como lectora de español en las Universidades de Bradford y Southampton, vive en Madrid desde 1991.

FIG. 3.9 La escritora Laura Freixas (fotografía de Dani Duch)

SU VOZ

"Las obras literarias que retratan una relación madre–hija son muy pocas, muy recientes, y sobre todo, son obra de escritoras. Y es que la literatura (lo mismo que otras creaciones culturales) es de autoría masculina, y refleja las vivencias masculinas (la guerra, la caza, la rivalidad entre hermanos…) o compartidas (el amor, por ejemplo), pero deja de lado aquellas que sólo las mujeres conocen de primera mano".

—De "Maternidad y cultura: una reflexión en primera persona",
en *Claves de la razón práctica* (2012)

Preguntas

1. Aparte de ser escritora, ¿qué otros intereses profesionales tiene Freixas?

2. Según Freixas, ¿por qué existen pocas obras literarias que examinan la relación entre madres e hijas?

3. ¿Cree usted que las escritoras pueden aportar nuevos temas al mundo de la literatura? ¿Puede pensar en algunas experiencias en concreto que deberían ser contadas por mujeres?

4. ¿Qué quiere decir para usted la palabra "feminismo"? ¿Cree que hoy en día se han superado completamente las desigualdades entre hombres y mujeres en el mundo? Justifique su respuesta con un ejemplo preciso.

SU OBRA: FRAGMENTO DE UNA CARTA

Antes de leer

1. Laura Freixas le empieza a escribir esta carta a una amiga íntima una semana después del nacimiento de su hija. ¿Por qué cree usted que tiene la necesidad de escribir? ¿Cómo será el tono de la carta?

2. ¿Cree que la maternidad cambia para siempre la vida de una mujer? ¿Cómo es igual y cómo es distinto para un nuevo padre?

3. ¿Piensa que ser madre es una experiencia universal que significa lo mismo para todas las mujeres a través el mundo? Dé ejemplos de cómo influyen la religión, la clase social y la cultura en la definición de la *maternidad* para una persona.

En 2013 Freixas publica *Una vida subterránea. Diario 1991–1994*. Se trata de un conjunto de diarios que escribió entre esos años, un período de incertidumbre y autodescubrimiento para la autora. Empieza con su traslado a Madrid, tras una temporada vivida en París, y termina con el nacimiento de su hija Wendy. En la carta a continuación, incluida entre las páginas del diario, Freixas le confiesa a una amiga lo que significa para ella el descubrimiento de la maternidad. Para mantener la privacidad de algunas de las personas mencionadas en el diario, decidió sustituir el nombre por una inicial. De esta manera, usa la letra "E" para referirse a su esposo.

Lectura

Fragmento de una carta de Laura Freixas a su amiga Mempe

28 de abril

Sentimientos nuevos... Tantos, que allá van en desorden.

El **vertiginoso** descubrimiento de que ya nunca más volveré a ser la que era.

La indignación, el odio feroz, al ver las noticias por la televisión, ante los hombres y sus guerras.

(Y por cierto: ¿qué noticias son esas, que olvidan lo fundamental: ¡Wendy cumple un día!?).

Siempre me había parecido ridícula esa actitud de las madres con sus bebés: desconectar del mundo exterior, y poner los cinco sentidos en cosas como que el niño se termine su **biberón**, como si eso fuera lo más importante del mundo. Ahora entiendo: ES lo más importante del mundo.

Una **plenitud**, una **placidez**, que no necesita palabras. Mis suegros vinieron de Lyon, en visita **relámpago**. Pasaron una hora con E. y conmigo en el hospital. Pues bien, casi no hablamos. Todos **contemplábamos** a Wendy, en un silencio **rebosante**.

La mirada de Wendy, cuando la tengo entre mis brazos. Qué intensidad la de esa mirada, qué pureza, qué transparencia... Una mirada no vacía, sino virgen, toda **receptividad**. Nadie me había mirado así nunca.

Learn

VOCABULARIO DE LA LECTURA

acariciar   *tocar suavemente*
acongojado/a   *triste*
alma (f. pero el alma)   *parte espiritual e inmortal de los seres humanos*
anhelo   *deseo muy grande de conseguir algo*
apestar   *tener mal olor*
biberón (m.)   *una botella pequeña que sirve para darle leche a un bebé*
calladito/a   *silencioso/a, reservado/a*
colonia   *tipo de perfume*
contemplar   *mirar con interés*
deferencia   *respeto, cortesía*
latido   *golpe producido por la dilatación y la contracción del corazón*
oler (huelo)   *percibir el olor de algo*
partir   *dividir en dos partes*
placidez (f.)   *tranquilidad, paz*
plenitud (f.)   *el mejor momento de algo*
rebosante   *muy lleno/a; invadido/a por un sentimiento intenso*
receptividad (f.)   *capacidad de recibir*
relámpago   *n. resplandor entre dos nubes provocado por una descarga eléctrica; adj. muy rápido*
vertiginoso/a   *que causa vértigo, que afecta el sentido del equilibrio por medio de movimiento*

Su carita el primer día: **acongojada**, desorientada. Le **partía** a uno el **alma**. Estaba muy **calladita** y parecía indefensa y triste, y la pobre **apestaba** a insecticida (se supone que era **colonia**, pero la misma casa fabrica un insecticida que **huele** parecido).

La sensación de que ella y yo ya nos conocemos. Yo reconozco, cuando la tengo en brazos, los mismos movimientos que hacía cuando estaba dentro de mí, y cuando le **acaricio** la espalda, también la identifico, de cuando se la tocaba pasándome la mano por el vientre. Ella reconoce los **latidos** de mi corazón, cuando la acuesto encima de mí con su cabecita en mi pecho. Y entonces deja de llorar y se duerme.

[...]

Domingo, 1 de mayo

El viernes la saqué a la calle por primera vez, para ir al pediatra. No sabes tú cómo me sentía: la reina del mundo. Satisfecha y orgullosa como pocas veces en mi vida: este bebé es mío, lo he fabricado yo, he creado a un ser humano... Y la gente la mira a una, y al bebé, con simpatía y **deferencia**... ¡Quién me iba a decir a mí que eso que siempre he estado buscando: la certeza de que mi vida tiene algún sentido; el descansar de ese constante y angustioso **anhelo** de "justificación"; el sentimiento de que "valgo"... quién me iba a decir a mí que todo eso lo iba a encontrar en algo tan común, tan humilde, tan obvio, como la maternidad!... Aunque en honor a la verdad, debo decir que cuando publiqué un libro [*El asesino en la muñeca,* mi primer libro —una colección de relatos—, en 1988] sentí algo parecido.

En *Una vida subterránea. Diario 1991–1994.*

Comprensión de la obra

1. En la segunda línea de la carta, Laura Freixas señala: "ya nunca más volveré a ser la que era". ¿Qué quiere decir con estas palabras?

2. Dice la autora que siente indignación ante las guerras. ¿Por qué pueden ser tan indignantes las guerras para una nueva madre?

3. ¿Cuáles son algunas de las palabras que emplea la autora para describir la experiencia de la maternidad?

4. ¿Qué dice acerca de la mirada de su hija Wendy?

5. La escritora insiste en una comunicación íntima con su hija a través del cuerpo. Identifique este pasaje e indique las palabras que sugieren una fusión

entre el cuerpo de la madre y él de la hija. ¿Dónde se ha visto esta imagen anteriormente en este capítulo?

6. Cuando sale a la calle por primera vez con su hija, ¿cómo siente que ha cambiado su imagen pública frente a la sociedad?

7. Al final del pasaje, Freixas confiesa que sintió una felicidad parecida cuando publicó su primer libro. ¿Cree que "dar vida" a una obra de arte puede producir emociones tan fuertes?

Preguntas de discusión

1. A través de la historia, muchas escritoras han escrito cartas y diarios. ¿Por qué cree que estos dos géneros literarios se asocian tanto con las mujeres?

2. ¿Puede pensar en otro texto de la literatura o en una película que hable sobre la relación entre una madre y su hija? ¿Cuál?

3. ¿En qué consiste la importancia del cuerpo de la madre en las obras de María Blanchard, Oswaldo Guayasamín, Paloma Díaz-Mas y Laura Freixas?

4. ¿Algún día quiere ser madre/padre? ¿Por qué sí o no?

REPASO DE GRAMÁTICA (II)

Aunque es mucho más fácil memorizar las conjugaciones del imperfecto del indicativo, no siempre es obvio saber en qué contexto se utiliza este tiempo verbal. Observe la explicación que sigue y comience a distinguir las situaciones que siempre requieren el uso del imperfecto del indicativo.

El imperfecto del indicativo

El imperfecto del indicativo es un tiempo verbal bastante fácil puesto que hay pocos verbos irregulares. Tenga en cuenta las indicaciones sobre el uso para que no confunda este tiempo verbal con el pretérito.

Solo hay tres verbos irregulares en el imperfecto: **ser, ir** y **ver**.

ser	**ir**	**ver**
era	iba	veía
eras	ibas	veías
era	iba	veía
éramos	íbamos	veíamos
erais	íbais	veíais
eran	iban	veían

Si el pretérito se usa para hablar sobre acciones que ocurrieron en el pasado, el imperfecto se usa para referirse a *acciones que se repiten* en el pasado o *que ocurren en un tiempo indeterminado.*

La madre **miraba** a su hija continuamente para ver si **tenía** alas. (El verbo **mirar** se refiere a una acción que se repite en el pasado; **tener** da una descripción.)

El imperfecto se usa para *describir* y *establecer la escena* en el pasado.

Hacía calor, no **se movían** las hojas de los árboles, no **caía** una gota de agua cuando llegamos a la casa de verano.

Para hablar en el pasado sobre *la edad, la hora y el tiempo en general*, se usa el imperfecto.

Guayasamín **tenía** 13 años cuando empezó sus estudios de arte.

Eran las nueve de la mañana y la clase no **había** comenzado.

Se usa el imperfecto para *narrar historias* o para hablar de la vida de alguien que murió.

Guayasamín **era** además de un gran pintor, un hombre que **luchaba** por los derechos de los pobres. **Estaba** comprometido con causas políticas y **hablaba** de los derechos de los indígenas.

EJERCICIOS DE GRAMÁTICA

A. Según lo que leyó de los personajes en el cuento "La niña sin alas" y la carta de Laura Freixas, forme oraciones completas *en el imperfecto* con las palabras y frases que siguen.

1. En "La niña sin alas", la madre / querer

2. El médico / saber

3. La madre / proteger

4.   El padre / pensar

5.   La familia y los amigos / no entender

6.   Laura Freixas / sentirse

7.   Wendy / ser

8.   En el siglo XIX, las mujeres / escribir

B. Complete la siguiente carta ficticia de Oswaldo Guayasamín a un funcionario del
    gobierno ecuatoriano con la forma correcta del pretérito y del imperfecto de los
    verbos. Piense en el contexto de cada oración y por qué se usaría el tiempo verbal
    que escogió. **OJO:** En algunas situaciones se puede usar o el pretérito o el imper-
    fecto, pero cambia el significado.

                                                          Quito, 2 de julio de 1942
    Estimado señor,
    Hace tiempo que quiero escribirle sobre el problema de los indígenas en nuestro
    país. Por varios años, muchas personas me _____ (**1.** decir) que no
    perdiera mi tiempo, pero _____ (**2.** decidir) escribirle de todas
    maneras. Mis padres _____ (**3.** ser) indígenas y mi familia
    _____ (**4.** vivir) en condiciones precarias. Tal vez mis padres
    _____ (**5.** esperar) que yo me dedicara a un oficio más lucrativo
    pero los dos me apoyaron. Yo conocía a muchas personas de mi comunidad y
    _____ (**6.** hablar: nosotros) sobre la vida en el campo y la falta de
    derechos de los indígenas. _____ (**7.** Haber) muchas personas que
    _____ (**8.** alimentarse) muy mal por la falta de recursos.
        Le puedo decir que las cosas no han cambiado nada y que tal vez han empeo-
    rado. Hace una semana _____ (**9.** visitar) a una mujer indígena en
    las afueras de Quito. En su casa no _____ (**10.** haber) agua y sus hijos
    _____ (**11.** estar) desnutridos. Su esposo _____ (**12.**
    irse) del pueblo para buscar un mejor futuro y nunca _____
    (**13.** regresar).
        Es increíble que sigamos ignorando el gran problema de los pueblos indígenas
    en nuestro país. Ellos _____ (**14.** estar) en estos territorios antes
    de la llegada de los españoles y muchos _____ (**15.** ser) extermina-
    dos durante la Conquista. Ellos nos _____ (**16.** enseñar) so-
    bre el respeto a la naturaleza. Por ellos tenemos la cultura maravillosa que existe
    hoy en Ecuador.

La próxima semana voy a dar una charla sobre mi pintura y la realidad de los indígenas en Ecuador. Me gustaría invitarlo a este evento y espero que podamos conversar sobre todo esto con más tranquilidad.

Respetuosamente,

Oswaldo Guayasamín

"Nereo López es conocido como 'el padre de la fotografía' en Colombia. A mediados del siglo XX empezó una carrera que le ha permitido recibir grandes reconocimientos. Antes de la publicación de *Cien años de soledad*, de García Márquez, Nereo captó la magia de los espacios del Caribe colombiano que inspirarían esa novela fundamental de la literatura latinoamericana. Nereo vive en Nueva York desde hace quince años y la ciudad ha dado nuevo impulso y nuevas ideas a este artista que por más de setenta años ha deslumbrado por su ingenio y agudeza. En 2015, murió en Nueva York cinco días antes de cumplir 95 años".

—Gustavo Arango, periodista y escritor colombiano.

FIG. 3.10 El fotógrafo Nereo López Meza (fotografía de Gustavo Arango)

FIG. 3.11 "La madre y su niño en el fondo de una canoa" (Mompós, Colombia), de Nereo López (1953)

CORTOMETRAJE CARLOS NAVARRO (ESPAÑA, 1975–)

Carlos Navarro nació en Madrid en 1975. Desde pequeño, siempre mostró un gran interés por el dibujo, y en 1998 comenzó a estudiar animación en la Escuela Superior de Dibujo Profesional en Madrid. En 2001 fundó el estudio Drop Ilustración, se dedicó a la ilustración, a la animación y al desarrollo de videojuegos. En 2004 escribió y dirigió el cortometraje "Vuela por mí", nominado a los Premios Goya en 2005 y ganador de muchos premios. En 2008 escribió y dirigió "Cuento de la C", un cortometraje ganador del mejor cortometraje internacional infantil en varios festivales. Desde 2010 se dedica también a su carrera como pintor. Ha expuesto numerosas obras en salas de Madrid y Barcelona.

FIG. 3.12 El director Carlos Navarro

"Vuela por mí", dedicado a su madre, invita al espectador a pensar sobre la soledad y el sacrificio de muchas mujeres que se sienten atrapadas por sus obligaciones domésticas.

SU OBRA: "VUELA POR MÍ"

Mire el cortometraje "Vuela por mí", de Carlos Navarro, en el sitio web https://vimeo.com /20895830. Luego, conteste las preguntas.

FIG. 3.13 Escena del cortometraje "Vuela por mí", de Carlos Navarro (España, 2004)

Preguntas

1. ¿Quién es la niña pequeña que aparece en la foto al principio del cortometraje? ¿Cuál es el sueño que tiene esta niña para el futuro?

2. Cuando el padre entra al apartamento, se percibe en el fondo otra puerta clausurada con maderas. ¿Cree que es importante este detalle? ¿Por qué?

3. Si se fija bien, podrá notar que toda la acción ocurre en un solo cuarto (el dormitorio se une al comedor). ¿Cómo es este espacio? ¿Transmite una sensación de claustrofobia? ¿Por qué?

4. ¿Quiénes viven en el apartamento? ¿Cómo es la relación entre estas personas? ¿Es una familia típica?

5. En este cortometraje no hay diálogos, pero oímos varias veces el sonido de la puerta que se cierra con varios cerrojos. ¿Cuál es el efecto que transmite este sonido? ¿Es de miedo? ¿angustia? Explique su respuesta.

6. Hable del niño y del abuelo. ¿En qué sentido están aislados en su propio mundo?

7. ¿Tienen algo en común la madre y el pájaro en la jaula?

8. ¿Qué representan la ventana y la mochila en forma de casa que lleva la madre en su espalda?

9. ¿Cómo se podría interpretar el título de este cortometraje?

10. ¿Hay una solución para esta madre? ¿Por qué no ha tomado la decisión de irse y cambiar de vida?

ACTIVIDADES CREATIVAS

A. ACTIVIDADES ORALES

1. ¿Cree que la sociedad actual juzga a una mujer que dice que no quiere ser madre? ¿Es igual en todas las culturas?

2. ¿Piensa que hoy en día las madres tienen una vida más fácil que hace 50 años, o todavía se enfrentan con demasiadas exigencias personales y sociales?

3. ¿Ha cambiado el papel del padre en la sociedad del siglo XXI? Justifique su respuesta con ejemplos precisos.

4. ¿Qué quiere decir la expresión *lengua materna*? ¿Piensa que existe una relación entre el lenguaje y la figura de la madre? ¿Cuál es su lengua materna? ¿Quién le enseñó a hablar?

5. En este capítulo se han presentado modelos de madres muy distintos. ¿Cuál de estos modelos lo/a ha conmovido?

B. ACTIVIDADES ESCRITAS

1. Escríbale una carta de una página a su madre o a otra figura materna en su familia. Hágale dos preguntas que nunca le había hecho antes. (Ejemplos: ¿Qué sueños tenías para tu vida antes de que yo naciera? ¿Qué sentiste el día que yo nací? ¿Cuál es el mejor recuerdo que tienes de mi infancia? ¿Cómo me parezco a ti? ¿Hay algo que no sé de ti?)

2. Todas las madres tienen algo particular que nos conmueve, nos frustra o nos hace reír. Escriba una composición de dos páginas sobre su madre o sobre una figura materna en su vida, sea una tía, abuela u otra persona. ¿Cómo es? ¿Qué tiene de particular? ¿Qué tiene de gracioso? ¿Qué aprendió de ella? ¿En qué sentido es única para usted?

3. Entre 1988 y 1999 Oswaldo Guayasamín pintó más de 100 cuadros de madres con sus hijos en su serie *La época de la ternura*. Busque en internet algunos ejemplos de los cuadros de esta época y escriba una composición de una o dos páginas sobre las características comunes en estas obras. La página web de la Fundación Guayasamín (http://www.guayasamin.org/) muestra los cuadros del artista.

4. Construya una correspondencia ficticia entre la madre de "La niña sin alas" y la madre de "Vuela por mí". Imagine lo que se dicen estas dos mujeres acerca de su situación como madres. Escriba dos cartas breves para cada personaje.

C. PROYECTO PARA TRABAJAR EN GRUPOS

La clase se va a dividir en cinco grupos y cada uno de ellos va a investigar la ley de baja por maternidad (*maternal/parental leave*) en uno de los siguientes países: los Estados Unidos, Canadá, España, Argentina o Suecia. Tienen que buscar datos concretos y luego compartir su información de manera organizada con el resto de la clase. ¿Hay una gran diferencia entre los cinco países? ¿Cuál de ellos ofrece las mejores condiciones?

REPASO GENERAL

A. Forme frases completas con las siguientes palabras. Demuestre que conoce el significado de la palabra y use el pretérito o el imperfecto.

el ala	arañar	asombroso/a
la ternura	asustarse	malhumorado/a
	morder	al fin y al cabo
	quejarse	

B. Vamos a suponer que la madre de la pintura de Guayasamín era un personaje real que existió pero que ya murió. Debe inventar una breve historia sobre su vida. Puede responder a las siguientes preguntas en su historia: ¿Cómo era? ¿Qué hacía? ¿Cómo era su vida? ¿Cuántos años tenía cuando murió? ¿Dónde vivía? ¿Cuántos niños tuvo?

Películas recomendadas

Los siguientes largometrajes y documentales ofrecen visiones interesantes acerca de los artistas estudiados en este capítulo y la representación de la madre en Hispanoamérica y España.

- *ma ma* (España, 2015), dirigida por Julio Medem

- *Nacer. Diario de maternidad* (documental sobre las salas de maternidad en los hospitales públicos de Bogotá) (Colombia, 2013), dirigido por Jorge Caballero

- "26, Rue de Départ. Érase una vez en París" (documental sobre María Blanchard) (España, 2012), dirigido por Gloria Crespo

- *Por tu culpa* (Argentina, 2010), dirigida por Anahí Berneri

- *Volver* (España, 2006), dirigida por Pedro Almodóvar

- *A mi madre le gustan las mujeres* (España, 2002), dirigida por Inés Paris

- *Solas* (España, 1999), dirigida por Benito Zambrano

- *Todo sobre mi madre* (España, 1999), dirigida por Pedro Almodóvar

- *Alas de mariposa* (España, 1991), dirigida por Juanma Bajo Ulloa

- Vídeos del pintor Oswaldo Guayasamín pintando (Ecuador, varias fechas): http://arteycultura.tv/?p=432

Para información acerca de la disponibilidad de los varios recursos electrónicos que se mencionan en el libro, véase la página web de *Retratos*: www.hackettpublishing.com/retratos.

CAPÍTULO 4

MÁS ALLÁ DE LA REALIDAD: EL SOÑADOR Y EL LOCO

Cita

"La única diferencia entre un loco y yo, es que el loco cree que
no lo está, mientras yo sé que lo estoy".

—Salvador Dalí, pintor español

El sueño, la aventura y la locura son algunos de los temas más fascinantes de la literatura hispana. En España, el Siglo de Oro—los años desde el Renacimiento a mediados del siglo XVI hasta terminar el Barroco a mediados del siglo XVII—es un período que conoce un gran florecimiento en las artes y en el pensamiento humano. En el año 1605, se publica la primera parte de uno de los libros más influyentes en la historia de la literatura, *El ingenioso hidalgo don Quijote de la Mancha*, de Miguel de Cervantes Saavedra. Durante esta época vivieron también algunos de los más ilustres pintores españoles, tales como Diego de Velázquez, El Greco y Bartolomé Esteban Murillo. En el teatro, se destacaron las obras de teatro de Lope de Vega y los textos filosóficos de Calderón de la Barca, conocido por su obra maestra *La vida es sueño* (1635). Es interesante señalar dos hechos significativos que cambiaron la forma de ver y entender el mundo durante el Siglo de Oro: la utilización de ojuelos y lentes, y la realización de que el mundo no era plano. Como consecuencia, el hombre ve otra realidad y cuestiona el mundo en que vive. No es de sorprender que este período estuvo marcado por los sueños y la locura de muchos de los personajes literarios. Después del viaje de Cristóbal Colón a las Américas, otros aventureros y conquistadores llegaron a estas tierras buscando tesoros y maravillas. Muchos se enloquecieron y se perdieron en territorios extraños. Las cartas y los recuentos de los conquistadores dejan constancia de un momento histórico marcado por los sueños de grandeza.

La sección sobre arte visual comienza con una figura polémica que revolucionó el mundo de las artes: Salvador Dalí. A través de su biografía, de su voz y de su obra, aprendemos sobre el período del surrealismo y de la gran influencia de este pintor en este movimiento. De

España nos transportamos a Centroamérica para aprender sobre la artista española que decidió vivir la mayor parte de su vida en México, Remedios Varo. Su obra combina la mitología mexicana con su pasión por la alquimia, la geometría y los sueños. Sin duda, el surrealismo es el movimiento más apropiado para el capítulo dedicado al personaje del soñador y del loco.

En las lecturas seleccionadas para este capítulo, nos situamos primero en una historia que ocurre en el siglo XX, y vivimos junto a un personaje marginado una experiencia de cuentos de hadas. En este cuento de la escritora argentina Silvina Ocampo, el personaje es una prostituta que vive sola en un sótano, completamente aislada del mundo exterior. Crea su propia realidad para resistir la soledad y la desesperación. Para la segunda lectura, elegimos uno de los episodios más conocidos de la novela *Don Quijote de la Mancha*: la aventura de los molinos de viento. Don Quijote se enloquece porque ha leído demasiadas novelas de caballería, un género muy popular en la época de Cervantes. El idealismo de este personaje lo impulsa a querer mejorar el mundo y a ayudar a los demás, y así emprende aventuras imaginadas en compañía de su fiel escudero Sancho Panza.

Finalmente, en la sección de cine, se incluye un cortometraje del joven cineasta español Alberto Blanco sobre un anciano que sueña con ser un vaquero. Su monólogo es una reflexión filosófica que nos rescata de la vida cotidiana y nos hace pensar en la importancia de inventarse a uno mismo, de creer en nuestras fantasías. Soñar con otros mundos o con un mundo mejor es un antídoto para soportar la pobreza, la violencia, la tristeza, la soledad, o simplemente el aburrimiento de la vida cotidiana. Es por eso que tantos personajes literarios habitan mundos fantásticos, viajan a espacios imaginados, viven en realidades alternas desde donde es posible sobrevivir y resistir. En una época en la que vivimos inmersos en la realidad de la tecnología, los creadores en este capítulo nos permiten asomarnos a mundos fantásticos para reflexionar sobre el significado y la importancia de los sueños y de la fantasía.

Preguntas

1. Después de leer esta introducción, ¿qué cree usted que va a aprender en este capítulo?

2. ¿Cómo interpreta la cita del artista Salvador Dalí al principio del capítulo? ¿Conoce las obras de Dalí? (Si no, mire la imagen de él y de su obra en la sección que sigue) ¿Cree usted que el artista estaba loco? ¿Cree que todos tenemos un pequeño grado de locura?

3. Desde su propia perspectiva, ¿cuáles son las diferencias entre un soñador y un loco? ¿Acaso hay también aspectos similares entre estos dos personajes?

4. ¿Por qué es importante el Siglo de Oro en España?

5. ¿Qué tiene que ver la conquista de las Américas con los sueños y la locura?

Pruebo 4

ARTE VISUAL
SALVADOR DALÍ Y
REMEDIOS VARO URANGA

Salvador Dalí (España, 1903–1989)

Salvador Dalí nació en el pequeño pueblo de Figueras en la costa de Cataluña, en España. Fue pintor, escultor*, escritor, escenógrafo, y uno de los mayores representantes del surrealismo. Los adjetivos usados para describirlo coinciden en que fue excesivo, extravagante y único en su forma de actuar y de vestir. Él mismo se definía como "perverso, **polimorfo**, **rezagado** y **anarquizante**", "**blando**, débil y repulsivo". Al igual que muchos otros pintores famosos, Dalí comenzó a explorar el mundo del arte desde niño. Sus pinturas reproducen mundos **oníricos** donde es posible percibir múltiples escenas. Dalí salió de Cataluña en 1919 para vivir en Madrid . Se hizo amigo del poeta Federico García Lorca y del director Luis Buñuel.

FIG. 4.1 *Retrato de Salvador Dalí,* de Rodrigo Isaza (2014). Acrílico sobre papel. Colección privada.

Facismo -

Su vida está llena de datos interesantes. Estuvo en la cárcel por un malentendido, y en París fue expulsado del movimiento surrealista por André Breton, el padre del movimiento. Años después Dalí declaró: "¡No podéis expulsarme porque Yo soy el Surrealismo!" En 1929 conoció a Gala, una mujer de origen ruso que tenía 10 años más que él. Gala fue su esposa y su gran musa para la mayor parte de su obra. En 1931 realizó su cuadro más conocido, *La persistencia de la memoria*, que es parte de la colección del Museo de Arte Moderno en Nueva York. A Dalí lo criticaron por su posición política y su obsesión con la religión; sin embargo, las acusaciones solo le causaban placer. Después de vivir en París durante más de diez años, regresó a España durante la dictadura de Francisco Franco, en 1948.

VOCABULARIO ÚTIL

anarquistas

anarquizante   *que no acepta una forma de poder e impone sus creencias en otros*

blando/a   *de consistencia suave*

cisne (m.)   *ave blanca con cuello largo que nada en el agua*

fascista (n., adj. m., f.)   *relacionado a un régimen que promueve el nacionalismo al extremo y no acepta ninguna forma de resistencia*

onírico/a   *que tiene que ver con el mundo de los sueños*

polimorfo/a   *que tiene muchas formas*

reflejar   *formar la imagen de algo en una superficie lisa* y brillante**

rezagado/a   *que se queda atrás*

Tras la muerte de su esposa Gala en 1982, la salud y el estado psicológico de Dalí deterioraron. Murió en Figueras (Cataluña) en 1989, a los 84 años. Dicen que en el momento de su muerte escuchaba su ópera preferida, *Tristán e Isolda*.

Su inmenso talento en el dibujo y la pintura, su imaginación sin límites, sus excesos y la combinación de lo bello y lo siniestro, hicieron de Dalí uno de los más grandes pintores del siglo XX.

SU VOZ

"Declaro la independencia de la imaginación y el derecho del hombre a su propia locura".

"Lo único de lo que el mundo no se cansará nunca es de la exageración".

(Estas dos citas de Dalí aparecen en muchos libros
y diferentes tipos de publicaciones)

Preguntas

1. De acuerdo a la biografía, Salvador Dalí era excesivo en todo. ¿Puede usted pensar en otros adjetivos que describan su personalidad?

2. ¿Cree usted que el hombre tiene derecho a su propia locura? ¿Piensa que el tema de la locura es un tabú en la sociedad actual?

3. ¿Está de acuerdo con Dalí cuando dice que nunca nos cansaremos de la exageración? Explique su respuesta.

El surrealismo es un movimiento que surgió en 1924 con la publicación de un manifiesto escrito por el poeta francés André Breton. Después de la brutalidad de la Primera Guerra Mundial (1914–1918), aparece como reacción a la realidad, al racionalismo, a la corrupción y al materialismo de la sociedad occidental. Es importante entender que el surrealismo es un movimiento no solo literario y artístico, sino también ético, cuya visión se opone a la moral de la sociedad. Los surrealistas se interesan en las imágenes que provienen del inconsciente y de los sueños, y están influidos por las teorías del escritor Sigmund Freud sobre el inconsciente. Dan valor a las situaciones absurdas de la realidad y a todo lo que cuestiona la normalidad. Buscan lo maravilloso a través de varios procedimientos: el "automatismo", es decir, dejar correr la mano en el papel al flujo de lo inconsciente; el collage, que permite reunir imágenes previas (como, por ejemplo, recortadas de los periódicos o de los libros) en un espacio que las saca de contexto; el *frottage*, que aprovecha las irregularidades naturales de una superficie, frotando con carboncillo sobre un papel para lograr una imagen o un dibujo; y la calcomanía, que consiste en cubrir de pintura, al azar, una superficie y aplastar contra ella una hoja blanca, que se cubrirá de manchas.

Entre los surrealistas hispanoamericanos figuran el español Joan Miró, el cubano Wifredo Lam, el chileno Roberto Matta, la española–mexicana Remedios Varo y la mexicana Leonora Carrington, de origen inglés.

Así hablaba Salvador Dalí del surrealismo: "El surrealismo no es una nueva tendencia artística más. El surrealismo representa una revolución de orden vital y moral. Si el surrealismo utiliza los procedimientos corrientes de la actividad artística, pintura, poesía, etcétera, es únicamente para ponerlos al servicio de los deseos, pasiones e imágenes, desconocidos, secretos, prohibidos y a menudo cruelmente censurados por la conciencia del hombre".

SU OBRA: *CISNES REFLEJANDO ELEFANTES*

El cuadro *Cisnes reflejando elefantes* fue pintado durante el período "paranoico–crítico", definido por Dalí como un "método espontáneo de conocimiento irracio-

FIG. 4.2 *Cisnes reflejando elefantes*, de Salvador Dalí (1937). Óleo sobre lienzo. Cavalieri Holding Co., Inc., Ginebra, Suiza.

nal basado en la objetividad crítica y sistemática de las asociaciones e interpretaciones de fenómenos delirantes".

Durante la Segunda Guerra Mundial, esta obra fue robada por el ejército alemán de Adolf Hitler y llevada al Museo Jeu de Paume de París, donde permaneció entre 1940 y 1944.

En este cuadro Dalí utiliza el método llamado *dépaysement réflechi* ("desorientación reflexiva"). Consiste en la extrañeza o la desorientación provocada a través del empleo de espacios infinitos, representados a la manera clásica.

Análisis de la pintura

1. No es obvio analizar un cuadro surrealista. Tómese unos minutos para observar esta obra y explique lo que nota a primera vista. ¿Puede ver el reflejo de los cisnes en el agua? ¿Qué hace Dalí para transformar los cisnes en elefantes?

2. El cuadro contiene algunas imágenes obvias y otras mucho más ambigüas. Haga una lista de las imágenes que percibe claramente y de las que le resultan confusas.

3. ¿Qué tipo de paisaje observamos en *Cisnes reflejando elefantes*? ¿Qué sentimientos le transmite este mundo?

4. ¿Es significativo el hecho de que Dalí haya pintado este cuadro en el año 1937? ¿Qué estaba pasando en España en esa época? Piense en la representación del fuego en el lado derecho del lienzo.

5. Fíjese en las diferencias entre el lado izquierdo y el lado derecho de la pintura. ¿Nota una diferencia entre los tres cisnes y los tres elefantes?

6. ¿Quién puede ser el hombre que está al lado izquierdo del cuadro? ¿Hacia dónde mira? ¿Por qué está de espaldas al paisaje?

7. En el fondo* del cuadro se percibe un pequeño barco. ¿Cree que simboliza alguna forma de esperanza o de escape? Explique su respuesta.

Preguntas de discusión

1. ¿Cuáles son los elementos realistas e irrealistas o "delirantes" en este cuadro? ¿Cuáles prevalecen?

2. Comente el efecto que produce en el espectador la manipulación de imágenes en este cuadro. ¿Cómo se siente el espectador? (Por ejemplo, ¿se siente desorientado? ¿confuso? ¿triste? ¿emocionado?)

3. Busque otro título creativo para esta obra.

4. ¿Cómo aparece el personaje del soñador o del loco en este cuadro?

5. En su opinión, ¿en qué consiste el talento de Salvador Dalí? ¿Le gustaría tener una reproducción de este cuadro en su casa o en su dormitorio? ¿Por qué sí o no?

Remedios Varo Uranga (España, 1908– México, 1963)

María de los Remedios Varo Uranga nació en Girona, España, en 1908. Su infancia estuvo marcada por los viajes que hizo su familia por España y por el norte de África. Su padre era ingeniero hidráulico y trabajaba en diferentes regiones. De su padre **heredó** su fascinación por las matemáticas, la mecánica y elementos de la física y de la química en general. Fue él quien la apoyó para que continuara su carrera como artista. Su madre era una devota católica y la **envió** a estudiar en varios conventos antes de que la familia se instalara en Madrid, cuando Varo tenía 8 años. A sus 15 años estudió en la Academia

FIG. 4.3 *Retrato de Remedios Varo*, de Rodrigo Isaza (2014). Acrílico sobre papel. Colección privada.

San Fernando de Madrid y allí aprendió sobre el surrealismo. Asistió a una institución de donde Dalí había sido expulsado. Durante los años treinta, decidió partir a Barcelona, uno de los centros de la vida artística y bohemia en España. Allí, durante los años de la Guerra Civil española, se enamoró del poeta surrealista Benjamin Peret, quien sería su segundo esposo. La pareja se mudó a París y ambos hicieron parte del movimiento surrealista. En París también conoció a quien sería una de sus mejores amigas, la pintora surrealista Leonora Carrington. En 1940, durante la Segunda Guerra Mundial, los Nazis invadieron París. Varo abandonó Europa definitivamente para instalarse en la ciudad de México, ciudad a la que habían llegado muchos artistas exiliados. Vivió allí por el resto de su vida,

VOCABULARIO ÚTIL

batalla *enfrentamiento; una de las confrontaciones de una guerra*

compartir *dividir algo entre varias personas de manera generosa y voluntaria*

contienda *enfrentamiento, disputa*

enviar *dirigir, hacer llegar una persona o un objeto a cierto sitio*

heredar *recibir una herencia o un legado*

inquietud (f.) *falta de tranquilidad, desasosiego*

lo oculto *las prácticas misteriosas, como la magia y la astrología*

súbito/a *improvisto/a, inesperado/a; de repente*

aunque al comienzo pensó que iba a ser algo temporal. La guerras marcaron de manera trágica su vida.

Murió en la ciudad de México en 1963. Treinta y siete años después de su muerte, el Museo Nacional de Mujeres Artistas en Washington, D.C. (el único museo en el mundo dedicado a las obras de arte creadas por mujeres) exhibió una retrospectiva de su obra.

SU VOZ

"Llegué a México buscando la paz que no había encontrado, ni en España—la de la revolución—ni en Europa —la de la terrible **contienda**—. Para mí era imposible pintar entre tanta **inquietud**".

—Cita tomada del libro *Viajes inesperados, el arte y la vida de Remedios Varo*, de Janet Kaplan (1999)

Preguntas

1. De acuerdo con los datos biográficos de la artista, ¿cuáles fueron algunos momentos traumáticos de su vida antes de instalarse en México?

2. La cita de Varo resume su vida antes de su llegada a México. ¿Qué buscaba en México?

3. Remedios Varo decidió exiliarse en México, mientras que Salvador Dalí se quedó en España durante parte de la dictadura de Francisco Franco. Las dos decisiones fueron difíciles. ¿Por qué?

SU OBRA: *HACIA LA TORRE*

Aunque recibió gran influencia de su amigo André Breton y los surrealistas en París, el estilo de Varo se hizo mucho más sólido en México. Influenciada por diferentes filosofías, **compartió** con sus amigos allí su pasión por lo místico y **lo oculto**. Estaba fascinada con la alquimia y la geometría. La fantasía, la invención y los sueños marcaron su estilo. El pintor Hieronymus Bosch fue la gran influencia de Varo, pero también aprendió de Goya, Picasso, El Greco y Braque.

En 1952 se casó por tercera vez con Walter Gruen, su gran amor, quien la animó a que se dedicara completamente a la pintura.

Tomaba mucho tiempo para planificar sus cuadros y preparaba numerosos bocetos a lápiz antes de empezar a pintar. Sus personajes, muchos de ellos representaciones de sí misma, son poco convencionales. Abundan las mujeres que viajan a través del tiempo a mundos desconocidos por medio de máquinas y aparatos

FIG. 4.4 *Hacia la torre*, de Remedios Varo (1960). Óleo sobre masonite. Colección privada.

fantásticos. Las mujeres y los personajes andróginos en espacios confinados representan la continua **batalla** de Varo por encontrar su lugar en un mundo artístico dominado por hombres. Su primera exhibición como artista única fue en la Galería Diana de la ciudad de México, y en 1972, después de su **súbita** muerte en 1963, se hizo una gran retrospectiva de su obra en el Museo Nacional de Arte Moderno en México.

Análisis de la pintura

1. Igual que con la obra de Salvador Dalí, en este cuadro también ocurren muchas cosas. Mírelo atentamente unos minutos y enumere los elementos maravillosos y absurdos que ve. ¿Qué objetos nuevos inventa la artista en este cuadro?

2. Hable sobre el uso del color en esta pintura. ¿Cuáles son los colores que predominan? ¿Qué tipo de atmósfera crean? ¿Por qué cree usted que Varo usó los mismos colores para los uniformes, los monociclos y las bicicletas?

3. Fíjese en la bicicleta de la monja. ¿De qué está hecha?

4. Describa el fondo del cuadro. ¿Qué elementos contribuyen al misterio del ambiente? ¿Qué pueden representar los pájaros en el cuadro?

5. ¿Cómo son las chicas? ¿Quiénes pueden ser? (Acuérdese que Remedios Varo tuvo una educación religiosa en España.)

6. ¿Cómo son las ventanas de la torre? ¿Cómo puede ser la vida de estas mujeres al interior de las torres?

7. ¿Cree que el estilo de Remedios Varo es único o fácil de imitar? ¿Por qué?

Preguntas de discusión

1. ¿Cuáles son los elementos surrealistas de esta pintura?

2. Muchos críticos han señalado que este cuadro podría ser una representación de la vida de Remedios Varo cuando estudiaba en conventos. ¿Puede encontrar elementos en el cuadro que tengan que ver con el orden, con las jerarquías, la autoridad? Fíjese en la arquitectura, en la ropa de las chicas. ¿Qué simbolizan la presencia del pajarero (el hombre que lleva los pájaros) y la presencia de la monja?

3. Seleccione elementos del cuadro que tienen que ver con la educación que recibió Remedios Varo de su madre y de su padre.

4   Teniendo en cuenta que Varo salió exiliada de dos países durante su vida, ¿cree usted que podemos observar este tema en *Hacia la torre*?

5. ¿Prefiere el cuadro de Salvador Dalí o el de Remedios Varo? ¿Por qué?

REPASO DE GRAMÁTICA (I)

Para comprender bien el subjuntivo, es esencial saber de antemano que el subjuntivo no es un *tiempo* verbal como el presente, el pasado y el futuro; es un *modo*. El modo se usa además del tiempo (es decir, cada forma verbal lleva tiempo y modo). En español hay el modo indicativo, el modo subjuntivo y el modo imperativo. Entre las conjugaciones simples (las de una palabra, sin incluir las del verbo **haber**) se encuentran los siguientes tiempos verbales.[1]

INDICATIVO: presente (**usted habla**), pretérito (**habló**), imperfecto (**hablaba**), futuro (**hablará**), condicional (**hablaría**)
SUBJUNTIVO: presente (**hable**), imperfecto (**hablara/hablase**)
IMPERATIVO (**hable** [**usted**])

El subjuntivo es un tema gramatical que parece complicado inicialmente puesto que no existe el equivalente en inglés, así que la traducción directamente del inglés no funciona. Por esta razón, entre otras, es crucial dejar la mala práctica de traducir directamente del inglés. Más bien hay que hacerse consciente de las construcciones que requieren el uso del subjuntivo.

El subjuntivo en cláusulas sustantivas

El modo subjuntivo se usa en una cláusula sustantiva cuando el verbo principal expresa deseo, emoción o duda. Se usa también en frases impersonales y con la expresión *ojalá*.

1. Deseos o esperanza; pedidos, consejos o sugerencias

Espero que Varo continúe siendo[2] reconocida como una gran artista.
Queremos que los estudiantes sepan sobre las realidades en otros países.
Te pido que leas más sobre la vida de Dalí.

---

1. Si necesita repasar las formas verbales, se pueden encontrar en la sección **Repaso de Gramática** de los siguientes capítulos: Cap. 3 (pretérito [indicativo]), Cap. 3 (imperfecto del indicativo), Cap. 4 (presente del subjuntivo), Cap. 6 (imperfecto del subjuntivo), Cap. 7 (futuro [indicativo]), Cap. 7 (condicional [indicativo]).

2. Note que después del verbo **continuar** se usa el gerundio (la forma **-ndo**).

2. Expresiones impersonales[3]

Es importante que ustedes estén informados sobre temas actuales.
Es necesario que vayamos a los museos para apreciar mejor el arte.

3. Emociones o sentimientos

Me alegra que haya soñadores en el mundo.
Me molesta que no seas curioso acerca de otros países.

4. Dudas

Dudo que podamos comprender algunos elementos de los cuadros de Dalí.
No creo que Barceló deje de pintar.
No pienso[4] que la mujer en el cuadro de Varo tenga una vida fácil.

5. **Ojalá**: Es una expresión fija (que no se conjuga) que expresa deseos.

Ojalá que vayamos a la ciudad pronto.

EJERCICIOS DE GRAMÁTICA

A. Llene los espacios en blanco con la forma correcta del verbo en el presente del indicativo, el presente del subjuntivo o el infinitivo, según el contexto.

Leonora Carrington es una pintora surrealista que nace en Inglaterra. No quiere que su familia _____ (**1.** intervenir) en su vida y por eso se separa de ellos. Se casa y le pide a su esposo que _____ (**2.** irse: ellos) a vivir a París, y allí conoce a Remedios Varo. Las dos salen de Europa y terminan instalándose en México porque no creen que _____ (**3.** poder) resistir la brutalidad y la represión de la Guerra en Europa.

Varo y Carrington esperan que la sociedad mexicana les _____ (**4.** dar) un espacio en el mundo artístico. Ellas quieren que la sociedad de la época las _____ (**5.** dejar) libres para crear. Es verdad que ambas artistas _____ (**6.** seguir) las corrientes surrealistas. No hay duda que

---

3.   Las expresiones impersonales no siempre indican el uso del subjuntivo en la frase subordinada (que empieza con la palabra **que**). Por ejemplo, las expresiones **Es verdad**, **Es cierto**, **Es claro**, **Es evidente**, **Es seguro** y **Es obvio** requieren el uso del indicativo en la frase subordinada puesto que indican la certeza, sin incertidumbre ni subjetividad. La forma negativa de estas expresiones (**No es verdad**, **No es cierto**, **No es claro** y **No es obvio**) usa el subjuntivo.

4.   En el afirmativo (positivo), los verbos **creer** y **pensar** indican una falta de duda y se usa el presente del indicativo en la frase subordinada: **Creo** que estás confundida. **Pienso** que el cuento es extraordinario.

_____ (7. tener) una gran pasión por el arte. Es necesario _____ (8. observar) con atención las contribuciones de Varo y de Carrington y _____ (9. analizar) la influencia del mundo indígena mexicano en sus obras. Hoy en día hay muchas personas en México que _____ (10. visitar) los museos donde se encuentran las pinturas de estas dos artistas. En España, no hay tantas personas que _____ (11. haber) estudiado la obra de Remedios Varo a pesar de que ella nació en ese país. Es importante _____ (12. reconocer) el valor de la obra de esta gran artista.

Es triste que las dos artistas no _____ (13. haber) recibido las mismas oportunidades que los artistas hombres. Dudo que la situación _____ (14. ser) muy diferente hoy en día, a pesar de todos los cambios sociales. Ojalá que en este curso nosotros _____ (15. aprender) mucho sobre ellas.

B. Complete las siguientes frases según lo que sabe de la vida y obra de Salvador Dalí. Use el presente del indicativo o el presente del subjuntivo, según el contexto.

1. Es cierto que los cuadros de Dalí...

2. Dudo que...

3. Es cierto que Dalí y Gala (su esposa y musa)...

4. Dalí espera que sus espectadores...

5. Creo que *Cisnes reflejando elefantes*...

6. Es importante que...

7. Los expertos sobre la obra de Dalí quieren que los espectadores...

8. No es verdad que Dalí...

9. Ojalá que la clase...

10. Para analizar la obra de Dalí, recomiendo que

EXPRESIONES ESCRITAS

Crítica constructiva: La reseña

La reseña es una perspectiva crítica que le da al espectador o al lector una idea del texto o del evento: una obra literaria, una exhibición de arte, un concierto, un evento, un fenómeno o una película. Provee un resumen crítico sintetizado y fácil de entender. Es decir, primero se describen los elementos más importantes y luego se da una valoración justa y objetiva. La reseña permite entrar en un diálogo con el creador de la obra y con otras audiencias. Se puede dar una valoración positiva o negativa y explicar cuáles son las deficiencias o los aspectos bien logrados de la obra. Puesto que en una reseña se incluye una opinión personal, su estructura no sigue las reglas generales de un ensayo. Las reseñas suelen publicarse en diarios y en revistas especializadas.

Es importante tener en cuenta los siguientes elementos al escribir una reseña:

FIG. 4.5 *La soñadora*, de Pablo Pintado-Casas (2010). Óleo sobre lienzo. Colección privada.

- Debe ser breve y clara.

- Debe contener una sinopsis o una descripción de la obra. Es necesario conocer bien la obra que está comentando y mencionar algunos detalles que puedan interesar al lector.

- Se deben incluir datos biográficos sobre el autor, el artista, etcétera.

- Se incluye un comentario positivo o negativo de la obra. La valoración debe estar acompañada por una justificación válida y bien pensada.

- Muchos lectores y espectadores recurren a la reseña para saber si quieren leer un libro, ver una exposición o una película, así que la la reseña debe decir claramente si la obra vale la pena o no.

Modelo de reseña

A continuación encontrará una reseña de una exhibición ficticia del arte de Salvador Dalí.

Cisnes y elefantes llegan a la Galería Azul

Anoche la Galería Azul de la calle Arboleda inauguró una exposición única sobre la obra reciente del pintor contemporáneo Salvador Dalí. Acompañado de su fiel esposa y musa Gala, Dalí, vestido de una amplia camisa blanca y un largo pañuelo de seda naranja, pasó más de dos horas admirando sus obras y charlando alegremente con viejos amigos. En las dos pequeñas salas de la galería, críticos, intelectuales y curiosos espectadores se acercaban, hipnotizados con los pequeños lienzos que colgaban en las paredes pintadas de gris. Allí estaban *El sueño, Aparición de un rostro y un frutero sobre la playa,* y *La invención de los monstruos,* entre otros. Cada obra recreaba con perfección un mundo que solo los genios —o los locos— pueden captar. En una esquina estaba colgado *Cisnes reflejando elefantes.* En el cuadro tres cisnes de esbeltos cuellos se deslizan sobre un lago cristalino, convirtiéndose en elefantes con largas trompas. La noche recoge el misterio de esta metamorfosis. A lo lejos, un paisaje conocido. Una barca amarrada en la arena. Un hombre meditativo se muestra indiferente a la escena. El método paranoico–crítico está inscrito en el paisaje del fondo. Uno entra al mundo onírico de Salvador Dalí sin querer, y se detiene en este universo fuera del tiempo. Dalí, que tantas veces declaró ser "el único surrealista", demostró con esta última exhibición que su visión del mundo es infinitamente más rica y profunda que la nuestra.

Salvador Dalí. El enigma sin fin, el artista total. ¿Angel, niño o demonio? ¿Genio o loco, cuerdo o tonto? La vanidad y el miedo de no ser perfecto... Salvador Dalí: simplemente extraordinario.

Pueden visitar la Galería Azul hasta el 20 de diciembre.

Barcelona, 4 de octubre de 1938

Escrito por Pablo Pintado-Casas

1. Después de leer esta reseña, ¿iría usted a ver la exhibición? ¿Por qué?

2. Revise las características de la reseña y seleccione elementos del texto anterior que cumplan con los requisitos del género.

3. ¿Cuáles son algunos detalles de la personalidad y del arte de Dalí que aprendemos a partir de esta reseña?

LITERATURA
SILVINA OCAMPO Y MIGUEL
DE CERVANTES SAAVEDRA

Silvina Ocampo (Argentina, 1906–1993)

Silvina Ocampo fue la menor de seis hermanas de una familia de la élite de Buenos Aires. Una de sus hermanas mayores, Victoria Ocampo, fundó la revista *Sur*, y se convirtió en una de las figuras más importantes en la cultura argentina de los años treinta. En su juventud Silvina Ocampo vivió en París. Exploró la pintura, y la combinó con la escritura de poesía y ficción. Su primer libro de cuentos fue *Viaje olvidado* (1937), y en él están presentes elementos de su narrativa que definirían toda su obra posterior: el tono poético, el humor negro, la crueldad y la niñez.

Ocampo se casó en 1940 con el conocido escritor también argentino Adolfo Bioy Casares. Su matrimonio fue un escándalo para la sociedad argentina porque su esposo era mucho más joven que ella. Junto a su esposo y al gran escritor argentino Jorge Luis Borges, escribió en 1940 la *Antología de literatura fantástica*. Publicó su segundo libro, *Autobiografía de Irene*, en 1948, y obtuvo el Segundo Premio Nacional de Poesía por *Los nombres* en 1953. En 1954 tuvo a su hija, Marta. Recibió el Premio Municipal en 1954 por su libro de poesía *Espacios métricos* y el Premio Nacional de Poesía por *Lo amargo por dulce* en 1962.

Los cuentos de Ocampo exploran mundos fantásticos y a la vez crueles. Entre 1937 y 1988 publicó varias colecciones de cuentos, entre ellas *La furia y otros cuentos* (1959) que incluye el cuento "El sótano", *Las invitadas* (1961) y *Los días de la noche* (1970). Recibió el Premio del Club de los 13 en 1988 por *Cornelia frente al espejo*, libro que incluye cuentos, versos y prosa narrativa.

Silvina Ocampo fue una mujer muy privada y, a diferencia de su hermana Victoria y de otros grandes escritores argentinos, se mantuvo al margen de la vida social y cultural de la época. Para muchos escritores latinoamericanos,

FIG. 4.6 *Retrato de Silvina Ocampo,* de Gustavo Alberto Taborda (2012). Acuarela sobre papel. Colección privada.

incluso Jorge Luis Borges, Silvina Ocampo fue una de las mejores escritoras del siglo XX. Murió en Buenos Aires a los 87 años.

Varios escritores admiradores de la obra de Silvina Ocampo hablan de la fina línea entre la realidad y la fantasía presente en sus cuentos. La escritora combina elementos fantásticos e imaginados con la vida real. Su gran amiga, la poeta Alejandra Pizarnik, decía: "Silvina Ocampo se traslada al plano de la realidad sin haberlo dejado nunca. Asimismo, se traslada al plano de la irrealidad sin haberlo dejado nunca".

SU VOZ

"Dormiría toda mi vida para conseguir un sueño".

Preguntas

1. De acuerdo a la biografía de Silvina Ocampo, ¿piensa usted que algunos episodios de su vida la impulsaron a hacerse escritora? ¿Cuáles?

2. ¿Qué se puede deducir acerca de la personalidad de Silvina Ocampo según esta cita?

3. ¿Qué tipo de sueños tiene usted cuando está dormido/a? ¿Sueña con seres fantásticos? ¿Sueña en color o en blanco y negro? ¿Tiene sueños recurrentes?

SU OBRA: "EL SÓTANO"

Antes de leer

1. A partir del título del cuento y con lo que leyó usted de los elementos de la narrativa de Silvina Ocampo, imagine lo que va a ocurrir en esta historia.

2. ¿Qué representa el espacio del sótano en una casa? ¿Qué tipo de criaturas habitan un sótano? ¿Puede un sótano ser un espacio apropiado para alejarse de la realidad? ¿Cómo?

3. ¿Cree usted que los personajes marginales necesitan crear un mundo alternativo para escapar del suyo? Explique su respuesta.

Lectura

El sótano

Este sótano que en invierno es excesivamente frío, en verano es un Edén. En la puerta cancel, arriba, algunas personas **se asoman** a tomar fresco durante los días más cruentos de enero y **ensucian** el piso. Ninguna ventana deja pasar la luz ni el horrible calor del día. Tengo un espejo grande y un sofá o cama turca que me regaló un cliente millonario y cuatro **colchas** que fui adquiriendo poco a poco, de otros **sinvergüenzas**. En **baldes**, que me presta el portero de la casa vecina, traigo por las mañanas agua para lavarme la cara y las manos. Soy **aseada**. Tengo una percha, para colgar mis vestidos detrás de un cortinaje, y una repisa para el candelero. No hay luz eléctrica ni agua. Mi mesa de luz es una silla, y mi silla un **almohadón** de **terciopelo**. Uno de mis clientes, el más jovencito, me trajo de la casa de su abuela **retazos** de cortinas antiguas, con las que adorno las paredes, con figuritas que recorto de las revistas. La señora de arriba, me da el almuerzo; con lo que guardo en mis bolsillos y algunos caramelos, me desayuno. Tener que **convivir** con ratones, me pareció en el primer momento el único defecto de este sótano, donde no pago **alquiler**. Ahora advierto que estos animales no son tan terribles: son discretos. **En resumidas cuentas** son preferibles a las moscas, que abundan tanto en las casas más **lujosas** de Buenos Aires, donde me regalaban restos de comida, cuando yo tenía 11 años. Mientras están los clientes, no aparecen: reconocen la diferencia que hay entre un silencio y otro; surgen en cuanto me quedo sola, en medio de cualquier **bullicio**; pasan corriendo, se detienen un instante y me miran **de reojo**, como si **adivinaran** lo que pienso de ellos. A veces comen un trozo de queso o de pan, que quedó en el suelo. No me tienen miedo, ni yo a ellos. Lo malo es

VOCABULARIO DE LA LECTURA

adivinar   *predecir algo*
almohadón (m.)   *almohada grande, objeto blando que sirve para recostarse*
alquiler (m.)   *lo que se paga por vivir en un lugar*
apoderarse de   *ocupar, tomar poder o control*
arrepentirse   *sentirse mal por algo que se hizo*
aseado/a   *limpio/a*
asomarse   *mirar a través de una puerta o una ventana*
balde (m.)   *recipiente donde se pone agua*
bullicio   *ruido que producen varias personas*
cesar   *parar, dejar de hacer algo*
colcha   *cobertura de cama*
convivir   *vivir con alguien*
dar el gusto   *dar el placer*
de reojo   *con disimulo*
en resumidas cuentas   *finalmente*
encerrar   *poner a una persona en un lugar del que no puede salir*

que no puedo almacenar provisiones, porque las comen antes de que yo las pruebe. Hay personas **malintencionadas** que se alegran de esta circunstancia y que me llaman Fermina, la de los ratones. Yo no quiero **darles el gusto** y no les pediré prestadas las trampas para exterminarlos. Vivo con ellos. Los reconozco y los bauticé con nombres de actores de cinematógrafo. Uno, el más viejo, se llama Carlitos Chaplin, otro Gregory Peck, otro Marlon Brando, otro Duilio Marzio; otro que es juguetón, Daniel Gellin, otro Yul Brinner, y una hembrita, Gina Lollobrigida, y otra Sofía Loren. Es extraño cómo estos animalitos se han **apoderado** del sótano donde tal vez vivieron antes

ensuciar   *lo opuesto de limpiar*
exigir   *obligar*
lujoso/a   *que muestra lujo o riqueza*
malintencionado/a   *con malas intenciones*
mudanza   *el traslado de una casa a otra*
retazo   *pedazo de tela*
sinvergüenza (m., f.)   *una persona que comete actos inmorales*
sudor (m.)   *líquido que se secrega cuando se tiene calor*
terciopelo   *tipo de tela suave*
venganza   *castigo, pena, retribución a una acción de agresión*

que yo. Hasta las manchas de humedad adquirieron formas de ratones; todas son oscuras y un poco alargadas, con dos orejitas y una cola larga, en punta. Cuando nadie me ve, guardo comida para ellos, en uno de los platitos que me regaló el señor de la casa de enfrente. No quiero que me abandonen y si viene a visitarme el vecino y quiere exterminarlos con trampas o con un gato, haré un escándalo del que **se arrepentirá** toda su vida. La demolición de esta casa está anunciada, pero yo no me iré de aquí hasta que me muera. Arriba preparan baúles y canastos y sin **cesar** hacen paquetes. Frente a la puerta de calle hay camiones de **mudanza**, pero yo paso junto a ellos, como si no los viera. Nunca pedí ni cinco centavos a esos señores. Me espían todo el día y creen que estoy con clientes, porque hablo conmigo misma, para disgustarlos; porque me tienen rabia, me **encerraron** con llave; porque les tengo rabia, no les pido que abran la puerta. Desde hace dos días suceden cosas muy raras con los ratones: uno me trajo un anillo, otro una pulsera, y otro, el más astuto, un collar. En el primer momento no podía creerlo y nadie me creerá. Soy feliz. ¡Qué importa que sea un sueño! Tengo sed: bebo mi **sudor**. Tengo hambre: muerdo mis dedos y mi pelo. No vendrá la policía a buscarme. No me **exigirán** el certificado de salud, ni de buena conducta. El techo se está desmoronando, caen hojitas de pasto: será la demolición que empieza. Oigo gritos y ninguno contiene mi nombre. Los ratones tienen miedo. ¡Pobrecitos! No saben, no comprenden lo que es el mundo. No conocen la felicidad de la **venganza**. Me miro en un espejito: desde que aprendí a mirarme en los espejos, nunca me vi tan linda.

Comprensión de la obra

A. Primero, indique si las siguientes afirmaciones son verdaderas (V) o falsas (F), según el contenido del cuento. Luego, corrija las que son falsas.

1. V   F   La protagonista del cuento es una prostituta.

2. V   F   La mujer vive con su familia.

3. V   F   Los ratones habitan el mismo sótano que la protagonista.

4. V   F   La mujer tiene muebles que le han regalado.

5. V   F   Sabe mucho de cine.

6. V   F   Tiene miedo de que un día los ratones la abandonen.

7. V   F   Los vecinos encerraron a la mujer.

8. V   F   Van a destruir el edificio donde vive.

9. V   F   Ella se quiere ir de su casa y buscar otra mejor.

10. V   F   Al final se mira al espejo y se encuentra fea.

B. Conteste las siguientes preguntas.

1. ¿Cuál es la profesión de la protagonista? ¿Qué indicaciones le da el cuento sobre esto?

2. ¿En qué condiciones vive esta mujer? ¿Son condiciones humanas? ¿Hay ventanas?

3. ¿Cuáles son algunos detalles que sugieren que le importa su apariencia?

4. Describa el mundo que la protagonista construye a su alrededor. ¿Le recuerda un cuento de hadas? ¿Qué simbolizan los ratones en este cuento?

5. ¿Cree que el aislamiento y el encierro de esta mujer contribuyen a su locura?

6. ¿Qué ocurre al final? ¿Cuál es su venganza contra el mundo?

7. ¿Por qué cree que la autora no le dio nombre a la protagonista?

8. ¿Cree usted que el desmoronamiento del edificio es una metáfora? Explique su respuesta.

9. ¿Cuál es el tono de esta narración?

10. El espejo es un objeto que aparece frecuentemente en la obra de Silvina Ocampo. ¿Cuál es la función del espejo aquí? ¿Representa o deforma la realidad?

Preguntas de discusión

1. ¿Cómo es la vida de los seres que viven al margen de la sociedad?

2. ¿De qué forma se manifiesta la discriminación y el rechazo a personas diferentes o psicológicamente inestables?

3. ¿Cómo se acerca Silvina Ocampo al tema de la prostitución?

Alejandra Pizarnik (1936–1972) fue una poeta argentina. En su obra exploró otro lado de la realidad: la fantasía. En sus diarios, se llama a sí misma "la abandonada", "la huérfana" y "la inadaptada". La búsqueda de su propio lenguaje fue parte de "su infierno personal". En sus diarios dijo: "¡He de tapar el fracaso de mi vida con la belleza de mi obra!" Desde muy joven expresó su miedo a enloquecer.

FIG. 4.7 *Retrato de Alejandra Pizarnik*, de Gustavo Alberto Taborda (2009). Acuarela sobre papel. Colección personal.

REPASO DE GRAMÁTICA (II)

El subjuntivo en cláusulas adjetivas

La cláusula adjetiva es la frase subordinada de la oración (empieza con la palabra **que**) que se usa para describir a personas u objetos. Se usa la construcción con frecuencia para combinar dos oraciones cortas.

El libro es muy largo. Leo el libro. El libro **que** leo es muy largo.

Para comprender el uso del subjuntivo o del indicativo con la cláusula adjetiva, es importante pensar en lo que existe en contraste con lo que no existe, lo que es verdadero (o que se cree ser verdadero) en contraste con lo que es hipotético o inseguro desde el punto de vista de la persona que habla. Observe los siguientes pares de ejemplos.

Remedios Varo **tiene** un esposo que la acompaña en su viaje a París. (indicativo: El esposo existe.)
Varo **busca** un espacio que le permita ser libre. (subjuntivo: No sabemos si existe un espacio con esa descripción.)

Don Quijote **tiene** una lanza que es de madera. (indicativo: La lanza existe.)
Don Quijote **busca** una lanza que sea poderosa. (subjuntivo: No sabemos si existe la lanza que busca.)

En esta obra de teatro **hay** personas que están interesadas en el arte surrealista (indicativo: Las personas existen.)
En el cuadro de Dalí **no hay nada** que sea real. (subjuntivo: Los objetos no existen.)

Hay personas que son normales en este cuento. (indicativo: Las personas existen.)
¿**Hay** personas que sean normales en este cuento? (subjuntivo: La pregunta indica que no sabemos si las personas existen.)

No hay nadie que entienda la locura de don Quijote. (subjuntivo: Las personas no existen.)
Hay una persona que entiende los deseos de don Quijote. (indicativo: La persona existe.)

La protagonista de "El sótano" **necesita** a[5] los animales que viven en el sótano. (indicativo: Los animales existen.)
La protagonista **necesita*** alguien que la acompañe. (subjuntivo: No sabemos si existe la persona que la pueda acompañar.)

Salvador Dalí **busca** la idea que más le gusta. (indicativo: La idea existe.)
Salvador Dalí **busca** una idea que le guste. (subjuntivo: No es seguro que exista esta idea.)

Se usa **lo que** (*what*) + *verbo* en las cláusulas adjetivas cuando no se menciona el antecedente. Cuando la cosa o el evento que se menciona se sabe y es una realidad, se usa el indicativo del verbo. Cuando no se sabe, no se sabe si existe o es posible que no ocurra, se usa el subjuntivo.

Ocampo escribe **lo que** quiere. (indicativo: Es una realidad.)
Gala le dice a su esposo: "Haz **lo que** quieras". (subjuntivo: Es una posibilidad; todavía no ha ocurrido y es posible que no ocurra.)

EJERCICIOS DE GRAMÁTICA

A. Llene los espacios en blanco con la forma correcta del verbo en el presente del indicativo, el presente del subjuntivo o el infinitivo, según el contexto.

Diálogo imaginado la protagonista de "El sótano" con un vecino

ELLA: Señor, usted es el único que viene a visitarme. Siempre busco personas que _____ (**1.** querer) pasar un rato a mi lado.

ÉL: ¿No hay nadie en el edificio que te _____ (**2.** visitar) de vez en cuando?

ELLA: No, no hay nadie que _____ (**3.** estar) interesado en mí.

ÉL: Pero tienes amigos que _____ (**4.** venir) a verte.

5.   Fíjese en la falta de la **a** personal con el uso del subjuntivo.

ELLA: Los ratones son mi única compañía en este momento. Hay algunos que
_____ (**5.** ser) muy simpáticos conmigo. Hay otros que me
_____ (**6.** ignorar). Yo siempre busco ratones que _____
(**7.** compartir) su comida conmigo.

ÉL: Pero, no hay nada aquí que tú _____ (**8.** poder) comer. En
este sótano solamente hay basura.

ELLA: Claro que hay cosas para _____ (**9.** comer). Mira, nosotros
tenemos restos de queso y frutas que _____ (**10.** traer) mis
clientes.

ÉL: Bueno, voy a comenzar a traerte otras cosas.

B.   Complete las frases lógicamente con el presente del indicativo o el presente del
subjuntivo, según el contexto.

1.   Dalí tiene una visión del mundo que...

2.   En los cuadros de Dalí, nosotros buscamos elementos que...

3.   La mujeres en bicicleta del cuadro de Varo tienen características que...

4.   La protagonista del cuento de Ocampo no tiene a nadie que...

5.   El sótano es un espacio que...

6.   En el movimiento surrealista no hay obras de arte que...

7.   En esta clase no hay nadie que...

Prueba 4

Miguel de Cervantes Saavedra (España, 1547–1616)

Miguel de Cervantes nació en 1547 en la ciudad de Alcalá de Henares, en la comunidad de Madrid. Fue el cuarto de siete hijos. Su padre era un cirujano que viajaba por muchas partes luchando por mantener a su familia. En 1569, Cervantes viajó a Italia para servir en la casa de un noble y unos años más tarde se enlistó en el ejército. En 1571 luchó contra los turcos en la batalla de Lepanto donde quedó impedido de su brazo izquierdo. En su viaje de regreso a España en 1575, fue capturado por piratas. Estuvo prisionero, trabajando como esclavo durante cinco años, hasta que su familia y unos frailes trinitarios pagaron una gran suma por su rescate. Su primera obra de teatro, *Los tratos de Argel* (1580), se basó en sus años como cautivo. En 1580 se casó con una mujer que tenía veinte años menos que él, y obtuvo una posición oficial del gobierno en el sur de España. Dejó a su esposa y pasó unos años de vida nómada trabajando como recolector de impuestos. Se declaró en bancarrota y fue encarcelado dos veces por irregularidades fiscales. Más tarde pidió permiso para viajar al Nuevo Mundo (las Américas) pero se lo negaron. En 1585 publicó *La Galatea*, un romance pastoril que obtuvo buena crítica. Para 1590, Cervantes ya era conocido por sus dotes literarias. Escribió también teatro y una colección de doce novelas cortas titulada *Las novelas ejemplares*. Su novela *El ingenioso hidalgo don Quijote de la Mancha* fue publicada en dos partes en Madrid. La primera parte apareció en 1605 y la segunda en 1615. Fue concebida inicialmente como una sátira a las novelas de caballería. La novela ha sido interpretada de múltiples maneras a través de los siglos: como un ataque a la Iglesia y a la política española, como una manera de representar la dualidad del personaje español, como una representación general de la sociedad española en el siglo XVII, y como un homenaje a la literatura y a los lectores críticos y apasionados. Tuvo un éxito inmediato y

FIG. 4.8 Retrato de Cervantes, Gustavo Alberto Taborda (2014). Acuarela sobre papel. Colección privada.

fue traducida al inglés y al francés poco después de su publicación. Hoy figura entre los libros más vendidos en la historia de la literatura. A pesar de su fama, Cervantes fue pobre hasta el final de su vida.

   La influencia de Cervantes en la lengua y la literatura ha sido tan grande que muchos se refieren al castellano como *la lengua de Cervantes*. A pesar de haber escrito su obra hace cuatro siglos, Miguel de Cervantes sigue siendo el gran maestro de la lengua y de la literatura española.

El romance pastoril se refiere a las narrativas que retratan la vida de los pastores en el campo. Se idealiza este tipo de vida y se busca el amor perfecto. Se confunden realismo e idealismo y el ambiente es descrito de manera melancólica.

Las novelas de caballería son narrativas con temas de la defensa del honor, la idealización de la mujer y el ejercicio individual de la justicia. El héroe es un caballero que lucha en la guerra y sobresale por sus hazañas extraordinarias y sobrenaturales. *El ingenioso hidalgo don Quijote de la Mancha* fue criticado en su época por ridiculizar las novelas de caballería.

SU VOZ

"La libertad, Sancho[6], es uno de los más preciosos dones que a los hombres dieron los cielos; con ella no pueden igualarse los tesoros que encierran la tierra y el mar: por la libertad, así como por la honra, se puede y debe aventurar la vida."
                                  —De *El ingenioso hidalgo don Quijote de la Mancha*

Preguntas

1. De acuerdo a la biografía de Cervantes, ¿tuvo una vida fácil o difícil? Elabore.

2. ¿Piensa usted que la definición de *la libertad* de don Quijote es buena? Explique su respuesta.

3. A partir de los datos biográficos, ¿por qué cree usted que la libertad es algo tan importante para Cervantes?

6.   Sancho es el escudero (ayudante) de don Quijote, el hombre que lo acompaña en todas sus aventuras y el que intenta devolverlo a la realidad, sin éxito.

Prueba V [handwritten]

SU OBRA: *EL INGENIOSO HIDALGO DON QUIJOTE DE LA MANCHA*

obra maestra [handwritten]

Don Quijote: Un gran soñador

Se lo pone como caballero [handwritten]

La obra maestra de Miguel de Cervantes fue publicada en dos volúmenes: *El ingenioso* **hidalgo** *don Quijote de la Mancha* (1605) y *El ingenioso caballero don Quijote de la Mancha* (1615). Según el académico Francisco Rico, "Es el único libro de Occidente que ha sido un best-seller desde el primer año y durante 400 años. No ha habido ningún otro." Casi todos los estudiantes de español han oído hablar de Don Quijote y muchos han visto su figura icónica retratada en cuadros, dibujos, y hasta camisetas. Aunque es imposible dar un resumen completo del libro (¡son más de 1.000 páginas!), se pueden mencionar algunos elementos importantes.

Alonso Quijano, el personaje principal de la novela, es un hombre de casi 50 años, proveniente de la Mancha, una región de España central. Tiene una gran pasión: los libros. En la época de Cervantes, el género más popular en España era la novela de caballería. El héroe es un caballero joven, rico y valiente en busca de aventuras. Sale victorioso en guerras, defiende su honor y pasa por distintas pruebas para conseguir el amor de su dama. Alonso Quijano es un lector apasionado de estas novelas. Obsesionado con los ideales del caballero, pierde el contacto con la realidad. Quiere convertirse en caballero, y así lo hace. Se pone el nombre de "don Quijote de la Mancha", toma su espada y una vieja armadura, saca a su viejo caballo Rocinante del establo, y se aventura para defender a los más necesitados y vencer a los villanos. Puesto que necesita a una dama, crea a la imaginaria hermosa Dulcinea del Toboso. También elige a un escudero, Sancho Panza, un campesino de poca educación que le acompaña montado en un burro… Don Quijote viaja a través de pueblos españoles con la idea noble de mejorar el mundo. En una de sus aventuras, encuentra unos molinos de viento y lucha contra ellos, creyendo que son gigantes. Si Don Quijote es un gran soñador, Sancho Panza (que siempre está preocupado en comer), intenta corregir los errores de su señor y devolverlo a la realidad.

A pesar de ser un personaje ridículo, Don Quijote nos enseña muchas lecciones valiosas: la importancia de creer en los sueños y de actuar para que éstos se realicen; el valor de la amistad, del amor, de la fraternidad y de la generosidad. A través de este personaje, Miguel de Cervantes expresa una ideología progresista que defiende el ideal de los derechos humanos, desde un punto de vista religioso, racial y cultural. De alguna manera, todos quisiéramos tener la fuerza interior y la voluntad de Don Quijote. El libro sigue teniendo un impacto a nivel universal porque aún en el siglo XXI, el hombre sueña con mejorar la realidad.

Prueba 4
124

Antes de leer

1. ¿Ha escuchado el nombre de don Quijote antes de esta clase? ¿En qué contexto? *No*

2. ¿Por qué cree usted que el personaje más importante de la literatura española es un soñador? *los que tienen imaginación del futuro son los que disfrutan*

3. ¿Cómo imagina la relación entre don Quijote y su escudero Sancho Panza? *Son opuestos pero se complementan*

4. ¿Le gustaría ser un poco como Don Quijote? ¿Le gustaría tener un amigo como él? Explique su respuesta. *Me gustaría tener un amigo como el. No sé pero tener ideal*

Advertencia antes de leer: Recuerde que este texto fue publicado en el Siglo de Oro español, la primera parte en 1605. El español, proveniente del latín, ha pasado por varios cambios desde sus principios. Si ha leído a Shakespeare en sus clases de inglés, se puede imaginar que el español de la época de Cervantes era diferente al que se usa hoy en día. Le recomendamos leer el texto primero sin diccionario, intentando entender el contexto y las acciones de los personajes. En una segunda lectura, puede usar el diccionario. La ortografía de algunas palabras también ha cambiado.

Lectura

En busca de aventuras, don Quijote y Sancho Panza pasan cerca a unos molinos de viento. Don Quijote está seguro que son gigantes y los enfrenta con su vestimenta de caballero. Aunque Sancho Panza le advierte que solo son molinos de viento, don Quijote corre hacia ellos con su armadura y su lanza. Apenas intenta atacar a sus "gigantes", don Quijote cae herido. Sancho Panza va a socorrerlo y le repite que solo son molinos de viento. Don Quijote piensa que su escudero no sabe nada de aventuras y que por eso no le cree. Después del fracaso, don Quijote se imagina que todo esto es obra de enemigos. Mientras éste continúa inmerso en sus ideas y en sus planes de conti-

VOCABULARIO DE LA LECTURA

afligirse *entristecerse*

aspas *dos pedazos de madera que forman una X*

bota *recipiente donde se pone el licor*

cobarde *que no es valiente, que siempre tiene miedo*

cursado/a *que tiene conocimiento de algo, versado/a en algo*

desaforado/a *grande, enorme; enloquecido, sin control*

desgajar *quitar una parte de un árbol*

desigual *el opuesto de igual*

embestir *atacar*

enderezarse *recuperar la posición, ponerse derecho*

enriquecer *hacer rica a una persona*

escudero *paje o sirviente que llevaba el escudo al caballero cuando éste no lo usaba*

Prueba 4

nuar con sus aventuras, Sancho Panza piensa en la comida y en la bebida. Don Quijote casi ni duerme, pensando en su Dulcinea. A la mañana siguiente tampoco desayuna, porque se alimenta con sus memorias, muchas de ellas producto también de su imaginación.

El ingenioso hidalgo don Quijote de la Mancha

(Capítulo 8)

*Del buen **suceso** que el valeroso don Quijote tuvo en la espantable y jamás imaginada aventura de los molinos de viento, con otros sucesos dignos de felice recordación*

En esto descubrieron treinta o cuarenta molinos de viento que hay en aquel campo, y así como don Quijote los vio, dijo a su **escudero**:

—La ventura va guiando nuestras cosas mejor de lo que acertáramos a desear; porque ves allí, amigo Sancho Panza, donde se descubren treinta o poco más **desaforados** gigantes con quien pienso hacer batalla, y quitar-

fiero/a   *perteneciente o relativo a los animales feroces; horroroso/a*

galope (m.)   *la manera de correr de un caballo*

gusto   *placer*

hallar   *encontrar*

hidalgo   *una persona que pertenece a un rango menor de la nobleza*

hierro   *material con el que se fabrica un arma*

lanza   *el arma que usaban los caballeros*

machacar   *golpear algo para cambiarle la forma*

maltrecho/a   *herido/a*

menear   *moverse*

moro/a   *árabe*

pesaroso/a   *con pesar, con tristeza*

quejarse   *reclamar por algo que no nos gusta*

ramo o tronco   *parte de un árbol*

socorrer   *ayudar a alguien que está en peligro*

suceso   *evento*

testigo   *persona que presencia un suceso*

trance (f.)   *situación*

vencimiento   *acto de perder la batalla*

vil   *despreciable*

les a todos las vidas, con cuyos despojos comenzaremos a **enriquecer**: que esta es buena guerra, y es gran servicio de Dios quitar tan mala simiente de sobre la faz de la tierra.

—¿Qué gigantes? —dijo Sancho Panza.

—Aquellos que allí ves —respondió su amo— de los brazos largos, que los suelen tener algunos de casi dos leguas.

—Mire vuestra merced —respondió Sancho—, que aquellos que allí se parecen no son gigantes, sino molinos de viento, y lo que en ellos parecen brazos son las **aspas**, que volteadas del viento hacen andar la piedra del molino.

—Bien parece —respondió don Quijote— que no estás **cursado** en esto de las aventuras; ellos son gigantes, y si tienes miedo quítate de ahí, y ponte en oración en el espacio que yo voy a entrar con ellos en **fiera** y **desigual** batalla.

Y diciendo esto, dio de espuelas a su caballo Rocinante, sin atender a las voces que su escudero Sancho le daba, advirtiéndole que sin duda alguna eran molinos de viento, y no gigantes aquellos que iba a acometer. Pero él iba tan puesto en que eran gigantes, que ni oía las voces de su escudero Sancho, ni echaba de ver, aunque estaba ya bien cerca, lo que eran; antes iba diciendo en voces altas:

—*Non fuyades*, **cobardes** y **viles** criaturas, que un solo caballero es el que os acomete.

Levantóse en esto un poco de viento y las grandes aspas comenzaron a moverse, lo cual visto por don Quijote, dijo:

—Pues aunque mováis más brazos que los del gigante Briareo, me lo habéis de pagar.

FIG. 4.9 *Campos con molinos*, de Pablo Pintado y Riba (1984). Acuarela sobre papel. Colección de la familia Pintado-Casas.

Y en diciendo esto, y encomendándose de todo corazón a su señora Dulcinea, pidiéndole que en tal **trance** le **socorriese**, bien cubierto de su rodela, con la lanza en ristre, arremetió a todo el **galope** de Rocinante, y **embistió** con el primer molino que estaba delante; y dándole una lanzada en el aspa, la volvió el viento con tanta furia, que hizo la lanza pedazos, llevándose tras sí al caballo y al caballero, que fue rodando muy **maltrecho** por el campo. Acudió Sancho Panza a socorrerle a todo el correr de su asno, y cuando llegó, **halló** que no se podía **menear**, tal fue el golpe que dio con él Rocinante.

—¡Válgame Dios! —dijo Sancho—. ¿No le dije yo a vuestra merced que mirase bien lo que hacía, que no eran sino molinos de viento, y no los podía ignorar sino quien llevase otros tales en la cabeza?

—Calla, amigo Sancho —respondió don Quijote—, que las cosas de la guerra, más que otras, están sujetas a continua **mudanza**, cuanto más que yo pienso, y es así verdad, que aquel sabio Frestón, que me robó el aposento y los libros, ha vuelto estos gigantes en molinos por quitarme la gloria de su **vencimiento**: tal es la enemistad que me tiene; mas al cabo han de poder poco sus malas artes contra la voluntad de mi espada.
—Dios lo haga como puede —respondió Sancho Panza.

Y ayudándole a levantar, tornó a subir sobre Rocinante, que medio despaldado estaba; y hablando en la pasada aventura, siguieron el camino del puerto Lápice, porque allí decía don Quijote que no era posible dejar de hallarse muchas y diversas aventuras, por ser lugar muy pasajero; sino que iba muy **pesaroso** por haberle faltado la lanza y diciéndoselo a su escudero, dijo:

—Yo me acuerdo haber leído que un caballero español, llamado Diego Pérez de Vargas, habiéndosele en una batalla roto la espada, desgajó de una encina un pesado **ramo o tronco**, y con él hizo tales cosas aquel día, y **machacó** tantos **moros**, que le quedó por sobrenombre Machuca, y así él, como sus descendientes, se llamaron desde aquel día en adelante Vargas y Machuca. Hete dicho esto, porque de la primera encina o roble que se me depare, pienso desgajar otro tronco tal y bueno como aquel, que me imagino y pienso hacer con él tales hazañas, que tú te tengas por bien afortunado de haber merecido venir a verlas, y a ser **testigo** de cosas que apenas podrán ser creídas.

—A la mano de Dios —dijo Sancho—, yo lo creo todo así como vuestra merced lo dice; pero **enderécese** un poco, que parece que va de medio lado, y debe de ser del molimiento de la caída.

—Así es la verdad —respondió don Quijote—, y si no me quejo del dolor, es porque no es dado a los caballeros andantes quejarse de herida alguna, aunque se le salgan las tripas por ella.

—Si eso es así, no tengo yo que replicar —respondió Sancho—, pero sabe Dios si yo me holgara que vuestra merced **se quejara** cuando alguna cosa le doliera. De mí sé decir, que me he de quejar del más pequeño dolor que tenga, si ya no se entiende también con los escuderos de los caballeros andantes eso del no quejarse.

No se dejó de reír don Quijote de la simplicidad de su escudero; y así le declaró que podía muy bien quejarse, como y cuando quisiese, sin gana o con ella, que hasta entonces no había leído cosa en contrario en la orden de caballería. Díjole Sancho que mirase que era hora de comer. Respondióle su amo que por entonces no le hacía menester; que comiese él cuando se le antojase. Con esta licencia se acomodó Sancho lo mejor que pudo sobre su jumento, y sacando de las alforjas lo que en ellas había puesto, iba caminando y comiendo detrás de su amo muy despacio, y de cuando en cuando empinaba la **bota** con tanto **gusto**, que le pudiera envidiar el más regalado bodegonero de Málaga. Y en tanto que él iba de aquella manera menudeando tragos, no se le acordaba de ninguna promesa que su amo le hubiese hecho, ni tenía por ningún trabajo, sino por mucho descanso, andar buscando las aventuras por peligrosas que fuesen. En resolución, aquella noche la pasaron entre unos árboles, y del uno de ellos **desgajó** don Quijote un ramo seco, que casi le podía servir de **lanza**, y puso en él el **hierro** que quitó de la que se le había quebrado. Toda aquella noche no durmió don Quijote, pensando en su señora Dulcinea, por acomodarse a lo que había leído en sus libros, cuando los caballeros pasa-

FIG. 4.10 *Pueblo de la Mancha,* de Pablo Pintado y Riba (1984). Acuarela sobre papel. Colección de la familia Pintado-Casas.

ban sin dormir muchas noches en las florestas y despoblados, entretenidos en las memorias de sus señoras.

No la pasó así Sancho Panza, que como tenía el estómago lleno, y no de agua de chicoria, de un sueño se la llevó toda, y no fueran parte para despertarle, si su amo no le llamara, los rayos del sol que le daban en el rostro, ni el canto de las aves, que muchas y muy regocijadamente la venida del nuevo día saludaban. Al levantarse dio un tiento a la bota, y hallóla algo más flaca que la noche antes, y **afligiósele** el corazón por parecerle que no llevaban camino de remediar tan presto su falta. No quiso desayunarse don Quijote porque como está dicho, dio en sustentarse de sabrosas memorias.

Comprensión de la obra

A. Primero, indique si las siguientes afirmaciones son verdaderas (V) o falsas (F), según el contenido del texto. Luego, corrija las que son falsas.

1. V (F) Don Quijote es un personaje realista. *soñador*

2. (V) F Sancho Panza es la persona que acompaña a don Quijote durante sus aventuras.

3. V (F) Don Quijote gana la batalla con los gigantes.

4. (V) F Rocinante es el gran amor de don Quijote. *la señora*

5. (V) F Sancho Panza bebe durante el viaje.

6. (V) F Don Quijote reconstruye su arma. *sigue su imaginación*

7. V (F) Sancho Panza y don Quijote desayunan juntos a la mañana siguiente.

8. (V) F Don Quijote confunde los molinos de viento con unos gigantes.

9. (V) F Sancho Panza intenta convencer a don Quijote de que son solo molinos de viento.

10. V (F) Don Quijote se siente feliz después de la "batalla".

B. Conteste las siguientes preguntas.

1. ¿En qué se diferencian Sancho Panza y don Quijote? Hable de sus diferencias físicas y las de su personalidad.

2. ¿Cuál es el sueño de don Quijote en este episodio?

3. ¿Cómo describiría usted esta aventura? ¿Es un éxito o un fracaso? Explique su respuesta.

4. ¿Cree que Sancho Panza es un buen amigo? Elabore su respuesta.

5. ¿A quién se parece más usted, a don Quijote o a Sancho Panza? Explique su respuesta.

Preguntas de discusión

1. Don Quijote lee tantos libros de caballería que termina confundiendo la realidad con la ficción. En este sentido, es un excelente lector porque se deja llevar por la ilusión de la trama. ¿Cree usted que esto es algo positivo o negativo? ¿A usted le gusta también sumergirse en un libro, en una película o en una obra de teatro?

2. ¿Ha conocido alguna vez a una persona parecida a don Quijote? ¿Cuáles eran sus sueños?

3. Hable de los sueños en el mundo contemporáneo. ¿Cree usted que vivimos en un mundo donde los sueños siguen siendo importantes? ¿Piensa que la tecnología nos rescata del mundo de los sueños o nos hace soñar más?

4. ¿Tiene usted sueños para su futuro? ¿Cuáles son? ¿Son sueños alcanzables o imposibles?

EJERCICIO DE GRAMÁTICA

Primero, revise las secciones de **Repaso de gramática I: El subjuntivo en cláusulas sustantivas** y **II: El subjuntivo en cláusulas adjetivas**. Luego, complete las siguientes oraciones según lo que sabe de Miguel de Cervantes y su personaje don Quijote. Use el presente del indicativo, el presente del subjuntivo o el infinitivo para completarlas.

1. Don Quijote espera que Sancho Panza...

2. No creo que Sancho Panza...

3. Don Quijote busca aventuras que...

4. Sancho le pide a don Quijote que...

5. En este fragmento hay dos personajes que...

6. Dudo que Dulcinea...

7. Es verdad que esta novela...

8. Miguel de Cervantes quiere que sus lectores...

9. Me da pena que...

10. Ojalá que don Quijote...

REPASO DE GRAMÁTICA (III)

El subjuntivo en cláusulas adverbiales

Las cláusulas adverbiales modifican el uso del verbo de acuerdo con cuándo, dónde, cómo y por qué ocurre una acción. Algunas cláusulas siempre usan el subjuntivo (tanto en el pasado como en el presente), otras (las cláusulas que se refieren al tiempo) solamente usan el subjuntivo cuando la acción ocurre en el futuro. A continuación se encuentran algunas expresiones adverbiales.

Conjunciones que siempre usan el subjuntivo	Conjunciones de tiempo (*usan el subjuntivo con eventos no ocurridos*)	Conjunciones concesivas o de condición (*usan el subjuntivo cuando la situación es hipotética o desconocida*)
a menos que	cuando	a pesar de que
antes de que (*excepción de las conjunciones de tiempo*)	después de que	aunque
con tal (de) que	en cuanto	como
en (el) caso de que	hasta que	donde
para que	tan pronto como	según
sin que		

Las cláusulas adverbiales que *siempre* usan el subjuntivo indican que la acción es futura, hipotética o no se ha completado.

Remedios Varo no quiere irse a París **a menos que** su esposo vaya con ella.
Don Quijote se cae **antes de que** su escudero llegue a los molinos de viento.
Sancho ayuda a don Quijote **con tal de que** le dé de comer y de beber.
Ella no hace ruido **en caso de que** alguien la quiera molestar.
Dalí pinta **para que** sus espectadores se sientan desorientados.
La mujer vive en el sótano **sin que** todos sus vecinos lo sepan.

Las cláusulas adverbiales con la mayoría de las conjunciones de tiempo (con la excepción de **antes de que**) usan el subjuntivo solo para expresar eventos en el futuro. No se usa el subjuntivo si se ha completado la acción.

Remedios Varo encontró la paz **cuando** llegó a México. (indicativo: ambas acciones ocurrieron en el pasado.)

Varo va a encontrar la paz **cuando** llegue a México. (subjuntivo: es un plan que tiene Varo pero que aún no ha ocurrido.)

Varo se fue a México **después de que** fue perseguida en Europa. (indicativo: ambas acciones ocurrieron en el pasado.)

Varo va a ser famosa **después de que** conozca a los artistas mexicanos. (subjuntivo: es un plan que no ha ocurrido.)

La señora siguió soñando **hasta que** se despertó. (indicativo: Indica una acción que ocurrió. Ya se despertó.)

Don Quijote va a seguir soñando **hasta que** se muera. (subjuntivo: Indica un evento futuro. No se ha muerto todavía.)

Escribimos la composición **tan pronto como** llega la profesora. (indicativo: Es un hábito; cuando una acción ocurre, la otra también.)
Vamos a escribir la composición **tan pronto como** estemos preparados. (subjuntivo: Indica un evento futuro.)

Las conjunciones de condición solo usan el subjuntivo cuando es una situación hipotética o desconocida; son condiciones irreales. Cuando la situación es conocida o ya experimentada se usa el indicativo.

No entiendo muy bien la obra de este escritor **aunque** comprendo las palabras que usa. (indicativo: La situación es conocida. Comprendo las palabras.)
No entenderé muy bien la obra de este escritor **aunque** comprenda todas las palabras. (subjuntivo: Indica una situación desconocida; no se sabe si va a comprender las palabras.)

Varo encuentra la paz espiritual **a pesar de que** su historia es difícil. (indicativo: La situación es conocida. La historia de Varo es difícil.)

Varo experimentará con el arte **a pesar de que** no tenga el apoyo de sus amigos. (subjuntivo: Indica una situación desconocida. No se sabe si Varo tiene el apoyo de sus amigos.)

EJERCICIOS DE GRAMÁTICA

A. Llene los espacios en blanco con la forma correcta del verbo en el presente del indicativo, el presente del subjuntivo, el pretérito o el infinitivo, según el contexto.

Carta que la protagonista de "El sótano" les escribe a sus vecinos.

Estimados vecinos,
Les escribo esta carta para que ustedes _____ (**1.** saber) que no voy a irme de aquí. Antes de que _____ (**2.** llamar) a la policía, les pido que piensen en mi vida. Esta mañana salí después de que la vecina del segundo piso _____ (**3.** entrar) y ella me miró muy mal cuando yo la _____ (**4.** saludar). Yo sé que cuando yo _____ (**5.** irse) de aquí muchos de ustedes van a estar felices. Sin embargo, ustedes no se

dan cuenta de muchas cosas. Por ejemplo, cuando sus niños _____ (**6.** dejar) basura en el edificio, yo limpio. A veces entran personas desconocidas a este edificio sin que ustedes _____ (**7.** darse) cuenta. Mis ratones y yo estamos despiertos hasta que _____ (**8.** salir) el sol y nosotros estamos atentos en caso de que alguien _____ (**9.** entrar) al edificio. Bueno, pero es claro que a ustedes no les importa lo que va a pasar en mi vida cuando la policía me _____ (**10.** encontrar). Tan pronto como yo _____ (**11.** salir), la vecina del segundo piso va a celebrar con champaña. Es triste, escribo esta carta en caso de que alguno de ustedes _____ (**12.** sentir) compasión por mí. Voy a esperar la respuesta de alguno de ustedes hasta que _____ (**13.** morirse: yo).
Suya,

La mujer del sótano

B. Revise las biografías de los autores de este capítulo y complete las frases con el presente del indicativo, el presente del subjuntivo, el pretérito o el infinitivo, según el contexto.

1. Es cierto que Gala, la esposa de Dalí...

2. Remedios Varo salió de Francia cuando...

3. Es verdad que Cervantes...

4. En la vida de Dalí, hay episodios que...

5. Dalí pinta para...

6. Los lectores de Cervantes no pueden comprender completamente su obra a menos que...

7. En México, Varo encuentra una vida que...

8. ¿Hay símbolos en el cuento de Ocampo que... ?

9. Los expertos van a escribir sobre *Don Quijote* hasta que...

10. No podemos entender la obra de Varo a menos que...

CORTOMETRAJE
ALBERTO BLANCO (ESPAÑA, 1980–)

A los 24 años, Alberto Blanco decidió hacer el cortometraje "Cowboy de mediodía", inspirado en los *spaghetti westerns.*

Blanco habla así sobre sí mismo:

"Nací en Barcelona en 1980. En mi adolescencia, influenciado por los *westerns* que veía una y otra vez junto a mi padre, decidí dedicar mi vida a hacer películas. Gracias a una beca llegué al taller intensivo de guión en la Escuela de Cine de San Antonio de los Baños, Cuba. No aprendí nada de cine, pero dos semanas borracho en La Habana a los 20 años le cambian la vida a cualquiera. Al volver a Barcelona decidí darle un homenaje a mi padre, escribiendo y dirigiendo el cortometraje "Cowboy de mediodía", un *western* rodado en 35 mm. Todavía en fase de promoción, ha sido seleccionado en más de 30 festivales y galardonado con siete premios,

FIG. 4.11 El director Alberto Blanco (Fotografía de Caterina Barjau)

uno de ellos en un prestigioso festival en New York. Actualmente trabajo como realizador de *videoclips,* colaborando con sellos tan respetados como el británico Ninja Tune, y artistas como DJ Vadim, Sólo los solo, Tremendo o La Mala Rodríguez".

SU OBRA: "COWBOY DE MEDIODÍA"

Mire el cortometraje "Cowboy de mediodía", de Alberto Blanco, en el sitio web http://vimeo.com/9228760. Luego, conteste las preguntas.

Preguntas

1. ¿Cómo es el espacio donde ocurre la historia? ¿Es un espacio real o imaginario?

2. ¿Cómo contribuyen la luz y la música en la creación del ambiente?

3. ¿Quién es Joe el Cuervo en realidad?

4. ¿Cuál es el sueño de este hombre?

5. ¿Cuál es el efecto de la llamada telefónica al final del cortometraje?

6. ¿Cuál es la verdadera profesión del personaje?

7. Analice el monólogo de Nicanor a lo largo del cortometraje. ¿Cuáles ideas le llaman la atención? ¿Son ideas válidas?

8. ¿Hay humor en esta historia? ¿Qué nos hace reír?

9. ¿Es significativo de que el personaje sea una persona mayor? ¿Por qué?

10. ¿Podríamos comparar a este personaje con don Quijote? ¿Qué tienen en común, y cómo son diferentes?

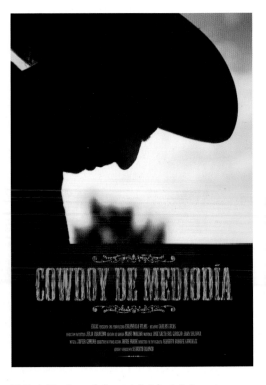

FIG. 4.12 Cartel de publicidad del cortometraje "Cowboy de mediodía", de Alberto Blanco (España, 2004)

ACTIVIDADES CREATIVAS

A. ACTIVIDADES ORALES

1. ¿Cree que en la sociedad actual existen personalidades como Salvador Dalí, don Quijote o Nicanor? Además de la gente que usted conoce, piense en el mundo del cine, de la música, de la política y de los deportes.

2. ¿Son importantes los soñadores en nuestra sociedad? ¿Qué aportan al mundo?

3. Remedios Varo consideraba a la artista Leonora Carrington como su "alma gemela en el arte". Busque en internet algunos cuadros de Leonora Carrington y hable de los elementos comunes que tiene con las pinturas de Varo.

B. ACTIVIDADES ESCRITAS

1. Escriba una reseña de una exhibición de los cuadros de Remedios Varo. Tiene que seleccionar la ciudad, el museo y la temática de la exhibición. Busque más información sobre la obra de Varo, incluya algunos datos biográficos interesantes y decida si va a recomendar o no la visita al museo. ¿Cómo va a captar la atención de sus lectores en esta reseña? ¡Piense en un buen título!

2. Imagine que usted es crítico de arte en Barcelona durante los años treinta. No le gusta el arte moderno y detesta el movimiento surrealista. Escriba una crítica negativa y mezquina acerca de un cuadro de Salvador Dalí. Tiene que hablar del cuadro, pero también de la personalidad excéntrica de Dalí y de su participación en el movimiento surrealista. Puede mencionar a otros pintores de la época.

3. En dos páginas, reescriba el cuento "El sótano", pero desde la perspectiva de un personaje/narrador masculino. ¿En qué consiste su locura? ¿Cuál es su situación? Utilice un lenguaje descriptivo para hablar del espacio y del personaje.

4. Invente una historia de una o dos páginas sobre el hombre que está de espaldas en el cuadro de Dalí, *Cisnes reflejando elefantes*. ¿Quién es? ¿Cómo llegó allí? ¿En qué está pensando?

C. PROYECTO PARA TRABAJAR EN PAREJAS

En parejas, busque en internet un cuadro de Salvador Dalí o de Remedios Varo y prepare una breve presentación oral dando su propia interpretación del cuadro. Tienen que hablar de los símbolos y de la idea de la locura o de los sueños en el cuadro.

Películas recomendadas

Los siguientes largometrajes ofrecen visiones interesantes acerca de personajes locos y soñadores en Hispanoamérica y España.

- *La mujer sin cabeza* (Argentina, 2008), dirigida por Lucrecia Martel

- *Historias extraordinarias* (Argentina, 2008), dirigida por Mariano Llinás

- *Fuga* (Chile, 2006), dirigida por Pablo Larrain

- *Las locuras de don Quijote* (España, 2006), dirigida por Rafael Alcázar

- *El laberinto del fauno* (España/México), dirigido por Guillermo del Toro

- *El aura* (Argentina, 2005), dirigida por Fabián Bielinsky

- *Historias mínimas* (Argentina, 2002), dirigida por Carlos Sorín

- *En la ciudad sin límites* (España, 2002), dirigida por Antonio Hernández

- *Abre los ojos* (España, 1997), dirigida por Alejandro Amenábar

- *Un chien andalou* (*Un perro andaluz*) (Francia, 1929), cortometraje dirigido por Luis Buñuel y escrita por Buñuel y Salvador Dalí

Un perro andaluz es una obra surrealista por excelencia. Es una película en blanco y negro, muda, que dura dieciséis minutos. Aparecen dos sueños, una historia de amor tormentosa, imágenes surrealistas que simbolizan el deseo, la locura y la muerte. Es una crítica a la moral católica. Aunque es difícil interpretar la historia por la cantidad de imágenes absurdas, es claro que el personaje principal se encuentra en un estado esquizofrénico.

Para información acerca de la disponibilidad de los varios recursos electrónicos que se mencionan en el libro, véase la página web de *Retratos*: www.hackettpublishing.com/retratos.

CAPÍTULO 5

EN BUSCA DE NUEVOS CAMINOS: EL REBELDE

"Prefiero morir de pie que vivir de rodillas".
—Emiliano Zapata, revolucionario mexicano

La ruptura de reglas y tradiciones es una constante en la historia del arte. Tanto los creadores como sus personajes hablan o actúan en contra de normas o de un orden que les parece injusto o absurdo. El rebelde rechaza los excesos de poder, resiste lo que le resulta indigno, lucha por su libertad y cuestiona los límites. Existen también los rebeldes sin causa, los que deciden resistir aunque sus actos no tengan ningún sentido.

En el mundo hispano, el culto y la admiración por personajes rebeldes es una tradición. Siempre ha estado de moda la rebeldía, pero cada persona interpreta esa rebeldía de manera diferente. Los cambios históricos han transformado también el significado de "ser rebelde". Durante la Guerra Civil española, la Revolución Cubana y las dictaduras de Latinoamérica, los personajes rebeldes tenían ideales políticos: buscaban la libertad y una transformación del sistema de gobierno.

"El guerrillero heroico", la fotografía más conocida de Ernesto Guevara (revolucionario argentino conocido como "El Che"), del premiado fotógrafo cubano Alberto Korda, abre la sección de arte de este capítulo. A partir de *Las dos Fridas*, uno de los cuadros más conocidos de la artista mexicana Frida Kahlo, nos acercamos a la vida de una mujer rebelde y atrevida que rompió con muchos esquemas. El cuento del belga-argentino Julio Cortázar es una historia de amor entre dos personajes que viven el miedo y la represión durante la dictadura militar en Argentina. Finalmente, el cortometraje del cinematógrafo español Arturo Ruiz Serrano cierra el capítulo con una historia conmovedora sobre tres personajes que lucharon contra el franquismo durante la Guerra Civil española.

Hoy en día, se siguen usando algunos símbolos revolucionarios del pasado pero se interpretan de diferente manera y algunos de ellos adquieren un nuevo significado. Los jóvenes en el mundo se ponen camisetas con la fotografía del Che sin conocer su historia, la imagen de Kahlo se reproduce en libretas y en prendas de vestir y la industria de la cultura pop aprovecha estas imágenes para vender. Por otro lado, el arte, la literatura y el cine nos informan sobre los eventos revolucionarios más importantes del pasado, denuncian actos de represión y nos permiten soñar con la utopía de un mundo diferente.

Preguntas

1. De acuerdo con lo leído, ¿quién es un personaje rebelde? ¿Cuáles son algunas de las causas de la rebeldía?

2. ¿Qué ha ocurrido con las imágenes de personajes como el Che y Frida Kahlo? ¿Está usted de acucrdo con esta forma de consumo?

3. ¿Es lo mismo "ser rebelde" hoy en día que en el pasado? Explique su respuesta.

4. ¿Se considera usted una persona rebelde? ¿Se ha rebelado en contra de algo en su vida? Explique su respuesta.

5. ¿Cómo interpreta la cita de Emiliano Zapata al principio del capítulo?

ARTE VISUAL
ALBERTO KORDA Y FRIDA KAHLO

Alberto Korda (Cuba, 1928–Francia, 2001)

El fotógrafo cubano Alberto Díaz Gutiérrez nació en La Habana de una familia sin muchos recursos: su padre era un **obrero** ferroviario. Cuando era joven Korda comenzó a explorar el arte de la fotografía trabajando como asistente. Decidió llamarse Korda por su gran admiración a dos cineastas húngaros que tenían el mismo apellido. Después de la Revolución cubana en 1959, Alberto Korda comenzó a trabajar en *Revolución*, periódico que se enfocaba en el **fortalecimiento** del nuevo sistema cubano. Korda acompañó a Fidel Castro en su primera visita a los Estados Unidos, y durante diez años viajó junto al líder cubano como su fotógrafo oficial. Se hizo famoso por "**Guerrillero** heroico", la conocida fotografía del Che Guevara.

FIG. 5.1 *Retrato de Alberto Korda*, Rodrigo Isaza (2014). Acrílico sobre papel. Colección privada.

Cómo analizar y entender mejor una fotografía

Desde sus comienzos, la fotografía tuvo una relación cercana al arte, primero por una influencia directa de la composición pictórica, luego porque adoptó parte de la temática de la pintura. Poco a poco la fotografía reemplazó la pintura como un medio para reproducir la realidad. La posibilidad más importante es capturar el instante. La fotografía también descubre cosas que nunca se han visto, procesos ocultos de la vida y del movimiento. En la fugacidad de fracciones de segundo podemos percibir aspectos de la naturaleza que a simple vista nunca conoceríamos.

En muchas ocasiones analizamos una fotografía como si fuera una noticia. Se tienen en cuenta entonces los elementos de la imagen y su carácter informativo, social e histórico en una época determinada. La fotografía, en general, no puede estar desconectada de un contexto que tiene en cuenta el lugar y el momento en que ocurre la acción fotografiada. Al igual que un texto literario, la fotografía se presta a múltiples interpretaciones que dependen del espectador que observa. A través del pie de foto, el fotógrafo provee información clave de la imagen fotografiada. En el texto puede haber información que complemente de manera narrativa la imagen, o información que amplíe la historia de la imagen. La interpretación entonces puede tener en cuenta dos elementos que se complementan.

El significado de la fotografía cambia con el paso del tiempo y es así como estas representaciones son un referente histórico muy importante. El medio a través del cual se divulgan las fotografías tiene también un efecto en la manera en que son vistas y analizadas. Desde el punto de vista del fotógrafo, ninguna imagen es neutra, pues desde el momento en que dirige la cámara hacia un objeto y lo enfoca, hay una intencionalidad y un modo de ver. El uso de una película determinada o del color, la visión distorsionada o nítida, la elección de filtros*, el tiempo de exposición, el momento de la obturación, todos crearán resultados y lecturas diferentes.

Es importante tener en cuenta los siguientes elementos al mirar y analizar una fotografía:

- El valor estético de la fotografía: ¿En qué consiste su belleza?

- El efecto que buscaba el fotógrafo al tomar la imagen. ¿Quería que el espectador se sintiera conmovido, curioso, satisfecho?

- El significado de la fotografía, independiente de las intenciones del autor.

- Las conexiones entre la imagen y el espectador: ¿Cuál es el efecto de la imagen y cómo se explica esta reacción?

- El contexto histórico, social, cultural o político de la fotografía: ¿Cuál es el origen de esta imagen? ¿Cuándo fue tomada?

- La denotación de la fotografía (lo que se observa a primera vista) y la conno-tación (los significados más allá de la imagen misma).

- Las cinco Ws que identificamos en inglés pueden también ser una guía básica para hablar sobre este género: ¿Quién o qué aparece en la foto? ¿Cuándo se tomó? ¿Cómo se tomó? ¿Qué situación o qué objeto aparece en la imagen? ¿Dónde se hizo la fotografía?

Korda exploró diversos tipos de foto-grafía: el mundo submarino de la Isla, la **moda** y, por supuesto, la historia de los primeros años de la Revolución Cubana. Creía en la pasión del fotógrafo y no en la cámara que usaba. Es reconocido interna-cionalmente como una de las figuras más importantes en la historia de la fotografía cubana. Murió de un ataque al corazón en París mientras presentaba una de sus exhibiciones.

La fotografía del Che fue tomada el 5 de marzo de 1960 (el Che tenía 31 años) en un **entierro** por las víctimas del sabo-taje al barco de **vapor** francés *La Coubre*. Ese día Fidel Castro creó la consigna "Patria o muerte". El Instituto de Arte de Maryland habló de esta fotografía como el ícono gráfico más famoso del siglo XX. La fotografía ha sido modificada y publicada en varios medios. Una de las reproduccio-nes más conocidas es la obra de arte pop del artista americano Andy Warhol.

VOCABULARIO ÚTIL

demandar   *hacer un proceso legal contra una persona*

entierro   *acto de poner el cadáver en un lugar*

firma de perfumería   *compañía donde se fabrica perfume*

fortalecimiento   *proceso a través del cual se hace más fuerte algo o alguien*

guerrillero/a   *persona que resiste el go-bierno, normalmente como parte de un grupo*

moda   *ropa y adornos que muestran las costumbres de una época*

obrero/a   *trabajador(a)*

sudor (m.)   *líquido que produce el cuerpo cuando tiene calor*

vapor (m.)   *gas parcialmente convertido en líquido*

¿Quién era el Che y cuál fue su impacto en Latinoamérica y en el mundo?

Ernesto ("el Che") Guevara de la Serna nació en Rosario, Argentina, en 1928. Estudió Medicina en la Universidad de Buenos Aires antes de hacer un viaje por Sudamérica. Este viaje fue decisivo para su futuro revolucionario puesto que Guevara fue testigo de la pobreza en la que vivían diferentes poblaciones de Suramérica y de la corrupción de los gobiernos. Su activismo político comenzó en Argentina y en el país vecino, Bolivia.

En 1954 conoció al revolucionario cubano Fidel Castro y a su hermano, Raúl, mientras estaban en México. Decidió entonces unirse a los Castro para derrocar al dictador cubano Fulgencio Batista. Sirvió como consejero militar y guió a las tropas guerrilleras contra las tropas de Batista. Cuando Fidel Castro tomó el poder en 1959, Guevara quedó a cargo de la prisión La Cabaña. Más adelante fue el presidente del Banco Nacional de Cuba y ayudó a cambiar las relaciones de intercambio comercial. Su idea era eliminar las relaciones con los Estados Unidos y comenzarlas con la Unión Soviética. Tres años después fue nombrado Ministro de Industria. Guevara dejó este puesto en 1965 cuando fue a otras partes del mundo para exportar las ideas de la Revolución cubana. En 1966 trató de inspirar al pueblo boliviano para rebelarse en contra del gobierno pero no tuvo éxito. El grupo guerrillero era muy pequeño y no tenía la fuerza del ejército boliviano que lo capturó y lo ejecutó en 1967.

A partir de esa fecha, el nombre del Che ha inspirado a los jóvenes del mundo a rebelarse contra gobiernos injustos. Hay versiones de la historia del Che contradictorias: Mientras algunas representan al Che como una persona despiadada que mandó a ejecutar a cientos de personas en Cuba, otras lo han convertido en el símbolo del guerrillero hispanoamericano que murió luchando contra las injusticias.

SU VOZ

"Más que la foto misma era importante el descubrimiento que el mundo hacía de la figura del Guerrillero. Sin embargo, colecciono cuanto objeto se produce en el mundo con su efigie y **demandé** en una ocasión a una **firma de perfumería**. Les dije que el Che no olía a eso tan refinado. Que el único perfume que usaba era el del **sudor** del obrero. En otra ocasión, un artista francés llegó a París con unas enormes vallas donde aparecía el Che cantando rock y vistiendo un pulóver con la imagen estampada del rockero. También lo demandé. Al Che jamás le gustó el rock. Así, han fabricado fosforeras, billeteras, chapas para automóviles y lo último que he recibido es un paquete de un café en grano que trae mi foto y el nombre del Che".

—De una entrevista a Alberto Korda por Paloma García (2001)

Preguntas

1. ¿Había escuchado el nombre de Alberto Korda antes? ¿Cree que es importante reconocer su trabajo? Explique su respuesta y use la biografía para responder.

2. ¿Cómo interpreta usted la frase: "El único perfume que usaba era el del sudor del obrero"?

3. ¿Qué piensa usted sobre la reproducción de la imagen del Che en objetos materiales? ¿Tienen algo que ver con el Che de la realidad?

SU OBRA: *GUERRILLERO HEROICO*

Guerrillero heroico fue tomada de pura casualidad y ha sido la foto más reproducida del siglo XX. Durante el entierro por las víctimas del sabotaje al barco de vapor francés La Coubre, los filósofos franceses Simone de Beauvoir y Jean Paul Sartre estaban en la primera fila. De repente, el Che se alejó de la gente, y en ese momento Korda sacó la foto. Dijo Korda: "Uno siente en su mirada una gran furia, una fuerza extraordinaria".

El periódico *Revolución* no quería publicar la foto. En julio de 1967, Korda le dio una copia al editor italiano Giangiacomo Feltrinello, y después del asesinato del Che el 9 de octubre del mismo año, Feltrinello se aprovechó de la foto inédita. Vendió un millón de afiches (pósteres) en seis meses. Hoy esta imagen icónica se ve en camisetas, toallas, ropa para bebés, calendarios, botellas de alcohol, tazas… Korda no recibió ni un céntimo por los derechos de la foto.

FIG. 5.2 *Guerrillero heroico* (La Habana, Cuba), de Alberto Korda (1960)

Análisis de la fotografía

1. ¿Es la primera vez que usted ve esta imagen? Si no lo es, ¿dónde la ha visto antes?

2. Busque información sobre la fotografía y responda a las cinco "Ws": ¿Dónde fue tomada? ¿Cuándo? ¿Cómo? ¿Quién? ¿Por qué?

3. ¿Cuáles son los detalles que le dan al Che un aire rebelde?

4. Hable sobre el efecto del blanco y negro en esta imagen.

5. ¿En qué consiste el impacto que tiene esta foto?

Preguntas de discusión

1. ¿Qué significa la palabra *guerrillero*?

2. Korda nos dice que esta fotografía fue tomada por casualidad. ¿De dónde viene el poder de la imagen?

3. Según Korda, "la cámara no hace al fotógrafo". ¿En qué consiste el talento de un fotógrafo?

4. ¿Conoce usted a otros personajes históricos cuya imagen pública haya tenido el mismo impacto que la del Che?

5. Muchos estudiantes han tenido un afiche con esta foto en su habitación. ¿Cuál es la atracción de esta imagen para un joven estudiante?

FIG. 5.3 Una protesta indígena en Puerto Nariño, Departamento del Amazonas, Colombia

Frida Kahlo (México, 1907–1954)

FIG. 5.4 La artista Frida Kahlo

Frida Kahlo nació y murió en Coyoacán, el histórico barrio de México, D.F., donde todavía se puede visitar su casa museo. En 1913 sufrió un ataque de poliomielitis que le afectó su pierna izquierda. Comenzó a estudiar en la Escuela Nacional Preparatoria en 1922, lugar donde conoció al artista Diego Rivera mientras este pintaba el mural *La creación*. En 1925, sufrió un terrible accidente mientras viajaba en autobús y un tubo le atravesó de la **cadera** hasta el sexo y la dejó incapacitada para tener hijos. Este momento trágico marcó toda la obra artística de Kahlo. En 1929, se casó con Rivera. Sus relaciones amorosas con Leon Trotsky, André Breton y Tina Moddoti, entre otros, **marcaron** su vida artística y personal. Breton la hizo parte de la **escena** del movimiento surrealista, aunque Frida Kahlo decía que lo que ella pintaba era su propia realidad. Se mudó en 1938 a Nueva York con Rivera. Allí realizó su primera exposición individual en la Julien Levy Gallery y continuó un romance con el fotógrafo Nickolas Muray, a quien había conocido en México hacía siete años. Las relaciones con Diego Rivera comenzaron a complicarse hasta llegar al divorcio; más adelante se volvieron a casar pero tuvieron una relación muy **tormentosa**. A partir de 1950, comenzó a deteriorarse su salud de forma dramática hasta el día de su muerte.

Frida Kahlo fue una rebelde en todo el sentido de la palabra: fue miembro activo del partido comunista, transgredió a través de sus actos las normas sociales de la época, y su actitud irreverente ante el mundo queda palpada en su obra y en sus palabras.

En 1942 comenzó a escribir un diario donde contó el drama de su vida e incluyó dibujos que representaban su **sufrimiento**. De 1944 a 1949 pintó y participó en diversas exposiciones nacionales e internacionales; igualmente continuó con su diario y escribió el ensayo "Retrato de Diego". Pintó *Diego en mi pensamiento* y *Diego y yo*, obras que son emblemáticas de Frida. En 1947, recibió el Premio Nacional para el Arte y la Ciencia.

No se puede hablar de Frida Kahlo sin tener en cuenta su vida y especialmente los autorretratos que muestran varias facetas de su historia personal. Kahlo vivió los momentos más importantes de su vida en su casa en México, la Casa Azul: desde allí observó las luchas revolucionarias, en el interior pasó las épocas

VOCABULARIO ÚTIL

cadera *parte del cuerpo humano arriba de la pelvis*

cortejar *mostrar agrado a otra persona buscando su amor*

escena *lugar donde se desarrolla una acción*

marcar *poner una señal en un objeto, en un lugar*

sufrimiento *sentimiento de dolor, padecimiento*

tehuana *vestimenta tradicional usada por las mujeres del estado de Oaxaca en México*

tormentoso/a *turbulento*

FIG. 5.5 El comedor de Frida Kahlo. Fotografía de Gonzalo Mercado.

FIG. 5.6 El dormitorio de Frida Kahlo. Fotografía de Gonzalo Mercado.

FIG. 5.7 El estudio/taller de Frida Kahlo. Fotografía de Gonzalo Mercado.

más dolorosas de su infancia y juventud, y allí fue donde Diego Rivera la **cortejó.** Regresó a la Casa Azul después de divorciarse de Diego. Cuando se volvieron a casar, se instalaron definitivamente en esta casa. Frida Kahlo murió en el piso superior de la Casa Azul el 13 de julio de 1954, a la edad de 47 años. Hoy en día es una casa museo con archivos muy importantes sobre la época y sobre la vida de Kahlo.

Observe las fotos de la Casa Azul de Frida Kahlo en Coyoacán. Describa la casa e imagine el tipo de mujer que era a partir de los colores y la decoración.

SU VOZ

"Pies, para qué los quiero si tengo alas para volar".

"Yo solía pensar que era la persona más extraña en el mundo, pero luego pensé, hay mucha gente así en el mundo, tiene que haber alguien como yo, que se sienta bizarra y dañada de la misma forma en que yo me siento. Me la imagino, e imagino que ella también debe estar por ahí pensando en mí. Bueno, yo espero que si tú estás por ahí y lees esto sepas que, sí, es verdad, yo estoy aquí, soy tan extraña como tú".

Frases extraidas del diario de Frida Kahlo

Preguntas

1. ¿Cómo se puede relacionar la primera cita con la condición física de la artista? Busque información en la biografía de la artista para responder a esta pregunta.

2. Kahlo fue una pintora que rompió con todos los códigos sociales y fue única en su época. ¿Qué pueden significar "las alas" en la voz de Kahlo?

3. En su opinión, ¿es la libertad un elemento fundamental en la vida de un artista? Explique su respuesta.

SU OBRA: *LAS DOS FRIDAS*

Las dos Fridas es una de las pinturas más conocidas de Kahlo. Esta pieza fue realizada en 1939, el año en que se divorció de Diego Rivera. Aparece una Frida en un traje de **tehuana** (el preferido de Diego) y otra en un traje blanco, al estilo europeo (como vestía antes de conocer a Diego). En la mano izquierda, la Frida mexicana lleva un minirretrato de Diego. Los corazones de las dos Fridas están conectados por una arteria que extrae la sangre de la Frida europea. Se cree que *Las dos Fridas*

FIG. 5.8 *Las dos Fridas*, autorretrato (1939). Óleo sobre lienzo.
Museo de Arte Moderno, Ciudad de México.

es la expresión de la crisis emocional de la artista en el momento de su divorcio. Este doble autorretrato fue el primer trabajo en gran escala* realizado por la artista. Una vez le dijo a Rivera: "Mi sangre es un milagro que, desde mis venas cruza el aire de mi corazón al tuyo".

*El autorretrato** es un retrato que el artista hace de sí mismo, normalmente utilizando un espejo para estudiar su propio rostro. Es un ejercicio básico en la pintura, porque el mejor modelo que puede tener un pintor es él mismo, ya que puede servir como modelo propio, además de tener una mayor familiaridad con sus propios rasgos. También permite una sinceridad mayor y la libertad de cambiar sus rasgos, sin la necesidad de ser amable, lo que implica una expresión más auténtica.

En el Renacimiento los artistas se autorretrataron en cuadros históricos o religiosos, como personajes dentro de los grupos que acompañan el tema central. El pintor español Diego de Velásquez se autorretrató en *Las meninas* (vaya al Capítulo 7 donde se encuentra la obra de Velázquez) como el pintor del cuadro mismo. Los pintores holandeses Rembrandt y Van Gogh también nos dejaron numerosos autorretratos de gran expresividad.

Análisis de la pintura

Primero, indique si las siguientes afirmaciones son verdaderas (V) o falsas (F), según lo que ha observado y leído acerca del cuadro. Luego, corrija las que son falsas.

1.   V   F   *Las dos Fridas* es un doble autorretrato.

2.   V   F   La Frida mexicana viste con un traje tradicional.

3.   V   F   La Frida europea tiene las manos vacías.

4.   V   F   Los dos corazones en el cuadro son idénticos.

5.   V   F   La arteria no une los dos corazones.

6.   V   F   El traje europeo es bello pero incómodo.

7.   V   F   El traje de tehuana representa a una Frida enamorada y feliz.

8.   V   F   En el autorretrato es obvia la situación emocional en ese momento de su vida.

9.   V   F   *Las dos Fridas* es un cuadro optimista y lleno de esperanza.

10. V   F   La obra representa la dualidad de la artista.

Preguntas de discusión

1.   ¿Por qué cree que *Las dos Fridas* es el autorretrato más admirado y conocido de Frida Kahlo?

2.   Haga una lista de los elementos simbólicos en el cuadro.

3.   Hable de la expresión de sufrimiento y de rebeldía en la obra. ¿Cree usted que fue un acto de coraje pintar este cuadro? ¿Por qué?

EJERCICIOS DE GRAMÁTICA

A. Complete los párrafos con la forma correcta de los verbos en el presente del indicativo, el presente del subjuntivo o el infinitivo, según el contexto. Si necesita repasar el uso del subjuntivo o indicativo en las cláusulas sustantivas, adjetivas y adverbiales, revise las secciones **Repaso de gramática I, II** y **III** en el Capítulo 4.

Es verdad que esta foto del Che Guevara _____ (**1.** ser) muy conocida. Korda espera que los espectadores _____ (**2.** apreciar) la importancia de este personaje que ha inspirado a miles de jóvenes. Después de _____ (**3.** analizar) esta imagen, vamos a saber un poco más sobre el contexto histórico. Es importante que _____ (**4.** leer) sobre el artista de la histórica fotografía antes de _____ (**5.** hablar) sobre la importancia de la imagen.
    En Cuba, no hay ninguna persona que no _____ (**6.** saber) quien fue el Che y hay muchas familias que _____ (**7.** poner) la imagen del Che en la sala de su casa. A pesar de que muchos cubanos no _____ (**8.** estar) de acuerdo con el régimen castrista, la figura del Che sigue siendo muy respetada. Hay muchos jóvenes que _____ (**9.** sentir) admiración por el joven que murió luchando por la igualdad, pero no creo que la imagen del Che hoy en día _____ (**10.** tener) el mismo significado que durante los años sesenta.

B. Complete las siguientes oraciones de una manera lógica según lo que leyó en las biografías de Alberto Korda y del Che Guevara.

1. Ernesto "Che" Guevara no cree que...

2. Estudia medicina para...

3. El Che lucha en Cuba antes de...

4. El Che imagina sociedades que...

5. No creo que el Che...

6. ¿Hay algo en la vida del Che... ?

7. No hay duda que el Che...

8. Es importante que nosotros...

9. El Che tiene una vida que...

10. Es una lástima que Alberto Korda...

C. Corrija los siete errores de gramática relacionados con el uso del subjuntivo que encuentre en el siguiente párrafo.

No podemos comprender la obra de Kahlo a menos que aprender sobre su vida. En su juventud, la artista tiene un accidente que la deje en cama por mucho tiempo. En su vida, no hay nada que es común y corriente. De joven, se casa con Diego Rivera, un muralista muy importante de México. Rivera espera que Kahlo se hace una artista reconocida. Él se convierte en su maestro. Es verdad que Frida Kahlo sufra mucho a causa de las infidelidades de su esposo. No hay ninguna pintura de Kahlo en donde no aparece algo relacionado con su vida. Creo que ella tenga una vida atormentada a causa de su accidente y de su relación con Diego Rivera.

EXPRESIONES ESCRITAS

Exponer con claridad: El ensayo argumentativo

En un ensayo argumentativo, el autor debe defender y demostrar una tesis relacionada con un tema de estudio. A continuación se hallan algunos elementos importantes que le pueden ser útiles en el proceso de escritura de un ensayo argumentativo.

1. **La tesis:** Es la idea principal de su ensayo. Debe ser clara y concisa. Generalmente se encuentra al final del primer párrafo de su trabajo. Mientras más específica sea su tesis, más interesante va a ser su ensayo. Recuerde que debe tener argumentos fuertes para defender su tesis.

2. **La estructura y la organización:** Con base en la tesis anunciada en el primer párrafo, se debe planear una estructura y un orden lógico. Cualquier idea que no esté relacionada con su tema principal —por interesante que sea— debe ser eliminada. Es importante ordenar las ideas que se van a incluir en cada párrafo antes de comenzar a desarrollar el argumento. Como parte de la estructura se deben tener en cuenta los siguientes elementos.

a. **La presentación o la introducción** introduce las ideas que van a ser demostradas a través del trabajo. Al final de este párrafo se incluye la tesis. Cada párrafo debe contener de cinco a siete líneas máximo.

b. **La exposición** incluye los elementos necesarios para probar su argumento. Aquí se mencionan algunos de los recursos que se van a utilizar para apoyar las ideas.

c. **La argumentación** es el cuerpo del ensayo; cada párrafo debe contener una idea principal que esté conectada con la tesis. Para la argumentación, el autor usa sus propias ideas y establece un diálogo con otras personas que han escrito sobre el tema (expertos en el tema). A través del ensayo, el autor debe exponer perspectivas diferentes de manera objetiva, pero normalmente selecciona una perspectiva que quiere defender.

d. **La conclusión** no es una repetición de la introducción. Aquí se deben exponer las conclusiones a las cuales ha llegado después de estudiar y reflexionar sobre el tema.

3. **La investigación** seria sobre el tema es crucial para el ensayo argumentativo. El escritor debe investigar, leer y seleccionar los recursos que va a utilizar para exponer sus ideas. En la era del internet es muy fácil caer en la trampa de utilizar recursos no académicos que pueden contener información falsa. Si no está completamente seguro/a de que la información que encuentra es precisa, visite la biblioteca y busque la ayuda de expertos.

4. **Las transiciones** deben ser claras y concisas. Es importante conectar lógicamente no solo las oraciones dentro de un párrafo, sino también los párrafos dentro del ensayo. Para que fluya mejor el ensayo, utilice frases al final de cada párrafo que introduzcan el párrafo siguiente.

LITERATURA
JULIO CORTÁZAR (BÉLGICA, 1914–FRANCIA, 1984)

Julio Cortázar nació en Bruselas, Bélgica, en 1914. En su infancia sufría de asma y pasó mucho tiempo en cama, acompañado por libros. Pasó los años de la Primera Guerra Mundial en Suiza y regresó con su familia a Argentina en 1918 donde creció con su abuela, su madre, una hermana y una tía después del abandono de su padre. A los 9 años escribió un pequeña novela. A los 18 años, obtuvo el título de Maestro Normal, cumpliendo los requisitos para ser maestro de escuela. A los 21 años, comenzó a estudiar filosofía en la Universidad de Buenos Aires pero como no tenía suficiente dinero dejó los estudios y comenzó a trabajar como profesor de escuela.

Cortázar escribió infatigablemente cuentos y poemas mientras que también enseñaba literatura francesa y participaba en manifestaciones contra la doctrina de Juan Domingo Perón, un político y militar. Dejó la docencia cuando Perón se hizo presidente y trabajó en La Cámara Argentina del Libro en Buenos Aires. Publicó cuentos y estudios teóricos en diferentes revistas. En 1947 publicó su colección de cuentos *Bestiario*. En 1961 viajó por primera vez a Cuba y se identificó con la Revolución. Dos años más tarde publicó su novela *Rayuela* y se hizo parte del grupo del "Boom" latinoamericano.

Entre sus publicaciones más importantes se encuentran *El final del juego* (1956), *Los premios* (1960), *Historias de cronopios y famas* (1962), *Todos los fuegos el fuego* (1966) y *Un tal Lucas* (1979). Vivió en Francia durante sus últimos años y murió de leucemia en 1984.

A través de sus ensayos, cartas y cuentos, Cortázar denuncia los atropellos a los derechos humanos de la dictadura militar Argentina.

FIG. 5.9 *Retrato de Julio Cortázar,* de Gustavo Alberto Taborda (2009). Acuarela sobre papel. Colección privada.

El Boom latinoamericano

En las décadas del sesenta y setenta, en el siglo XX, la literatura de hispanoamérica alcanzó visibilidad internacional gracias al fenómeno cultural y comercial que se conoció como el "Boom". La lista de autores incluidos variaba según quien contara la historia, pero siempre eran infaltables los nombres de Julio Cortázar, Gabriel García Márquez, Carlos Fuentes y Mario Vargas Llosa. Las obras de estos autores se tradujeron a otros y idiomas, pero lo más importante fue que se leyeron ampliamente en España y en Latinoamérica. Algunos critican el "Boom" como una eficaz estrategia de ventas, pero es innegable que detrás de esa estrategia había un grupo de narradores de talento que por primera vez encontraron voces y estilos reconocidos y apreciados en todo el mundo hispano.

SU VOZ

"En suma, desde pequeño, mi relación con las palabras, con la escritura, no se diferencia de mi relación con el mundo en general. Yo parezco haber nacido para no aceptar las cosas tal como me son dadas".
—En *Julio Cortázar: la biografía*, por Mario Goloboff (1998).

Preguntas

1. ¿Cuáles elementos de la biografía de Julio Cortázar lo hacen una persona que resiste el orden político y social?

2. ¿Tienen poder las palabras? ¿De qué forma puede ser la palabra una forma de resistencia o de rebeldía?

3. ¿Se considera usted una persona que acepta las cosas tal como le son dadas? ¿Piensa que estamos en una época donde los jóvenes son más conformistas o más rebeldes que antes? Explique sus respuestas.

SU OBRA: "GRAFFITI"

Antes de leer

1. El cuento que se va a discutir a continuación se llama "Graffiti". En Hispano américa el graffiti tiene un significado conectado con la rebeldía y la protesta. ¿Por qué dibujar un graffiti es con frecuencia un acto de rebeldía? Busque en internet un graffiti con un contenido de protesta social o político y tráigalo a clase para hablar sobre él.

2. ¿Cómo describiría usted una dictadura militar?

3. ¿Cuáles son las consecuencias de limitar la libertad de los ciudadanos en un país y de castigar los actos de libre expresión? ¿Qué pasa cuando un gobierno funciona inculcándole miedo a la gente?

La guerra sucia en Argentina

En 1976, una junta militar conformada por el teniente General Jorge Rafael Videla, el Almirante Eduardo Emilio Massera y el Brigadier General Orlando R. Agosti comenzaron un proceso militar al que llamaron "proceso de reorganización nacional". Isabel Perón se encontraba en el poder desde 1973 y su gobierno estaba pasando por una fuerte crisis económica. Los militares comenzaron a planear el golpe militar desde 1975 y derrotaron a Isabel Perón un año después. La junta militar estuvo en el poder hasta 1983. Durante estos años de totalitarismo, hubo una represión extrema. Encarcelaron, desaparecieron, torturaron y asesinaron a cualquier disidente. A partir de las denuncias posteriores al régimen militar, se habla de casi 10.000 personas desaparecidas.

Lectura

El cuento que sigue es una historia simple de dos personajes que se comunican a través del graffiti. Toma lugar en una ciudad sin nombre donde se vive un clima de terror extremo. El narrador no da muchas señales, pero es claro que la atmósfera se asemeja a lo que ocurrió en Argentina durante la guerra sucia. El lector debe estar atento a cada una de las claves que provee el narrador, especialmente las relacionadas con lo que ocurre al final de la historia.

Graffiti

A Antoni Tàpies

Tantas cosas que empiezan y acaso acaban como un juego, supongo que te **hizo gracia** encontrar un dibujo al lado del tuyo, lo atribuiste a una casualidad o a un **capricho** y solo la segunda vez te diste cuenta de que era intencionado y entonces lo miraste despacio, incluso volviste más tarde para mirarlo de nuevo, tomando las precauciones de siempre: la calle en su momento más solitario, acercarse con indiferencia y nunca mirar los graffiti de frente sino desde la otra **acera** o en diagonal, **fingiendo** interés por la vidriera de al lado, yéndote **en seguida**.

Tu propio juego había empezado por aburrimiento, no era en verdad una protesta contra el estado de cosas en la ciudad, el **toque de queda**, la prohibición **amenazante** de pegar carteles o escribir en los muros. Simple-

VOCABULARIO DE LA LECTURA
acera   *camino localizado al lado de la calle*
al azar   *sin un objetivo específico*
alarido   *grito*
alba (f. *pero* el alba)   *primeras horas de la mañana*
amenazante   *que intimida*
atentado   *acción violenta contra alguien*
atreverse   *hacer algo arriesgado*
aura (f. *pero* el aura)   *reflejo*
capricho   *decisión que se toma arbitrariamente sin pensar en las consecuencias*
carcomido/a   *consumido/a*
clavo   *pieza de metal larga y delgada que sirve para sujetar algo*

mente te divertía hacer dibujos con tizas de colores (no te gustaba el término graffiti, tan de crítico de arte) y de cuando en cuando venir a verlos y hasta con un poco de suerte asistir a la llegada del camión municipal y a los insultos inútiles de los empleados mientras borraban los dibujos. Poco les importaba que no fueran dibujos políticos, la prohibición abarcaba cualquier cosa, y si algún niño **se hubiera atrevido** a dibujar una casa o un perro, lo mismo lo hubieran borrado entre palabrotas y amenazas. En la ciudad ya no se sabía demasiado de qué lado estaba verdaderamente el miedo; quizás por eso te divertía dominar el tuyo y cada tanto elegir el lugar y la hora **propicios** para hacer un dibujo.

Nunca habías corrido peligro porque sabías elegir bien, y en el tiempo que **transcurría** hasta que

de golpe   *de repente*
delatarse   *revelar un delito propio*
descuidar   *antónimo de* **cuidar**
echar una ojeada   *mirar rápidamente*
en seguida   *en un momento*
enlazado/a   *unido/a*
estar al tanto   *estar informado/a*
fingir   *pretender*
hacer gracia   *divertirse o alegrarse por algo*
insoportable   *algo que no se puede tolerar*
rotundo/a   *definitivo/a*
sensatez (f.)   *cualidad de las personas que tienen buen juicio y prudencia*
sigiloso/a   *que se realiza en secreto*
patrulla   *carro de la policía*
propicio/a   *apropiado/a*
puntapié   *golpe que se da con la punta del pie*
toque (m.) de queda   *cuando un gobierno prohíbe que la gente salga a la calle después de cierta hora*
transcurrir   *pasar (tiempo)*

llegaban los camiones de limpieza se abría para vos algo como un espacio más limpio donde casi cabía la esperanza. Mirando desde lejos tu dibujo podías ver a la gente que le **echaba una ojeada** al pasar, nadie se detenía por supuesto pero nadie dejaba de mirar el dibujo, a veces una rápida composición abstracta* en dos colores, un perfil* de pájaro o dos figuras **enlazadas**. Una sola vez escribiste una frase, con tiza negra: A mí también me duele. No duró dos horas, y esta vez la policía en persona la hizo desaparecer. Después solamente seguiste haciendo dibujos.

Cuando el otro apareció al lado del tuyo casi tuviste miedo, **de golpe** el peligro se volvía doble, alguien se animaba como vos a divertirse al borde de la cárcel o algo peor, y ese alguien como si fuera poco era una mujer. Vos[1] mismo no podías probártelo, había algo diferente y mejor que las pruebas más **rotundas**: un trazo, una predilección por las tizas cálidas, un **aura**. A lo mejor como andabas solo te imaginaste por compensación; la admiraste, tuviste miedo por ella, esperaste que

---

1.   El pronombre **vos**, que equivale a **tú**, se usa en algunas regiones de Hispanoamérica. Su uso es muy común en Argentina.

fuera la única vez, casi te **delataste** cuando ella volvió a dibujar al lado de otro dibujo tuyo, unas ganas de reír, de quedarte ahí delante como si los policías fueran ciegos o idiotas.

Empezó un tiempo diferente, más **sigiloso**, más bello y amenazante a la vez. **Descuidando** tu empleo salías en cualquier momento con la esperanza de sorprenderla, elegiste para tus dibujos esas calles que podías recorrer de un solo rápido itinerario; volviste al **alba**, al anochecer, a las tres de la mañana. Fue un tiempo de contradicción **insoportable**, la decepción de encontrar un nuevo dibujo de ella junto a alguno de los tuyos y la calle vacía, y la de no encontrar nada y sentir la calle aún más vacía. Una noche viste su primer dibujo solo; lo había hecho con tizas rojas y azules en una puerta de garaje, aprovechando la textura de las maderas **carcomidas** y las cabezas de los **clavos**. Era más que nunca ella, el trazo, los colores, pero además sentiste que ese dibujo valía como un pedido o una interrogación, una manera de llamarte. Volviste al alba, después que las **patrullas** relegaron en su sordo drenaje, y en el resto de la puerta dibujaste un rápido paisaje* con velas y tajamares; de no mirarlo bien se hubiera dicho un juego de líneas **al azar**, pero ella sabría mirarlo. Esa noche escapaste por poco de una pareja de policías, en tu departamento bebiste ginebra tras ginebra y le hablaste, le dijiste todo lo que te venía a la boca como otro dibujo sonoro, otro puerto con velas, la imaginaste morena y silenciosa, le elegiste labios y senos, la quisiste un poco.

Casi en seguida se te ocurrió que ella buscaría una respuesta, que volvería a su dibujo como vos volvías ahora a los tuyos, y aunque el peligro era cada vez mayor después de los **atentados** en el mercado te atreviste a acercarte al garaje, a rondar la manzana, a tomar interminables cervezas en el café de la esquina. Era absurdo porque ella no se detendría después de ver tu dibujo, cualquiera de las muchas mujeres que iban y venían podía ser ella. Al amanecer del segundo día elegiste un paredón gris y dibujaste un triángulo blanco rodeado de manchas como hojas de roble; desde el mismo café de la esquina podías ver el paredón (ya habían limpiado la puerta del garaje y una patrulla volvía y volvía rabiosa), al anochecer te alejaste un poco pero eligiendo diferentes puntos de mira, desplazándote de un sitio a otro, comprando mínimas cosas en las tiendas para no llamar demasiado la atención. Ya era noche cerrada cuando oíste la sirena y los proyectores te barrieron los ojos. Había un confuso amontonamiento junto al paredón, corriste contra toda **sensatez** y solo te ayudó el azar de un auto dando vuelta a la esquina y frenando al ver el carro celular, su bulto te protegió y viste la lucha, un pelo negro tironeado por manos enguantadas, los **puntapiés** y los **alaridos**, la visión entrecortada de unos pantalones azules antes de que la tiraran en el carro y se la llevaran.

Mucho después (era horrible temblar así, era horrible pensar que eso pasaba por culpa de tu dibujo en el paredón gris) te mezclaste con otras gentes y alcanzaste a ver un esbozo* en azul, los trazos de ese naranja que era como su nombre o su boca, ella así en ese dibujo truncado que los policías habían borroneado antes de llevársela; quedaba lo bastante como para comprender que había querido responder a tu triángulo con otra figura, un círculo o acaso un espiral, una forma llena y hermosa, algo como un sí o un siempre o un ahora.

Lo sabías muy bien, te sobraría tiempo para imaginar los detalles de lo que estaría sucediendo en el cuartel central; en la ciudad todo eso rezumaba poco a poco, la gente **estaba al tanto** del destino de los prisioneros, y si a veces volvían a ver a uno que otro, hubieran preferido no verlos y que al igual que la mayoría se perdieran en ese silencio que nadie se atrevía a quebrar. Lo sabías de sobra, esa noche la ginebra no te ayudaría más a morderte las manos, a pisotear tizas de colores antes de perderte en la borrachera y en el llanto.

Sí, pero los días pasaban y ya no sabías vivir de otra manera. Volviste a abandonar tu trabajo para dar vueltas por las calles, mirar fugitivamente las paredes y las puertas donde ella y vos habían dibujado. Todo limpio, todo claro; nada, ni siquiera una flor dibujada por la inocencia de un colegial que roba una tiza en la clase y no resiste el placer de usarla. Tampoco vos pudiste resistir, y un mes después te levantaste al amanecer y volviste a la calle del garaje. No había patrullas, las paredes estaban perfectamente limpias; un gato te miró cauteloso desde un portal cuando sacaste las tizas y en el mismo lugar, allí donde ella había dejado su dibujo, llenaste las maderas con un grito verde, una roja llamarada de reconocimiento y de amor, envolviste tu dibujo con un óvalo que era también tu boca y la suya y la esperanza. Los pasos en la esquina te lanzaron a una carrera afelpada, al refugio de una pila de cajones vacíos; un borracho vacilante se acercó canturreando, quiso patear al gato y cayó boca abajo a los pies del dibujo. Te fuiste lentamente, ya seguro, y con el primer sol dormiste como no habías dormido en mucho tiempo.

Esa misma mañana miraste desde lejos: no lo habían borrado todavía. Volviste al mediodía: casi inconcebiblemente seguía ahí. La agitación en los suburbios (habías escuchado los noticiosos) alejaban a la patrulla de su rutina; al anochecer volviste a verlo como tanta gente lo había visto a lo largo del día. Esperaste hasta las tres de la mañana para regresar, la calle estaba vacía y negra. Desde lejos descubriste otro dibujo, solo vos podrías haberlo distinguido tan pequeño en lo alto y a la izquierda del tuyo. Te acercaste con algo que era sed y horror al mismo tiempo, viste el óvalo naranja y las manchas violetas de donde parecía saltar una cara tumefacta, un ojo colgando, una boca aplastada a puñetazos. Ya sé, ya sé ¿pero qué otra cosa hubiera podido dibujarte? ¿Qué mensaje hubiera tenido sentido ahora? De alguna manera tenía que decirte adiós y a la vez pedirte que siguieras. Algo tenía que dejarte antes de volverme a mi refugio donde ya no había ningún espejo, solamente un hueco para esconderme hasta el fin en la más completa oscuridad, recordando tantas cosas y a veces, así como había imaginado tu vida, imaginando que hacías otros dibujos, que salías por la noche para hacer otros dibujos.

Comprensión de la obra

A. Primero, indique si las siguientes afirmaciones son verdaderas (V) o falsas (F), según el contenido del cuento. Luego, corrija las que son falsas.

1. V F El cuento es narrado en segunda persona.

2. V F El lugar donde ocurre este cuento es Buenos Aires.

3. V F El chico y la chica se comunican a través de los graffiti.

4. V F Hay una atmósfera de paz y tranquilidad en la ciudad.

5. V F En el cuento se menciona un momento histórico específico.

6. V F El chico tiene ideas políticas más fuertes que las de la chica.

7. V F El último graffiti es la cara de la chica que ha sido torturada.

8. V F Uno de los temas del cuento es la resistencia y la rebeldía a través del arte.

9. V F "Graffiti" es también una historia de amor.

10. V F El cuento tiene un final cerrado. Sabemos exactamente lo que pasa con cada uno de los personajes.

B. Conteste las siguientes preguntas.

1. ¿Cuáles actos de rebeldía observamos en este cuento?

2. El narrador usa la segunda persona en el cuento. Sin embargo en el último párrafo hay un cambio. ¿Cómo interpreta el final?

3. ¿Por qué es tan importante tener en cuenta el contexto histórico, social y político en este caso?

4. ¿Cree usted que los jóvenes son típicamente más rebeldes que las personas mayores? Explique su respuesta.

5. Si tuviera la oportunidad de hacer un graffiti, ¿dónde lo haría? ¿Qué haría? ¿Incluiría solo imágenes o también palabras?

Preguntas de discusión

1. ¿Cómo se imagina la vida de las personas bajo un régimen autoritario?

2. ¿De qué forma se conecta la gente a través del arte?

3. ¿Cómo se representa la rebeldía en el cuento de Cortázar?

EJERCICIOS DE GRAMÁTICA

A. Empareje las palabras (en la columna A) con sus definiciones (en la columna B).

A	B
1._____ el narrador	a. un sistema de gobierno militar en el que el gobernante no es elegido por la gente
2._____ la dictadura	b. el momento histórico, social y político en el que se desarrolla una historia
3._____ los revolucionarios	c. dibujos y letras que se hacen en las paredes de los espacios públicos
4._____ el estilo	d. la persona que narra la historia en un cuento o en una novela
5._____ el graffiti	e. las personas que resisten un sistema político
6._____ el contexto	f. la idea central de una historia
7._____ el tema	g. la forma de contar una historia
8._____ los personajes	h. las personas que hacen parte de un cuento

B. Lea la siguiente carta que el protagonista del cuento le escribe a la chica. Luego, complete el párrafo con la forma correcta de los verbos en el presente del indicativo, el presente del subjuntivo o el infinitivo, según el contexto. Finalmente, termine la última oración de una manera original.

Antes de _____ (**1.** descubrir) tus dibujos, no tenía ningún interés en la política. Aunque no creo que _____ (**2.** volver) a ver tus mensajes, ahora sé que _____ (**3.** tener) una responsabilidad y hoy mismo voy a dibujar algo después de que _____ (**4.** llegar) la noche. No voy a descansar hasta que _____ (**5.** terminar) este período de miedo y represión. En este momento no hay nadie que _____ (**6.** poder) caminar por las calles tranquilo sin que un militar lo _____ (**7.** parar) y le _____ (**8.** pedir) su identificación. Espero que un día _____ (**9.** regresar: tú) y... _____ (**10.** _____).

C. Complete las siguientes oraciones de una manera lógica según el contenido del cuento "Graffiti".

1. Los militares no quieren que...

2. El chico va a seguir buscando los dibujos de la chica hasta que...

3. En este lugar no hay nadie que...

4. La chica dibuja para que...

5. No creo que la chica...

6. Los militares buscan gente que...

7. Los militares arrestan a la gente para que...

8. Es posible que...

9. La chica desaparece después de...

10. El chico no seguirá dibujando graffiti a menos que...

REPASO DE GRAMÁTICA

Algunas expresiones de transición

En un análisis escrito es necesario utilizar palabras conectoras y expresiones de transición para expresar nuestras ideas. Normalmente aparecen al comienzo de una frase para expresar la conexión que existe con la frase anterior. Sirven también para pasar de un párrafo al otro. Deben seleccionarse cuidadosamente y no abusar de ellas. Se usan para expandir la información con ejemplos similares, para referirse a causas, para hablar del paso del tiempo, para mostrar casos contrarios, para dar ejemplos diferentes, para expresar consecuencias, para comenzar, para concluir y para enumerar.

A continuación encontrará una lista de algunas expresiones de transición importantes que le pueden servir para escribir ensayos.

Para afirmar o reiterar las ideas propias
    de nuevo
    después de todo
    obviamente
    sin duda
Para comenzar
    a primera vista
    al comienzo
    para comenzar
    primero
Para concluir
    al final
    como conclusión
    en conclusión
    en consecuencia
    en general
    en resumen
    finalmente
    para terminar
    por último
Para dar ejemplos diferentes
    de otra manera
    por otro lado
Para demostrar resultado
    de hecho
    es claro
    por consiguiente
Para enumerar
    primero, segundo, tercero
    último
    por último
Para expandir la información con ejemplos similares
    además
    asimismo

de este modo
de igual importancia
de igual manera
igualmente
Para expresar duda
    a lo mejor
    tal vez
Para expresar consecuencias
    como consecuencia
    por consiguiente
    por lo tanto
Para hablar del paso del tiempo
    después
    eventualmente
    hasta ahora
    mientras que
    más adelante
Para mostrar casos contrarios
    a la inversa
    al contrario
    aunque
    en cambio
    en contraste
    no obstante
    por el contrario
    sin embargo
Para mostrar ejemplos
    hay que tomar en cuenta
    para ilustrar
Para referirse a causas
    a causa de (esto)
    por eso
    por esta razón
    por todo esto

EJERCICIOS DE GRAMÁTICA

A. Observe el uso de las expresiones en el siguiente párrafo y diga qué significan en el contexto del párrafo.

Los personajes del cuento "Graffiti" deciden escribir mensajes en las paredes **a causa de** la situación política que se vive en la ciudad. **De hecho**, hay un toque de queda y las personas no pueden salir a la calle después de cierta hora. **En general**, la gente tiene miedo de todo. **A primera vista**, no parece haber una amenaza clara, pero el narrador crea un ambiente de ansiedad en los lectores. La chica escribe en las paredes porque tiene ideas políticas fuertes, **mientras que** el chico lo hace más que todo por divertirse. **Sin embargo, al final** del cuento, él se siente muy afectado con la denuncia de la chica y **aunque** tiene miedo, **después de todo** debe continuar en su lucha.

B. Seleccione cinco de las siguientes expresiones y forme oraciones completas relacionadas con el material de este capítulo.

al final	en cambio	por lo tanto
asimismo	en otras palabras	por otro lado
de hecho	eventualmente	sin embargo

C. Complete cada oración con una de las siguientes frases.

a causa de	de hecho	por eso
a través de	eventualmente	por otro lado
al final	mientras que	sin embargo
como consecuencia		

1. _____ del cuento "Graffiti" la chica desaparece por unos días.

2. El hombre hace dibujos artísticos _____ la mujer expresa sus ideas políticas.

3. A la chica la encuentran dibujando en las paredes y _____ se la llevan en las patrullas de la policía.

4. Este cuento critica la represión que existía en Argentina durante los años ochenta. _____, la época y el lugar no se mencionan en la narrativa.

5. La vida de los argentinos no es fácil durante la guerra sucia. _____, la situación en Chile no es mejor. La dictadura militar en Chile es tan peligrosa como en Argentina.

6. _____ la represión, las personas viven con miedo permanente.

7. Los chicos expresan sus ideas _____ graffiti.

8. _____, nadie está seguro en un lugar donde hay represión.

9. La guerra sucia en Argentina fue muy dura. _____ la gente todavía protesta por lo que ocurrió..

10. Muchos escritores y artistas han dejado obras importantes ilustrando la dictadura en Argentina. _____ todos los argentinos de las nuevas generaciones van a saber lo que ocurrió en esa época.

FIG. 5.10 *Mujer desobediente,* de Rodrigo Isaza (2000). Litografía. Colección privada.

CORTOMETRAJE
ARTURO RUIZ SERRANO (ESPAÑA, 1972–)

Licenciado en Derecho y diplomado por la Academia de Cine Metrópolis, Arturo Ruiz está desde el 2001 poniendo en la pantalla cortometrajes de alta calidad. Ha trabajado como guionista, director y productor. Sus cortos han recibido más de 150 premios en diferentes festivales de cine españoles e internacionales. El cine comenzó para él como un juego, cuando Ruiz heredó la cámara Súper 8 de su padre. El cortometraje *Paseo* (2008) ha sido uno de los más gratificantes en la carrera artística de Ruiz. La película, que capta un encuentro entre tres hombres durante la Guerra Civil española, fue rodada en un espacio real de la guerra en las montañas de Guadarrama, a una hora de Madrid. Todavía quedaban enormes trincheras en la colina donde se hizo la película.

Ruiz habla así sobre el cortometraje *Paseo*:

> *Paseo* nos plantea un sencillo y emotivo relato encuadrado en un momento histórico que, desgraciadamente, marcó de forma traumática la vida de este país, y que permanece aún grabado en la memoria colectiva de todos nosotros.
>
> A pesar de desarrollarse en tan sombrío contexto, este cortometraje pretende sin embargo alejarse del tratamiento más tradicional, no mostrando el hecho en sí de la conducta violenta para acercarse a la vertiente más humana, donde consigue encontrar un pequeño hueco, el sugerente universo de los sentimientos.
>
> Tres personas, a punto de desaparecer de un mundo que las condena por su simple condición u origen, tienen la oportunidad de saldar sus últimas cuentas pendientes valiéndose para ello de lo único que aún no les han arrebatado: su imaginación.
>
> Mezclando de forma equilibrada el humor más entrañable con el más riguroso drama, *Paseo* pretende dar una visión diferente de aquel conflicto fraticida: la visión de esta nueva generación que creció con los recuerdos de sus abuelos y que hoy los interpreta desde la distancia que le concede el momento actual".

FIG. 5.11 El director Arturo Ruiz Serrano

SU OBRA: *PASEO*

Antes de ver

Para comprender a los personajes de *Paseo* y tener una idea del contexto durante el cual ocurre la historia, es importante tener información sobre la Guerra Civil en España (1936–1939). Investigue sobre este tema y conteste las siguientes preguntas.

FIG. 5.12 Escena del cortometraje *Paseo*, de Arturo Ruiz Serrano (España, 2008).

1. ¿Quién fue Francisco Franco y cuál fue su impacto en la historia de España?

2. ¿Quiénes lucharon durante la Guerra Civil y cuáles eran sus ideales? ¿Quiénes se quedaron en el poder?

3. ¿Qué pasó con los intelectuales durante esta época? Busque información acerca del caso de los poetas Federico García Lorca y Miguel Hernández.

Para aprender más acerca de la Guerra Civil española en el cine, visite la siguiente página web: http://www.uhu.es/cine.educacion/cineyeducacion/historia_guerracivil .htm

Ahora, mire el cortometraje *Paseo*, de Arturo Ruiz Serrano, en el sitio web http:// vimeo.com/2197059. Luego, conteste las preguntas.

Preguntas

1. ¿Quiénes son los tres hombres de esta historia?

2. ¿Cuál es el primer acto de generosidad del poeta (Miguel) hacia el campesino (Luciano)?

3. ¿Por qué llora el joven soldado (Gabino)?

4. El tipo de color que se utiliza en una película —frío o cálido— es muy importante para crear un ambiente y trasmitir emociones. El director de este cortometraje quiso utilizar una luz fría para crear un ambiente hostil.

¿Qué colores predominan en la película? ¿De qué otra manera se percibe el ambiente frío?

5.   ¿Hay humor en esta película? ¿Qué nos hace reír?

6.   ¿Qué es lo más importante para Luciano, Miguel y Gabino en los momentos antes de su muerte?

7.   ¿Cómo cambia el tono al final del cortometraje? ¿Qué pequeño detalle nos muestra la bondad de Luciano hacia Gabino en la última escena?

8.   ¿Por qué cree usted que no se muestra el fusilamiento de los tres hombres?

9.   Imagine el motivo por el que cada uno de los tres personajes está allí.

10. ¿Cuál de estas ideas *no* está relacionada con la película?

la humanidad del hombre en una situación extrema   la cobardía
la generosidad del ser humano   el idealismo de los hombres
la rebeldía   la fraternidad

Si quiere saber más acerca de esta película, puede acudir a la siguiente página web: www.madrid.org/clasartes/cine/.../trascine09.pdf.

EJERCICIOS DE GRAMÁTICA

A. Complete el resumen del cortometraje *Paseo* con la forma correcta de la palabra más lógica de la lista.

condenado/a	machista	razón
hermoso/a	nombre	rebelde
hombre	poeta	romántico/a
idealista	político/a	triste

Los tres personajes de este cortometraje son _____¹ que por diferentes _____² han sido _____³ a muerte. Uno de los _____⁴ está muy _____⁵ porque nunca le ha declarado su amor a una mujer. El _____⁶ sirve como intermediario y le pide al campesino que pretenda ser la novia de Gabino, el soldado. Él es muy _____⁷ y al comienzo dice que no. Al final lo convence ofreciéndole su mechero. El poeta es un _____⁸ y recita un poema hermoso para ayudarle a Gabino. El campesino, Luciano, llora porque nunca le había dicho algo tan _____ ⁹ a su mujer. Luego los tres hombres hablan y se preguntan sus _____ ¹⁰ Al final caminan juntos hacia la muerte. Los tres son hombres _____ ¹¹ que han luchado por causas _____ ¹² diferentes pero que encuentran el mismo destino.

B. Imagine la historia del poeta antes de este momento. ¿Cómo había sido su vida? ¿Tenía familia? ¿hijos? Narre la historia por escrito utilizando algunas de las expresiones de transición que aprendió. Use también el subjuntivo cuando sea posible.

ACTIVIDADES CREATIVAS

A. ACTIVIDADES ORALES

1. En este capítulo se ha examinado la figura del rebelde desde una perspectiva política. Sin embargo, hay otras formas de ser rebelde que no tienen que ver con la política. Una de ellas es a través de la lectura y de la escritura de ficción. Piense en ejemplos concretos del rebelde representado en su propia generación y cultura y compártalos con la clase.

2. Hay múltiples autorretratos de Frida Kahlo que la muestran como testigo y víctima de la sociedad en la que vivió. Su obra es un reflejo de las frustraciones y las pasiones más importantes: sus deseos de ser madre, su accidente automovilístico, su amor por Diego Rivera, su protesta social y sus ansias de libertad. Busque uno de los cuadros de Kahlo que esté conectado con su vida y con sus deseos de ser diferente. Esté preparado para hablar sobre el cuadro en clase y para explicar las conexiones entre la obra y la vida de Frida Kahlo.

B. ACTIVIDADES ESCRITAS

1. Escriba un ensayo argumentativo de una o dos páginas sobre uno de los siguientes temas. Antes de escribir, revise la sección **Las expresiones escritas: El ensayo argumentativo.**

a. La representación de la Guerra Civil española en el cortometraje *Paseo*. ¿Qué piensa sobre la utilización *del humor* para tratar un tema tan serio?

b. ¿Qué tienen en común los autorretratos de Frida Kahlo? ¿Qué elementos autobiográficos aparecen?

c. Hable del mito del Che Guevara como uno de los revolucionarios más importantes del siglo XX.

2. ¿En qué consiste la rebeldía en el siglo XXI? ¿Quiénes se están rebelando hoy, y por qué? Hable de un escritor, un periodista, un artista, un músico, un director de cine, un filósofo, un activista político o un ciudadano que está luchando por una causa importante en nuestra sociedad actual. Organice sus ideas claramente y dé ejemplos precisos.

3. Haga un reportaje visual sobre la presencia del graffiti en su ciudad o su comunidad y escriba sobre los diferentes mensajes que transmiten los dibujos o las palabras.

C. PROYECTO PARA TRABAJAR EN GRUPOS

En grupos de dos o tres estudiantes, realicen un proyecto digital enfocándose en uno de los personajes del capítulo. Expliquen las razones por las que el personaje fue un rebelde durante su época. Tengan en cuenta las versiones contradictorias que idealizan o critican al personaje.

REPASO GENERAL

A. Seleccione la expresión de transición que mejor conecta las siguientes frases.

1. Frida Kahlo creció bajo las normas de una madre católica. _____, llegó a ser una mujer rebelde.

   a. Por lo tanto

   b. De hecho

   c. Sin embargo

   d. Primero

2. Alberto Korda fue el fotógrafo oficial de Fidel Castro. _____, tomó algunas de las fotos más famosas del líder cubano.

   a. Segundo

   b. De hecho

   c. Primero

   d. Sin embargo

3. En el cuento *Graffiti* hay una chica revolucionaria. _____, hay un chico que se divierte pintando en las paredes.

   a. Por otro lado

   b. Eventualmente

   c. Es claro que

   d. De nuevo

4. El Che Guevara era un joven idealista. _____, se convirtió en un revolucionario que luchó en Cuba y en Bolivia.

   a. Aunque

   b. Sin embargo

   c. Eventualmente

   d. Al comienzo

5. _____ muchas personas no recuerdan los años de la guerra sucia, hay muchas personas que insisten en guardar la memoria de los que desaparecieron.

   a. Al comienzo

   b. Aunque

   c. Por supuesto

   d. De nuevo

B. Primero, defina los siguientes términos en sus propias palabras. Luego, comparta sus definiciones con el resto de la clase.

1. el autorretrato
2. el surrealismo
3. el narrador
4. la revolución
5. el graffiti
6. el contexto
7. el guerrillero
8. la amenaza

C. Complete las siguientes oraciones de una manera lógica.

1. Gambino espera que Luciano...

2. No es verdad que el graffiti en este país...

3. Voy a visitar la casa de Frida Kahlo en México cuando...

4. No es posible comprender el cortometraje a menos que...

5. El Che Guevara luchó en la Revolución cubana para...

6. Dudo que Frida Kahlo...

7. No hay duda que Julio Cortázar...

8. Miguel le pide a Luciano que...

9. El chico espera que los militares...

10. Voy a leer más cuentos de Cortázar después de...

Películas recomendadas

Los siguientes largometrajes ofrecen visiones interesantes acerca de figuras rebeldes y de los acontecimientos históricos en Hispanoamérica y España discutidos en este capítulo.

- *Che* (España, 2008), dirigida por Steven Soderbergh

- *Las trece rosas* (España, 2007), dirigida por Emilio Martínez Lázaro

- *Diarios de motocicleta* (Argentina, 2004), dirigida por Walter Salles

- *Frida* (EEUU, 2003), dirigida por Julie Taymor

- *Kamchatka* (Argentina, 2002), dirigida por Marcelo Piñeyro

- *La lengua de las mariposas* (España, 1999), dirigida por José Luis Cuerda

- *Los años bárbaros* (España, 1998), dirigida por Fernando Colomo

- *Hombres armados* (EEUU, 1997), dirigida por John Sayles

- *Romero* (EEUU, 1989), dirigida por John Duigan

- *La noche de los lápices* (Argentina, 1986) dirigida por Héctor Olivera

- *La historia oficial* (Argentina, 1985), dirigida por Luis Puenzo

- *Memorias del subdesarrolo* (Cuba, 1968), dirigida por Tomás Gutiérrez Alea

- *Sencillamente Korda* (Cuba, 2009), documental sobre Alberto Korda, dirigido por Roberto Chile (http://www.dailymotion.com/video/xngidn_sencillamente-korda _creation)

Para información acerca de la disponibilidad de los varios recursos electrónicos que se mencionan en el libro, véase la página web de *Retratos*: www.hackettpublishing.com/retratos.

CAPÍTULO 6

CRUZANDO FRONTERAS: EL INMIGRANTE, EL EXILIADO Y EL DESPLAZADO

"El exilio me privó de afectos y me expulsó de los años más fértiles de mi vida".
—Tomás Eloy Martínez, escritor argentino

"¿Regresar? Si yo nunca me he ido".
—María Zambrano, pensadora española
exiliada durante 45 años

En el año 2013 se registraron unos 51.2 millones de casos de desplazamiento forzado por conflicto o persecución. El siglo XXI nos obliga a repensar la idea del espacio que habitamos y el que compartimos con quienes llegan de otros lugares. El inmigrante, el exiliado y el desplazado son categorías que se confunden en ocasiones. Sin embargo, hay elementos particulares que los distinguen.

El inmigrante llega a un nuevo país para buscar mejores oportunidades. Históricamente, los Estados Unidos han sido el país más atractivo para inmigrantes de Europa, Asia y Latinoamérica. Ha habido diferentes olas migratorias que han transformado a los Estados Unidos a nivel cultural, social y económico. Hoy en día, las actitudes ante los inmigrantes son hostiles o favorables dependiendo de su raza, su religión o condición social.

En este capítulo consideramos a los inmigrantes centroamericanos, para quienes es cada vez más difícil cruzar la frontera para llegar a los Estados Unidos. En la fotografía de Alejandro Millares, observamos la experiencia de un grupo de personas que parten de Guatemala hacia México para luego cruzar la frontera hacia los Estados Unidos. Luego, a través de una entrevista a Junot Díaz, escritor ganador del premio Pulitzer, nos acercamos a la experiencia de un inmigrante dominicano que creció en New Jersey. Su historia está marcada por la pobreza y la discriminación, y sobre estos temas escribe en sus cuentos y novelas. Finalmente, el cortometraje "Nana" explora otro tipo de inmigración, la de habitantes de países de Africa que arriesgan su vida al cruzar el peligroso estrecho de Gibraltar hacia España. Es una historia simple, breve, pero las técnicas visuales y sonoras crean un efecto muy fuerte en el espectador.

El exiliado es alguien que sale de su país por razones políticas y típicamente no por elección propia. Es una forma de castigo y aislamiento a personas que se oponen al gobierno. En general, el exilio es más común en países gobernados por dictadores. El caso de los exiliados durante la Guerra Civil española es uno de los más dramáticos y por eso aparece en la primera sección del capítulo. La fotografía de los niños de Morelia representa el drama de familias republicanas que enviaron a sus niños en trenes hacia otros países para salvarlos de los bombardeos. Tenían la esperanza de volver a verlos al final de la Guerra Civil. De los 456 niños que llegaron a Morelia, muy pocos regresaron. Luego, la sección de literatura abre con un cuento del escritor colombiano Gustavo Arango en la que presenta una situación absurda sobre un personaje que debe escapar sin un motivo claro. Dice que vienen a buscarlo pero no se sabe quienes son "ellos". Es posible que sea un exiliado, un desplazado o alguien que huye y no se sabe de qué o de quién. El segundo texto literario, de José Donoso y su hija Pilar Donoso, habla de la dictadura chilena, época durante la cual muchos intelectuales salieron bajo amenaza de muerte. El caso del escritor José Donoso es especial, pues él mismo decidió no regresar a Chile cuando el presidente electo Salvador Allende fue derrocado por el general Augusto Pinochet.

El desplazado es un concepto más nuevo y está relacionado con la gente que tiene que dejar su hogar a causa de la violencia. Se desplaza sin cruzar las fronteras de su país. Las guerras civiles y otros conflictos internos obligan a las personas a dejar sus territorios. Este fenómeno ha generado muchos problemas de inseguridad y delincuencia. En la sección de arte se incluye una representación del fotógrafo Jorge Mario Múnera de una familia colombiana desplazada por la violencia.

Vivimos en una época en la que muchos emigran de sus territorios para refugiarse en lugares más seguros o para buscar un mejor futuro en países más prósperos. La inmigración, el exilio o el desplazamiento forzado son fenómenos contemporáneos que atraen la atención de estudiosos, artistas y escritores. Muchos reflexionan sobre la construcción de nuevas identidades, sobre cómo se ha transformado la concepción del "hogar", sobre las dificultades de encontrarse en un territorio ajeno (tales como la barrera de la lengua, la discriminación, la falta de un estatus legal y la dificultad de sobrevivir a nivel económico).

La Guerra Civil española, las dictaduras militares en Argentina y Chile y la pobreza en países de Hispanoamérica han obligado a muchos a emigrar. Los intelectuales que han expresado sus ideas en contra de gobiernos totalitarios han sido las principales víctimas del exilio. Otros artistas emigran para entender sus propias realidades desde otra perspectiva. Dejar el país de origen para construir la identidad en otro lugar es un proceso lleno de contradicciones. Sin embargo, regresar es casi más difícil que partir puesto que todo se ha transformado y el recuerdo es diferente al presente.

La noción de *frontera* y sus diversas interpretaciones hará parte de las discusiones sobre el inmigrante, el exiliado y el desplazado. Este capítulo invita a pensar en el mundo contemporáneo desde la perspectiva de quienes viven entre dos mundos, dos lenguas y dos identidades.

Preguntas

1. ¿Cuáles son las diferencias entre un inmigrante, un exiliado y un desplazado?

2. ¿Cuáles son algunas razones por las que emigra la gente?

3. ¿Por qué se habla de una "doble identidad" en el caso de los inmigrantes, exiliados o desplazados?

4. ¿Por qué es difícil partir pero también es difícil regresar?

5. ¿De dónde viene su familia? ¿Hay miembros que han inmigrado a este país?¿En qué circunstancia?

ARTE VISUAL
UNA FOTOGRAFÍA DE LOS "NIÑOS DE MORELIA", ALEJANDRO MILLARES Y JORGE MARIO MÚNERA

En este capítulo, a diferencia de los anteriores, usted va a aprender acerca de *tres* fotógrafos: uno que ha dejado testimonio de la historia de exilio en España, uno que ha documentado la vida de los inmigrantes mexicanos que cruzan a diario la frontera hacia los Estados Unidos, y uno que presenta imágenes de familias desplazadas en Colombia. A partir de las imágenes podrá reflexionar sobre el significado de *partir,* sobre el viaje hacia un futuro incierto, sobre el miedo, la ausencia y, en algunos casos, la muerte. Los rostros, las pertenencias, el tiempo y el espacio de la partida son elementos importantes a la hora de analizar las fotografías. No se puede ignorar las razones de la inmigración y los grupos sociales a los que pertenecen quienes emigran.

Fotografía de los "niños de Morelia"

La exhibición *La memoria gráfica de la emigración española* fue **montada** en el 2002 y desde ese año ha recorrido casi toda España e Hispanoamérica. Las fotografías son un documento visual de la historia de la emigración española desde el siglo XIX hasta el XXI. Observamos en las imágenes del catálogo las diferentes **olas** de inmigrantes que se fueron a otros países europeos o a las Américas por razones económicas o políticas. La fotografía seleccionada para este capítulo es parte de la serie *Los niños de la guerra*. Se desconoce el nombre del fotógrafo.

> ## VOCABULARIO ÚTIL
>
> **emprender**   *comenzar un proyecto*
> **instaurar**   *establecer*
> **montar**   *organizar, poner elementos juntos*
> **ola**   *la onda que se forma en el mar*
> **sublevación (f.)**   *rebelión, manifestación de oposición, protesta*

La Guerra Civil española

La Guerra Civil española, conocida como "la guerra de hermano contra hermano", fue uno de los conflictos más devastadores en la historia de España. Causó mucha miseria y destrucción en el país. Los republicanos eran parte del gobierno legítimo que había estado en el poder desde 1933. En 1936 hubo elecciones y volvió a triunfar el bando republicano. Poco después, los militares, con Emilio Mola como director, comenzaron la sublevación de la derecha. Francisco Franco era uno de los generales al comienzo y poco a poco fue tomando poder. Este grupo, autodenominado "nacionalista", era apoyado por las clases altas, la monarquía, los gobiernos fascistas de Europa y por la Iglesia. Los nacionalistas estaban en contra de las reformas sociales y políticas emprendidas por el gobierno de la Segunda República Española. En 1939, un golpe militar al mando del general Franco tuvo éxito en sectores rurales al principio y fue tomando fuerza hasta triunfar. En ese año Francisco Franco declaró su victoria e instauró una dictadura militar que terminó en 1975. Durante los años bajo Franco, España conoció una atmósfera de represión y muchos tuvieron que exiliarse en otros países de Europa y de América Latina. La dictadura de Francisco Franco duró 36 años, hasta la muerte del dictador en 1975.

Algunas figuras conocidas que apoyaron al bando republicano fueron Federico García Lorca (asesinado en 1936), Pablo Picasso, Luis Buñuel, Pablo Casals, Pablo Neruda, Octavio Paz, Robert Capa, Simone Weil, Ernest Hemingway y George Orwell.

La serie *Los niños de la guerra*, de la exhibición *La memoria gráfica de la emigración española*, muestra fotografías de los niños que salieron exiliados de España durante la Guerra Civil española. Huérfanos de la guerra o hijos de padres republicanos prisioneros, estos niños fueron llevados a Francia, Inglaterra, Rusia, Bélgica, Suiza, Noruega y México. Los cálculos muestran que 30.000 menores fueron evacuados durante la guerra y 70.000 niños fueron víctimas del éxodo iniciado en 1939. El 7 de junio de 1937 salieron de Burdeos, Francia, 456 niños entre las edades de 3 a 13 años, cuyos padres habían sido asesinados o encarcelados. El entonces presidente de México, Lázaro Cárdenas, y su esposa los recibieron en el Puerto de Veracruz, y eventualmente fueron alojados en la ciudad de Morelia. Casi ninguno regresó a España y la mayoría tuvo una infancia traumática en México. A ellos se les llamó los "niños de Morelia".

LA VOZ DE UNO DE LOS NIÑOS DE MORELIA

"Nunca volví a saber nada de mis padres, no sé qué pasó con ellos. Cuando regresé a casa, veinticinco años después, ya no estaban ahí, nadie sabía qué había pasado con ellos, y de mis hermanos, Josefa y Alberto, supe algo después de varios años. Ellos eran los dos mayores y por la guerra los enviaron a Francia, a mí y a mi hermano Emilio a México. Cuando regresé a casa no recordaba ni los nombres de mis padres, fue algo terrible volver, regresar al lugar donde naciste y ver que nada era como lo dejaste. Estaba totalmente destruido, irreconocible. Me acuerdo que cuando fui por primera vez, aseguraba que no era el lugar donde había vivido mi infancia, además de que el olor era bastante desagradable".

Alfredo González Olascoaga, uno de los niños de Morelia
que nunca regresó a vivir a España

Preguntas

1. ¿Cuántos años duró la dictadura de Francisco Franco?

2. ¿Quiénes son los niños de Morelia?

3. Según la cita, ¿qué ocurrió cuando Alfredo regresó a España? ¿Cómo describe el regreso al lugar donde nació?

4   ¿De qué forma se fragmentó la familia de Alfredo?

LA OBRA: FOTOGRAFÍA DE LOS NIÑOS DE MORELIA

Uno de los descendientes cuenta que algunos de estos niños no desempacaron sus maletas durante meses con la ilusión de regresar a España al día siguiente.

FIG. 6.1 Fotografía de los niños de Morelia desembarcando en México (1937)

Análisis de la fotografía

1. ¿Cuántos años tendrán estos niños? Describa la expresión de su cara.

2. ¿Cuál es la importancia de las maletas? ¿Qué tipo de objetos se imagina que llevan allí?

3. ¿Cuál es el efecto del blanco y negro en esta fotografía?

4. Observe la ropa, los zapatos, las maletas y el pelo de los niños: Llevan ropa y zapatos similares, maletas idénticas y tienen el mismo corte de pelo. ¿Qué efecto tiene esto en nosotros como espectadores?

5. ¿Qué tipo de preocupaciones tendrán estos niños al llegar a un país nuevo?

Preguntas de discusión

1. ¿Qué significa el exilio para un niño? ¿Por qué puede ser tan traumático?

2. ¿Cuál es el valor social e histórico de esta imagen?

3. ¿Cree usted que hay niños que viven en condiciones similares hoy en día? Si no está lo suficientemente informado/a busque información y compártala con la clase.

Para aprender más acerca de los niños de Morelia, vea el documental sobre el exilio español en México: *Los niños de Morelia*, en la página web http://www.youtube.com/watch?v=QFE3AQKjv1c

Para ver más fotos de los niños de Morelia, visite la siguiente página web: http://www.ciudadaniaexterior.empleo.gob.es/es/destacados/memoria/CatalogoBaja.pdf

Alberto Alejandro Millares Méndez (México, 1973–)

Alejandro Millares es licenciado en Diseño* Gráfico de la Universidad Tecnológica de México y ha tomado varios cursos de fotografía y fotoperiodismo en el Centro de la Imagen y en el Instituto Tecnológico de Estudios Superiores de Monterrey. Ha trabajado en Montreal (Quebec, Canadá), México y Centroamérica, en donde ha cubierto todo tipo de eventos periodísticos como las elecciones presidenciales del 2006 en México, la visita del subcomandante Marcos a la ciudad de México, inundaciones, huracanes, manifestaciones y disturbios estudiantiles. En 2009, obtuvo el tercer Premio del Jurado en el concurso "Migraciones internacionales y fronteras" con la fotografía que se incluye en este capítulo. Ha recibido otros premios y menciones a nivel internacional por su trabajo fotográfico.

FIG. 6.2 El fotógrafo Alberto Alejandro Millares Méndez

El concurso fotográfico "Migraciones internacionales y fronteras", convocado en 2009 por el Centro de Ciencias Humanas y Sociales de España, tuvo el propósito principal de dar a conocer las dinámicas migratorias contemporáneas y las historias que se desarrollan en diferentes fronteras. Las fotografías sobre la migración de centroamericanos hacia los Estados Unidos fueron las que se llevaron casi todos los premios. Para este capítulo se ha seleccionado una fotografía que ilustra la primera parte del viaje.

SU VOZ

"Desde tiempos inmemorables la humanidad se ha movido a lo largo y ancho del mundo buscando un lugar con mejor calidad de vida. Hoy en día, esa motivación se representa—en gran parte—a través de la migración de miles de latinoamericanos hacia Estados Unidos, un lugar que los necesita y los traga y una vez exprimidos, los escupe del sistema y del país. Una cruda realidad llena de duras historias de violencia, miedo y dolor, que comúnmente se desconoce".

Preguntas

1. En la cita, ¿qué quiere decir el fotógrafo cuando dice que los Estados Unidos exprime y luego escupe a sus inmigrantes?

2. ¿Por qué sale la gente de su propio país?

3. ¿En qué lugares del mundo existe una mejor calidad de vida?

SU OBRA: *SIN TÍTULO*

Análisis de la fotografía

1. ¿Cuántas personas aparecen en esta foto? ¿Qué tipo de personas viajan en la balsa? ¿Cuáles podrían ser las relaciones entre ellas?

2. Describa el espacio donde se encuentran estas personas.

3. ¿Qué hace el niño en el centro de la foto?

4. Esta fotografía ganó un concurso importante. ¿Por qué cree que el jurado eligió esta imagen?

5. ¿Qué título le daría usted a esta foto?

FIG. 6.3 *Sin título* (frontera Hidalgo, Chiapas; 8 de enero de 2009), de Alberto Alejandro Millares Méndez. Aspecto del cruce fronterizo entre México y Guatemala.

Preguntas de discusión

1. ¿Cómo se presenta el fenómeno de la inmigración en esta fotografía? ¿Qué cree usted que significa emigrar para las personas que vemos en la imagen?

2. ¿Cuáles son los temas de esta historia gráfica?

3. ¿Qué significa para usted la idea del *sueño americano*?

4. ¿Para qué existen las fronteras?

Jorge Mario Múnera (Colombia, 1953–)

Jorge Mario Múnera es reconocido como uno de los más grandes fotógrafos de Colombia. Trabaja la fotografía humanista y editorial. Participó en el Salón Nacional de Artistas en 1990 y en la exposición "Fotógrafos colombianos" en el Museo de Arte Moderno de Bogotá en 1986. Ganó el primer Premio Nacional de Fotografía en 1998. Ha hecho series de trabajo fotográfico documental y libros relacionados con la cultura y el medio ambiente colombianos. En el momento trabaja en su propia editorial, *Sirga*. Su trabajo fotográfico ha sido publicado en los libros *Orfebrería y chamanismo, Orquídeas nativas de Colombia, Coro Alto de Santa Clara, El tren y sus gentes, Vidas casanareñas, Vista suelta, El corazón del pan,* y *Retratos de un país invisible.* Recorrió el país durante treinta años para captar momentos singulares de los que muy pocos han oído hablar. La fotografía de la familia de desplazados a continuación es inédita.

SU VOZ

"Estas imágenes son una memoria del inxilio, entendido como un exilio interno, una expulsión dentro del mismo país".

—De una comunicación privada con el artista

FIG. 6.4 El fotógrafo Jorge Mario Múnera

Preguntas

1. ¿Qué significa el *exilio interno*? Imagínese que tiene que dejarlo todo de un día para otro para refugiarse en otra ciudad de su país. ¿Cómo se sentiría?

2. ¿Por qué es importante el trabajo fotográfico de Múnera?

3. ¿Por qué cree usted que la gente debe escapar a otro lugar en su propio país?

El fenómeno del desplazamiento en Colombia

Colombia sigue siendo el país con más desplazados internos del mundo, con un número aproximado de 5 millones de personas. Los desplazados colombianos huyen de sus territorios a causa de la violencia de grupos guerrilleros y paramilitares que amenazan a los campesinos y ocupan sus tierras. Los grupos violentos usan métodos de terror para expulsar a la población y controlar territorios estratégicos. Los grupos guerrilleros surgieron en los años cincuenta con un ideal político de izquierda. A comienzos de los años noventa, el grupo de las autodefensas o paramilitares se formó para confrontar a las guerrillas. Ambos bandos comenzaron a cometer crímenes y ocuparon diferentes territorios donde todos los habitantes debían seguir sus órdenes.

FIG. 6.5 *Familia de desplazados*, fotografía inédita de Jorge Mario Múnera (1991). Colección privada.

Se han autofinanciado con los cultivos ilícitos de drogas y les cobran una cuota de dinero a las personas que habitan las poblaciones que ocupan.

La fotografía inédita de Jorge Mario Múnera muestra a una familia desplazada. Aunque muchos actores del conflicto se han reinsertado a la vida civil, Colombia sigue viviendo las consecuencias de esta crisis humanitaria y la mayoría de los desplazados no han regresado a su tierra.

SU OBRA: *FAMILIA DE DESPLAZADOS*

Análisis de la fotografía

1. ¿Quiénes pueden ser las personas de esta foto? ¿Qué tipo de emociones transmiten sus caras?

2. ¿Cómo es el espacio en el que se encuentran?

3. ¿Cuáles son los elementos que más le llaman la atención en esta foto, y por qué? En su opinión, ¿cuál fue la intención del fotógrafo al tomar esta foto?

4. ¿De qué pueden ser las fotografías que tienen en las manos los dos niños?

5. ¿Hay un niño en este grupo que notamos más? ¿Cuál?

Preguntas de discusión

1. ¿Qué detalles de la foto indican que esta familia es desplazada?

2. ¿Qué efecto tiene en usted esta imagen? ¿Lo conmueve? ¿Lo indigna?

3. ¿Cómo se imagina la vida y el futuro de esta familia?

FIG. 6.6 *Pareja de indios*, de Diego Rivera (1941). Acuarela y tinta sobre papel. Colección privada. Diversos grupos indígenas en Latinoamérica se ven obligados a abandonar sus territorios a causa de la violencia o de la pobreza.

REPASO DE GRAMÁTICA

El imperfecto del subjuntivo

En varios capítulos del libro se ha insistido en la importancia del subjuntivo y en la necesidad de aprender a usarlo a nivel oral y escrito. En este capítulo se pone especial énfasis en el uso del imperfecto del subjuntivo. A continuación encontrará algunas claves importantes para el uso de este tiempo verbal.

1. **Las formas del imperfecto del subjuntivo:** Para recordar la conjugación se toma el pretérito del verbo en la tercera persona del plural y se cambia la letra **-o-** del final por la letra **-a-**.

tomaron ⟶ tomaran
hicieron ⟶ hicieran
dijeron ⟶ dijeran

En España y en algunos textos de literatura se usa la terminación **-se** en vez de **-ra**: **tomase, hiciese, dijese**. En Hispanoamérica se usa esta terminación con poca frecuencia, y muchos la consideran más formal. Sea consistente cuando escoge usar una de estas formas pero tenga en cuenta que es más común la terminación **ara** o **iera**

Se conjuga el verbo en todos los pronombres teniendo en cuenta esta transformación. **OJO:** Fíjese en el acento escrito en la primera persona del plural (**nosotros/as**).

(yo)	**tomara / tomase**
(tú)	**tomaras / tomases**
(él/ella/usted)	**tomara / tomase**
(nosotros/as)	**tomáramos / tomásemos**
(vosotros/as)	**tomarais / tomaseis**
(ellos/ellas/ustedes)	**tomaran / tomasen**

Para repasar las conjugaciones de los verbos regulares y los irregulares en el pretérito, refiérase al *Repaso de gramática* del Capítulo 4.

2. **El uso del imperfecto del subjuntivo:** Se usa de la misma manera que el presente del subjuntivo, con la diferencia de que la primera cláusula de la oración se construye en el pasado.

   Queremos que tú conozcas la historia de los niños de Morelia. (presente del subjuntivo: posibilidad en el presente/futuro)

   Queríamos que conocieras la historia de los niños de Morelia. (imperfecto del subjuntivo: posibilidad en el pasado)

   Los niños **buscan** un país que los reciba. (presente del subjuntivo: incertidumbre de existencia en el presente/futuro)
   Los niños **buscaban** un país que los recibiera. (imperfecto del subjuntivo: incertidumbre de existencia en el pasado)

3. **Las cláusulas adverbiales de tiempo:** Para las cláusulas adverbiales de tiempo, es necesario tener en cuenta si la acción ocurrió en el pasado o si se refiere a un plan para el futuro. Con la excepción de **antes de que**, las cláusulas adverbiales de tiempo no usan el imperfecto del subjuntivo para acciones ya occurridas en el pasado. Solo se usa el imperfecto del subjuntivo para

hablar de un plan para el futuro, un evento hipotético. Estudie los siguientes ejemplos.

Leo sobre la historia hasta que aprendo. (presente del indicativo: un hábito)
Leeré sobre la historia hasta que aprenda. (presente del subjuntivo: un plan para el futuro)
Leí sobre la historia hasta que aprendí. (pretérito: ocurrió en el pasado)

Viajo para visitar a mi familia cuando puedo. (presente del indicativo: un hábito)
Voy a viajar para visitar a mi familia cuando pueda. (presente del subjuntivo: un plan para el futuro)
Viajé para visitar a mi familia cuando pude. (pretérito: ocurrió en el pasado)

Miro las fotografías en cuanto entro al museo. (presente del indicativo: un hábito)
Pienso mirar las fotografías en cuanto entre al museo. (presente del subjuntivo: un plan para el futuro)
Miré las fotografías en cuanto entré al museo. (pretérito: ocurrió en el pasado)

PERO

Van a vivir en Uruguay antes de que se envejezcan. (presente del subjuntivo: plan para el futuro)

Vivieron en Uruguay antes de que se envejecieran. (imperfecto del subjuntivo con **antes de que** y eventos ocurridos en el pasado)

EJERCICIOS DE GRAMÁTICA

A. Imagine que uno de los niños de Morelia habla de su exilio en México. Complete las frases con el pretérito, el imperfecto, el imperfecto del subjuntivo o el infinitivo, según el contexto.

1. Yo esperaba que mis padres...

2. Dudaba que el gobierno de México...

3. Yo quería...

4. Esperé las cartas de mis familiares hasta que...

5. No saqué las cosas de mis maletas antes de...

6. No hablaba a menos que...

7. Era triste que...

B. Pase las siguientes frases del presente al pasado. Tenga en cuenta que no necesita usar el imperfecto del subjuntivo en todos los casos.

1. Creo que los exiliados tienen vidas complicadas.

2. Es necesario que leamos sobre la Guerra Civil española.

3. Leeré más sobre los niños de Morelia cuando regrese a mi cuarto.

4. Los niños de Morelia esperan que los gobiernos de España y México reconozcan su existencia.

5. Los exiliados recuerdan su pasado hasta que se mueren.

6. ¿Hay alguien aquí que sepa quién fue Francisco Franco?

7. Es triste que estos niños hayan sufrido tanto.

8. Los familiares les piden que traten de tener una vida normal.

9. Ellos no cuentan su historia a menos que alguien les pregunte.

10. Me da pena que haya niños exiliados y refugiados.

C. La siguiente es una conversación telefónica entre Luis, que salió de su pequeño pueblo de Guatemala para cruzar la frontera de México, y su esposa Marcela, que se quedó con sus hijas. Luis está todavía en México esperando al coyote (la persona a quien le pagan para que les ayude a cruzar hacia los Estados Unidos). Complete la conversación con la forma correcta de los verbos en el pretérito, el presente del subjuntivo, el imperfecto del subjuntivo o el infinitivo, según el contexto.

LUIS: ¡Alo, Marcela! Te llamo desde México. Quiero _____ (**1.** hablar) contigo y con las niñas antes de pasar a Houston.

MARCELA: Luis, cuando tú _____ (**2.** irse) las niñas se quedaron muy tristes. Hoy, antes de que tú _____ (**3.** llamar), ellas me preguntaron por ti.

LUIS: Tranquila Marcela, en cuanto yo _____ (**4.** llegar) a los Estados Unidos, voy a mandarles dinero y todos vamos a estar mejor.

MARCELA: Tu mamá no quería que _____ (**5.** cruzar) la frontera. Sabes que es muy peligroso. Es importante que _____ (**6.** tener) mucho cuidado.

LUIS: Sí, no te preocupes. Las personas que están conmigo me dicen que _____ (**7.** estar) tranquilo pues el coyote es honesto. Yo le pagué mucho dinero para que me _____ (**8.** ayudar) a cruzar.

MARCELA: Bueno, Luis. Queremos _____ (**9.** volver) a verte pronto. Las niñas te _____ (**10.** escribir) una carta tan pronto como saliste de casa.

LITERATURA
GUSTAVO ARANGO, JOSÉ Y PILAR DONOSO Y JUNOT DÍAZ

Gustavo Arango (Colombia, 1964)

El tema del viaje es una constante en la vida y la obra del autor colombiano Gustavo Arango. Sus desplazamientos geográficos, desde el primer desarraigo de su ciudad natal hasta su último viaje a Sri Lanka, han ido enriqueciendo su escritura y se reflejan en la distancia estilística y temática frente a otros escritores colombianos contemporáneos. Al margen de la industria editorial, Arango ha ido gestando una singular obra narrativa que nos invita a participar en juegos de palabras, a gozar de las imágenes y a ser cómplices de esos personajes que se buscan y se pierden, se ríen y

FIG. 6.7 El escritor Gustavo Arango (fotografía de Robinson Henao)

se mueren en el flujo del lenguaje. Hablamos de un autor para quien poco importa la anécdota o la trama. Es posible terminar de leer algunos de sus textos sin saber lo que ha ocurrido y, sin embargo, el recorrido justifica de sobra la lectura.

Gustavo Arango ganó el Premio B Bicentenario de Novela 2010, en México, con *El origen del mundo*. Es profesor de español y literatura latinoamericana de la Universidad del Estado de Nueva York (SUNY), en Oneonta. Durante los años 1992 a 1998 fue editor del suplemento literario del diario *El Universal* de Cartagena, Colombia y en 1992 recibió el Premio Nacional de Periodismo Simón Bolívar.

En octubre de 2013 fue el autor homenajeado por la New York Hispanic/Latino Book Fair, en el marco del Mes de la Herencia Hispana. Recibió el Latino Book Award 2015, por su novela Santa María del Diablo.

Otras publicaciones suyas son *Un tal Cortázar* (1987) y *Un ramo de nomeolvides: García Márquez en El Universal* (1995).

SU VOZ

"Vivir en el País del Sueño me ha permitido por fin verme a mí mismo como hispanoamericano. He empezado a sentir como propias las culturas mexicanas, caribeñas, ibéricas, andinas o las del Cono Sur. El contacto con lenguas y culturas ha enriquecido mi lenguaje. Soy las vidas de millones hilvanando palabras. Soy la nota de una canción milenaria que exalta la vida, que agradece el milagro del instante y se diluye en alegría".

—Extraído de las palabras de agradecimiento durante el homenaje de la Feria del
Libro Hispano/ Latino de Nueva York (2013)

Preguntas

1. Según lo que usted ha leído sobre la vida de Gustavo Arango, ¿cuál es el "País del Sueño"? ¿Por qué lo llama así?

2. ¿Qué significa para Arango "ser hispanoamericano"? ¿Cree usted que uno entiende mejor su propio país desde la distancia?

3. ¿Cómo habla Arango de las diferentes lenguas?

SU OBRA: "ESCAPAR"

Antes de leer

1. El título del cuento es "Escapar". Imagine el tema, la situación y el contenido del cuento. Luego, mire las palabras que están en la lista del vocabulario que

sigue. ¿Piensa que se crea un tipo de atmósfera al usar estas palabras? Explique su respuesta.

2. ¿Por qué la gente sale del lugar que habita sin despedirse, sin decir a dónde va, sin avisar?

3. ¿De qué escapa la gente en la época contemporánea?

Lectura

Escapar

Han venido a decirme que debía **marcharme**. Que no había tiempo que perder. Que no había tiempo ni espacio para llevarme nada. Que una **sombra** que puede ser la misma muerte me **acechaba**.

Han dicho que tendremos que ir muy lejos. **Me han apurado** para que me vista, para que no pierda segundos preciosos **amarrándome** el calzado.

Al salir, he podido **echarle un vistazo** a mi lugar casi sin ver nada, sin fijar la mirada en lo que dejaba.

Solo luego, ya cuando el **asedio** parece distante, he podido hacer nítida la última visión. He visto las fotografías en el **nochero**, esperemos que la memoria no las borre. He visto mi reloj, su segundero roto. El cenicero que me regaló la tía Carola. Los cuadros en la pared, sus rústicos marcos. Los cuadernos. Mis lápices. La jarra del agua. El calorcito que hacía en ese sitio, mi hogar. Y me he sentido triste, vacío en ese camino que **desconozco** y que ahora **recorro**, despojado por aquellos que pretendían salvarme del **despojo**. Y me he preguntado si, en la prisa por partir, no me habré dejado a mí también.

Comprensión de la obra

1. ¿Quién podría ser el narrador? ¿En qué tipo de situación se encuentra? ¿Cómo se siente? ¿Quiénes podrían ser las personas que han venido a decirle que tiene que irse?

VOCABULARIO DE LA LECTURA

acechar *observar con un propósito que algo ocurra*

amarrarse *sujetar por medio de cuerdas*

apurarse *darse prisa*

asedio *ataque sin descanso*

desconocer *no conocer*

despojar *privar a alguien de lo que tiene*

echarle un vistazo *observar rápidamente sin detenerse*

marcharse *irse o partir de un lugar*

nochero *mesita de noche*

recorrer *atravesar un espacio en toda su extensión*

sombra *proyección oscura de algo al lado opuesto de una luz*

2. ¿Cuáles son los objetos que menciona y que observa antes de irse? ¿Qué significado podrían tener estos objetos?

3. ¿En qué lugares del mundo ocurren situaciones como esta?

4. Mire de nuevo las fotografías incluidas en la sección de Arte visual de este capítulo. En su opinión, ¿cuál de ellas representa mejor este cuento breve? Hable sobre cómo conecta usted la imagen de la foto con información del cuento.

5. ¿Usted sería capaz de dejar su hogar y de empezar otra vida en un lugar nuevo? Explique su respuesta.

Preguntas de discusión

1. ¿Cuáles son algunas causas del exilio?

2. ¿Cómo se siente la persona exiliada cuando deja su espacio y cuando habita uno nuevo?

3. ¿Cómo describiría el futuro incierto de las personas que tienen que irse de su propio espacio?

EJERCICIOS DE GRAMÁTICA

A. Complete las siguientes oraciones de una manera lógica según el contenido del cuento "Escapar". Cuidado con el uso del tiempo (presente, pasado o futuro) y del modo (indicativo o subuntivo).

1. El narrador mira sus cosas antes de...

2. Ellos vienen a decirle que debe irse antes de que...

3. El narrador se fue después de que...

4. El espacio queda vacío después de que el narrador...

5. El narrador crea una atmósfera de misterio para que los lectores...

6. No comprendemos este cuento a menos que...

7. El narrador se sentirá perdido hasta que...

8. El narrador se despide de su espacio en caso de que...

9. Los hombres no se van sin que el narrador...

10. El hombre se marchó cuando...

B. Complete el siguiente párrafo con la forma correcta de los verbos en el pretérito, el imperfecto del subjuntivo o el infinitivo, según el contexto.

La historia de Pedro

Estaba comiendo cuando _____ (**1.** entrar) los militares a mi apartamento. Me dieron cinco minutos para _____ (**2.** preparar) mi equipaje. Todo ocurrió antes de que _____ (**3.** llegar) mi esposa y mis hijos. Al comienzo resistí hasta que uno de ellos me _____ (**4.** decir) que si no me iba con ellos, toda mi familia podría sufrir las consecuencias de mi resistencia. Salí de mi casa sin que nadie me _____ (**5.** ver) ni _____ (**6.** saber) a dónde me llevaban. Parece que una vecina escuchó ruidos y vino a hablar con mi familia después de que yo _____ (**7.** irse). Yo pasé meses en un lugar oscuro sin _____ (**8.** ver) a nadie. Un día encontré una puerta abierta y me escapé sin que nadie se _____ (**9.** dar) cuenta, ni me _____ (**10.** ver). Fui uno de los pocos que sobrevivió. Todavía no entiendo lo que pasó.

C. Pase el siguiente párrafo del presente al pasado. Tenga especial cuidado con las cláusulas adverbiales que no usan el imperfecto del subjuntivo.

Es el 15 de septiembre, son las diez de la mañana y voy a pasar la frontera **antes de que** caiga la noche. **Después de que** llegue a Houston, voy a llamar a Patricia **para que** me diga cómo continuar hacia Connecticut. No descansaré **hasta que** vea las primeras luces de la ciudad. En este momento desayuno en una posada en medio del desierto de México. La dueña nos ayuda a todos **para que** continuemos el camino hacia el norte. **Mientras** permanezcamos aquí podemos estar seguros, pero **cuando** estemos cerca de la frontera, la situación va a ser más complicada. No podremos pasar **sin que** nos ayude un coyote y por eso debemos pagar más de cinco mil dólares. Pienso que llegaremos en tres días **a menos que** llueva mucho. La señora de la posada dice que nos podemos quedar aquí algunos días **con tal de que** le ayudemos con los demás huéspedes.

FIG. 6.8 Hombre que atraviesa el río Amazonas entre Colombia, Perú y Brasil

José Donoso (Chile, 1924–1996) y Pilar Donoso (Chile, 1967–2011)

José Donoso

Influido por la literatura anglosajona contemporánea, las primeras publicaciones del chileno José Donoso fueron relatos. En 1957 se publicó su primera novela, *Coronación*, un retrato de la sociedad de Santiago. Es miembro de la llamada "Generación de los 50" chilena, compuesta por autores que critican a la sociedad burguesa. En 1966 publicó *El lugar sin límites*, y en 1970, con la novela *El obsceno pájaro de la noche* —su novela más reconocida por la crítica—, comenzó a experimentar con el lenguaje y la estructura. Por esa novela hizo parte del grupo de escritores del "Boom" latinoamericano. Ganó el premio nacional de literatura en Chile en 1990. También fue reconocido con el Premio de la Crítica en España, el Premio Mondello en Italia y el Premio Roger Caillois en Francia.

Su vida estuvo marcada por un espíritu aventurero. A los 19 años dejó la escuela para viajar por Suramérica y en 1947 regresó a Chile para especializarse en inglés. Dos años después recibió una beca para asistir a

> ## VOCABULARIO ÚTIL
>
> **correr el tupido velo** *expresión idiomática que significa ocultar o esconder bien información que no desea que otros sepan*
> **peón** *obrero/a, trabajador(a)*

la Universidad de Princeton. Allí escribió y publicó sus primeros cuentos en inglés. Después de su estancia en los Estados Unidos, viajó a la Patagonia, donde se puso a trabajar de **peón** en una hacienda, y luego se instaló en Buenos Aires, donde ayudaba a cargar y descargar barcos. Al mismo tiempo colaboraba en publicaciones literarias, en semanarios y en distintos periódicos. Posteriormente, viajó por algunos países centroamericanos y México. En 1952 regresó a Chile pero no se adaptó a su propio país. Entre 1958 y 1960 vivió en Buenos Aires donde conoció a su esposa, la pintora María del Pilar Serrano. Se fue de Chile en 1964, viajó por Europa y vivió en España. Regresó a Santiago diecisiete años después y allí murió en 1996.

Pilar Donoso

FIG. 6.9 *Retrato de José y Pilar Donoso,* de Gustavo Alberto Taborda (2014). Plumilla con tinta. Colección privada.

Nació en 1967 en España. A los tres meses fue adoptada en Madrid por Donoso y su esposa, María Pilar. No terminó una carrera universitaria y —después de casarse a los 19 años con su primo Cristóbal Donoso— se dedicó a su familia y a sus tres hijos.

En 1996 Pilar Donoso comenzó a escribir y entrevistó varias veces a su padre, José Donoso. Después de la muerte de su padre, empezó a leer sus diarios personales y en 2010 publicó ***Correr el tupido velo***, un libro que intercala las voces de hija y padre y que expone los tormentos, los miedos, los celos literarios de José Donoso. Aparecen también secretos sobre la relación con su esposa y sobre su homosexualidad. En una entrevista Pilar dijo que al comienzo no quería publicar el libro, que lo escribió para conocer a su padre. Cuando finalmente se publicó, la crítica lo recibió con entusiasmo. A mediados de 2010 buscó en España a sus padres biológicos pero no los encontró. La depresión que había sufrido antes de publicar el libro volvió con fuerza. En 2011 *Correr el tupido velo* ganó el Premio Altazor. Pilar Donoso entró en una clínica para tratarse una depresión. Murió a los 44 años, aparentemente de una sobredosis de medicamentos.

El contexto político en Chile en los años 70 y 80

Aunque Donoso estuvo ausente durante el régimen militar, es importante tenerlo en cuenta, pues marcó su vida y su obra de diferentes maneras. El 11 de septiembre de 1973 un golpe militar derrocó el gobierno del presidente elegido democráticamente, Salvador Allende. A partir de ese momento subió al poder el dictador Augusto Pinochet quien instauró un régimen militar opresivo en el cual no se toleraba ningún tipo de oposición. La dictadura militar duró hasta 1988. Miles de jóvenes desaparecieron y fueron asesinados por militares a causa de su posición política. Pinochet fue juzgado y declarado culpable en el año 1996 por crímenes de lesa humanidad. Le dieron casa por cárcel por su estado de salud y murió en el 2006.

SUS VOCES

"Claro, existe en mí ese sentimiento de culpabilidad. Es algo que sé completamente injustificado pero existe, muy por debajo de la razón. Yo no participé en una serie de cosas en las que sí participaron mis contemporáneos y sufrieron mucho por ello mientras yo estaba en el extranjero".

—José Donoso, de fragmentos de dos entrevistas a José Donoso
públicados por la revista colombiana Semana (1987)

"Me he visto enfrentada con la palabra que mi padre plasmó en sus diarios; tuve que reestructurarme una y mil veces frente a lo allí escrito, ante el desconcierto, el dolor, el amor, el miedo, el odio".

—Pilar Donoso, de *Cubrir el tupido velo*

Preguntas

1. ¿Qué eventos en la vida de José Donoso muestran su "espíritu aventurero"?

2. ¿Cuáles son algunas de las cosas que aprendemos acerca de José Donoso a través de sus diarios?

3. ¿Por qué motivo Pilar Donoso decidió escribir *Correr el tupido velo*?

4. Según la primera cita, ¿por qué se siente culpable José Donoso? ¿Piensa usted que ese sentimiento de culpabilidad es común en quienes se van de su país y dejan atrás a familiares y amigos?

5. ¿Cómo describe Pilar Donoso su experiencia de leer los diarios de su padre? ¿Por qué cree usted que leyó esos diarios y por qué los publicó?

SU OBRA: *CORRER EL TUPIDO VELO*

Antes de leer

1. ¿Qué significa la palabra *exilio*?

2. A veces el exilio es un autoexilio. ¿Por qué se exilia una persona? ¿De qué huye el exiliado? ¿Por qué cree que algunos exiliados deciden no volver nunca a su país?

3. ¿Cuáles pueden ser las sensaciones que tiene un exiliado cuando regresa a su país después de muchos años?

Lectura

Correr el tupido velo

(Fragmento)

En este fragmento del diario personal de José Donoso alternan las palabras de su hija, Pilar Donoso, con las entradas de José Donoso (en letra cursiva).

Santiago de Chile, 1981

El retorno de cualquiera a su país luego de cerca de veinte años de ausencia es una situación límite; debe "adaptarse" o "readaptarse" a un mundo que creía conocido, pero que, sin embargo, ya no es tal.

En este primer reencuentro, a mi padre le resulta dificilísimo recuperar la **ligazón** afectiva con Santiago, ciudad que tenía metida adentro, pero que ahora no existe. Se siente **ajeno**; los paseos que da en estos meses iniciales **arrojan** un resultado negativo. Las **huellas** de su modesto pasado —que por lo menos es suyo— parecen haber desaparecido, o están dentro de un contexto político, económico y social que las **ahoga**, las aplasta.

*El progreso y el cambio en una ciudad son necesarios; pero a costa de la destrucción o la anulación de nuestro pasado. Solo quiero dejar constancia de mi perplejidad de **recién** llegado ante este espacio real que por mis circunstancias particulares debo transformar en espacio emotivo y novelístico.*

Thomas Hardy, en su novela The Return of the Native, *presenta al nativo que regresa desplazado por dos fuerzas, dos emociones, que ese novelista simboliza en dos mujeres: una es la fuerza que quiere alejarlo de nuevo y para siempre de su tierra, y la otra, la fuerza que lo haría permanecer **anclado** allí. En este momento yo me siento*

VOCABULARIO DE LA LECTURA

ahogar *quitar la vida por impedir la respiración*

ajeno/a *que no es propio/a, no pertenece*

anclar *sujetar firmemente en un lugar (como si fuera con la ayuda de un ancla)*

arrojar *tirar, lanzar algo de manera que recorra una distancia con el impulso*

culpa *acción u omisión que causa un sentimiento de responsabilidad por un daño causado*

deleite (m.) *goce, algo que se disfruta*

echar de menos *extrañar, cuando a una persona le hace falta algo o alguien*

envenenado/a *manera de estar después de tomar una sustancia tóxica*

hierro *metal muy utilizado en la industria*

huella *marca que queda con el paso del tiempo*

agobiado por la complejidad de esta ambivalencia.

La vuelta a Chile es más compleja de lo esperado. ¡Si hasta la lengua le parece ajena! La patria de un escritor es, inevitablemente, su idioma, y aquí se siente exiliado como en Madrid o como en Cataluña. No tiene nada que ver con el "vai", "estái", "tierno", ni con los diminutivos ni con el "súper". Ese lenguaje, que él creía tan suyo, no expresaba lo que él era.

huir   *escapar*
impedir   *no permitir*
ligazón (m.)   *conexión, enlace de una cosa con otra*
llaga   *daño o infortunio que causa pena, dolor y pesadumbre*
pesadumbre (f.)   *tristeza*
pasajero/a   *que no dura mucho tiempo*
recién   *apenas; que se acaba de hacer*
superar   *vencer obstáculos*
temor (m.)   *miedo*

Su retorno también está marcado por el fantasma de la falta de reconocimiento. Si bien en el extranjero sus obras son bien consideradas, se siente inseguro debido a que Chile sigue siendo catalogado como un país que no tiene novelistas, sino que es tierra de poetas. Mi padre quería que lo reconocieran como novelista y, ojalá, como "el" novelista chileno.

Pasarán los años y no dejará nunca de preguntarse qué lo hizo volver realmente. No fue esa nostalgia primaria, ni la idealización de lo que se ha dejado.

Es más bien lo contrario a la idealización: lo recordado con más ansia suele ser lo negativo, lo doloroso, lo que da rabia, ese universo doloroso que dejó perpetuas **llagas** *limitadoras y por lo tanto formativas de la visión parcial de su país que tiene cada escritor.*

El escritor no vuelve a su país después de veinte años de ausencia en busca de la misma parte de sí mismo cuyo conflicto creyó haber **superado** *y eliminado, sino resuelto, con los libros escritos desde el extranjero. Una parte considerable de la novela contemporánea trata la recuperación desde el extranjero de los espacios nativos.*

Cuando salí, Chile era un país democrático que mi imaginación percibía como **envenenado** *por el fantasma de mis tres novelas escritas en el extranjero —fantasmas que sentí me* **impedían** *escribir dentro de Chile—, rematando en las ruinas y las viejas* El obsceno pájaro de la noche.

No volví para enfrentarme nostálgicamente con "la **pesadumbre** *de los barrios que han cambiado", que canta Susana Rinaldi en el tango* Sur. *Sin embargo, me encontré aquí con la repetición, idéntica pero con otra clave, de las miserias de las que* **huí**. *Creo decir algo que no está lejos de la verdad y si afirmo que volví a mi país porque estaba cansado de ser extranjero, quizás en busca de lo fructífero que literalmente sería dejar de serlo.*

Ser extranjero es tener que identificarse, explicarse a sí mismo a cada persona y volver a definirse ante cada situación.

En el país propio no hay necesidad de hacerlo porque se reconocen todas las claves, yo identifico inmediatamente las señas de identidad de los otros y los otros reconocen las escritas en mí: habla, vestir, casa, costumbres, dirección, color, forma de la barba y los bigotes, anteojos, modismos, todo instantáneamente descifrable. Desde allá uno pensaba con **deleite** *que volvía, justamente, a eso. Pero con el tiempo uno llega a comprender que ese deleite es* **pasajero**, *además de esterilizante. Si uno exhibe señas de identidad inmediatamente reconocibles es prisionero de ellas, una terrible máscara de* **hierro** *que le impide cambiar constantemente de máscara y uno está considerado a una sola. Se* **echa de menos** *la variedad de máscaras que uno podía conjugar allá, y uno se da cuenta de que la identidad es más rica si es una suma de máscaras diversas no una sola "persona" esclavizadora.*

En varias de sus inseguridades más profundas reconozco su **temor** a que, una vez aquí, vuelva a ser catalogado de una manera dolorosa, tal como en su juventud; ese temor a ser incomprendido nuevamente, mirado con extrañeza en un mundo tan pequeño como Chile.

La vuelta también tenía relación con un sentimiento de **culpa** muy fuerte. El gran dolor de haber perdido un pedazo suyo por no haber vivido parte de la historia de su generación. Eso significaba, para él, la sensación de que le faltaba un brazo y una pierna, de ser un lisiado. Retornar significó un esfuerzo por recuperar esas partes y expiar culpas.

Mi padre vuelve a ese sitio que creía tan suyo, pero los espacios creados por el novelista, que son collages de experiencias vividas y lugares conocidos, son inlocalizables en un mapa que no sea el de la imaginación y, por lo tanto, debe enfrentarse a esto, a una nueva realidad, donde no logra encontrar ese espacio.

…

Comprensión de la obra

1. ¿Cómo ve Pilar a su padre después de su regreso a Chile?

2. ¿Cuáles son los elementos que hacen que una persona se sienta parte de un país?

3. ¿Cómo describe José Donoso su regreso? ¿Qué cosas han cambiado para él en el país durante su larga ausencia?

4. ¿Por qué no puede adaptarse a su país José Donoso al regreso a Chile en 1981?

5. ¿Cuál es la diferencia entre el Chile real y el Chile imaginado?

6. Seleccione cuatro palabras del vocabulario que tengan que ver con los sen-
    timientos de José Donoso cuando regresa a su país. Hable sobre el significado
    de cada palabra en el texto.

7. En el último párrafo incluido en este fragmento el padre habla sobre las más-
    caras. Comente el significado de las máscaras.

8. ¿De qué le sirve la literatura a José Donoso?

9. En este texto podemos observar el tono de Pilar Donoso y el de su padre, José
    Donoso. ¿Qué diferencias observa entre ambos?

10. ¿Qué efecto tiene en usted la combinación de la voz de la hija y la de su padre
    en este texto?

Preguntas de discusión

1. ¿Cómo percibimos o vemos a otros después de no haberlos visto por mucho
    tiempo? ¿Ha tenido usted esta experiencia alguna vez en su vida?

2. ¿De qué manera sirve la literatura para inventar un lugar que ya no existe en
    la realidad?

3. ¿Puede usted imaginar la relación entre Donoso y su hija adoptiva? ¿Es una
    relación típica entre un padre y una hija?

EXPRESIONES ESCRITAS

Conocer al otro: La entrevista

La entrevista es un género periodístico que reproduce una conversación. Hay diversas maneras de organizar una entrevista y de seleccionar su contenido. Según
Gabriel García Márquez, es "el género maestro del periodismo" puesto que es la
base de cualquier escrito periodístico. El entrevistador puede transcribir la entrevista en primera persona y organizarla a partir de las preguntas y las respuestas.
También puede eliminar las preguntas y las respuestas y escribir una narrativa
donde se incluye la información obtenida a través de la entrevista.

   Hay muchos tipos de entrevista que dependen de la persona que la hace y del
entrevistado —una persona que despierta un interés ya sea por ser famosa o por

estar conectada con una problemática social e histórica. El intercambio normalmente comienza por ser oral y luego se transcribe. El entrevistador casi siempre graba las preguntas y las respuestas para luego editar el material. A través de la entrevista, el lector tiene un contacto directo con el entrevistado pues, en la mayoría de los casos, tiene acceso a su voz.

A continuación se hallan algunos elementos importantes que le pueden ser útiles en el proceso de escritura de una entrevista.

1. **La selección del entrevistado:** La selección de la persona a la que se le hace la entrevista es muy importante. Debe ser una persona que transmita información importante en conexión con el tema que se esté cubriendo. La calidad de las respuestas determina si se publica la entrevista.

2. **El cuidado en la transcripción:** Es muy importante dejar el mensaje intacto aunque se hagan algunos cambios en la transcripción. La intención de la respuesta debe ser evidente en la transcripción.

3. **El tono:** La escritura debe reflejar el tono de la conversación.

4. **La descripción:** Una buena entrevista debe incluir, entre otras cosas, la descripción del espacio en el que se desarrolla la entrevista y las reacciones del entrevistado.

5. **La estructura:** La entrevista escrita típicamente va acompañada de una introducción en la que se habla de la importancia del entrevistado y de las razones por las que se ha hecho la selección. En esta parte se incluyen detalles del espacio y del tiempo en el que se hace la entrevista y una descripción de algo físico o emocional de interés sobre el entrevistado. Luego se estructura la entrevista a través de las preguntas y de las respuestas o de una narración en tercera persona.

Antes de la entrevista es muy importante prepararse, investigar sobre el personaje o sobre las circunstancias que nos llevaron a elegir a esta persona. Se deben planear las preguntas con cuidado y evitar la repetición. El orden de las preguntas es fundamental. Es importante comenzar con preguntas simples o cómodas para crear un ambiente tranquilo con el entrevistado. Más adelante, se pueden hacer preguntas más íntimas o más difíciles si el ambiente es apropiado. Es decir, se comienza con preguntas ordinarias y se va aumentando el nivel de dificultad. Es muy importante tener en cuenta códigos éticos y respetar la intimidad del entrevistado.

Antes de grabar la entrevista, debe preguntarle al entrevistado si lo puede grabar. Es también importante tomar apuntes y estar pendiente de todos los detalles. Todo este material va a ser decisivo en la calidad de la entrevista.

Junot Díaz (República Dominicana, 1968–)

Junot Díaz nació en Villa Juana, un barrio pobre de Santo Domingo (República Dominicana), el 31 de diciembre de 1968. Su padre era policía militar bajo la dictadura de Trujillo. Llegó a los Estados Unidos a los 6 años y se instaló con su familia en New Jersey. Vivió en un ambiente conservador pero desde muy pequeño comenzó a explorar el mundo de la literatura en la biblioteca de su barrio. Díaz dice que los libros se convirtieron en un mapa que le ayudó a comprender su nuevo mundo. Actualmente es el editor de ficción del *Boston Review* y profesor de escritura creativa en el Massachusetts Institute of Technology, en Boston. Mantiene una posición crítica frente a la discriminación contra los inmigrantes, defiende el bilingüismo y cuestiona las políticas antimigratorias.

Junot Díaz ha publicado la colección de cuentos *Drown* (1996), la novela *The Brief Wondrous Life of Oscar Wao* —con la que se ganó el premio Pulitzer en el 2008— y la colección de cuentos *This is How You Lose Her* (2012). Ha recibido muchos premios, entre ellos la Beca MacArthur "Genius" y la Beca Guggenheim. Sus personajes son inmigrantes obsesionados con su pasado y su presente. En sus obras, Junot Díaz explora el significado de vivir en dos culturas a la vez y su prosa mezcla el español y el inglés. Es uno de los escritores latinos más importantes y más leídos en los Estados Unidos y en otros países.

FIG. 6.10 El escritor Junot Díaz (fotografía de Nina Subin)

SU VOZ

Junot Díaz describe su llegada a los Estados Unidos.

"Me dio la sensación de haber llegado a otro planeta. La expresión *choque de civilizaciones* cobra pleno sentido si se aplica al contraste entre el noreste de Estados Unidos y el Caribe. El recibimiento que se nos dio fue muy hostil. Lo que más recuerdo es el odio. Odiaba tener que ir a la escuela, odiaba salir de casa y encontrarme en América. Todo me daba miedo. Miraba a mi alrededor y me parecía estar en un país de locos, y me decía: ya sé que nosotros llegamos aquí para mejorar nuestras vidas, pero, coño, esto es demasiado".

—De una entrevista por Pascal Perich, publicada en *El País* (3 de abril de 2013)

Preguntas

1. Describa la llegada de Díaz y su familia a los Estados Unidos. ¿Cómo los recibieron?

2. Díaz dice que lo que más recuerda es el odio. ¿Qué odiaba y por qué?

3. ¿Por qué emigró la familia de Díaz?

4. ¿A qué tipo de cambios se enfrenta un dominicano que llega a New Jersey?

5. ¿Usted ya conocía la obra de Junot Díaz? ¿Ha leído algo suyo?

SU OBRA: ENTREVISTA A JUNOT DÍAZ

Antes de leer

1. Junot Díaz escribe y da entrevistas en inglés. ¿Usted cree que hablar inglés es una ventaja importante para un inmigrante en este país? ¿Por qué?

2. Teniendo en cuenta los datos biográficos y los triunfos de Junot Díaz, ¿Cree usted que es fácil llegar tan lejos para un inmigrante que busca una mejor vida en otro país?

3. ¿Por qué es importante incluir en este libro la experiencia de un inmigrante que ha tenido mucho éxito y ha sido reconocido por la calidad de su trabajo literario?

Entrevista a Junot Díaz

(Realizada por Margarita Sánchez, 2013)

Me habría encantado hacerle esta entrevista a Junot Díaz en persona, poder describir sus expresiones, sus reacciones a mis preguntas. Ni siquiera lo intenté. Para nosotras era muy importante incluir su voz y su perspectiva sobre la inmigración en este capítulo y no queríamos arriesgarnos a una respuesta negativa. Pensé muchas veces en el encabezamiento del correo electrónico antes de pedirle esta entrevista, intenté un tono poético que sonaba completamente cursi, cambié el título varias veces hasta que al final opté por "Maybe . . . It would be great . . . Ojalá". Después de un par de semanas sin respuesta, cuando ya estábamos buscando otras opciones, recibí un correo donde Junot Díaz me decía que le enviara las preguntas para una entrevista corta. Envié las preguntas en inglés porque es el idioma en el que escribe y en el que publica en revistas como *The New Yorker*. También me pareció importante ofrecerles a los estudiantes la perspectiva de un escritor que escribe en inglés pero que siente en español. Junot Díaz comparte su opinión sobre la reforma migratoria, habla sobre su trabajo comunitario, nos invita a leer sus cuentos y sus dos novelas para conocer su vida en la comunidad hispana de Newark, y nos habla un poco de sí mismo como escritor.

Part of this chapter considers the experience of Central American immigrants who cross the US border without papers. How was your experience different from theirs?

I'm not Central American; I'm Caribbean; I'm Dominican and my father was the one who entered the US without authorization. I came to the US in the 70s and in those times the culture was profoundly anti-Latino, very much like it is now. However, when I was growing up there wasn't such open hatred against immigrants; there weren't all these terrible laws that seek to punish immigrants and demonize immigrants. In fact I was in high school when Reagan passed that very important amnesty for immigrants.

In your opinion, what are the characteristics of an ideal immigration reform for the United States in the twenty-first century?

Compassion, reason and a recognition that the US is profoundly addicted to the labor of undocumented immigrants.

What are some of the misconceptions that people may have about Hispanic immigration today? What will it take to change some of these prevailing ideas?

That we're all "illegal." That "illegals" are evil. That we Latino immigrants don't play an indispensable role in the American experience. That we steal jobs. The truth is if it wasn't for the work of undocumented immigrants this country would grind to a halt.

You are part of the board of a new university called Freedom University, in Georgia. What is the philosophy behind the creation of this institution?

That every immigrant, legal or otherwise, is a future American and deserves the best education possible. Freedom University is a response to Georgia's laws which seek to punish and afflict brilliant young people for spurious reasons, which seek to deny them educational opportunities, which seek to create a Jim Crow–like division in our society between those with papers and those without. Freedom University stands for the best of our democratic ideals and the hope of a fairer more just society.

Tell us about your experience as an immigrant.

A lot of it is in my books. It was tough. Not as tough as many certainly but tough enough. We were five kids in one small apartment, living near an active landfill. My father was a terrible man, very abusive and arbitrary and I spent my first few years in the US afraid because of him. The worst of it though was the poverty and the racism. The best of it was the community and my love of books, of stories.

How does it feel to be one of the most recognized Latino writers today?

Ask me in twenty years and we'll see if that's true.

Do you have any advice for college students so that they may become better writers?

My advice for college students is to seek out opportunities to be transformed by your studies. That's what real education is. The writing happens with good training and good reading. But the transformation is what matters most of all. To walk out of your college a different person than who walked in—that's the key to a real college experience.

Who is Junot Díaz today?

I write and I teach and I do community work and I dream that our community will have a better future. I love deeply that complex traumatized problematic Island on which I was born. And I read, always. That's more or less me.

Comprensión de la entrevista

1. Resuma la entrevista en español. Mencione las ideas más importantes.

2. De acuerdo con Díaz, ¿cómo es diferente la experiencia de los inmigrantes en los años setenta, cuando él llegó, y la de los que llegan ahora?

3. ¿Por qué se creó la Freedom University?

4. En esta breve entrevista Junot Díaz nos dice mucho sobre su vida. ¿Quién es Junot Díaz? ¿Qué piensa?

5. ¿Cuál es el consejo que les da a los estudiantes universitarios? ¿Cree que es importante lo que dice?

Preguntas de discusión

1. ¿Cómo describiría la discriminación que sufren los inmigrantes?

2. ¿Cuál es la importancia del trabajo comunitario y cómo entiende usted su responsabilidad para crear una sociedad democrática?

3. ¿Por qué es importante que los inmigrantes reciban una educación formal?

EJERCICIOS DE GRAMÁTICA

A. Complete el párrafo con la forma apropiada del pretérito o del imperfecto del subjuntivo de los verbos.

José Donoso vivió en España hasta que _____ (**1.** mudarse) él y su familia a Chile en 1981. No quería regresar antes de que _____ (**2.** terminar) la dictadura de Augusto Pinochet, pero lo hizo. Donoso no se sentía feliz en Chile a menos que _____ (**3.** estar) en compañía de los amigos que le quedaban. Soñaba con que la gente lo _____ (**4.** reconocer) como el mejor novelista de Chile, pero murió sin que muchos _____ (**5.** saber) que había sido uno de los escritores del "Boom" latinoamericano.

Pilar entrevistó a su padre muchas veces antes de que _____ (**6.** morir). Después de la muerte de su padre, Pilar Donoso _____ (**7.** comenzar) a leer las cartas y los diarios de su padre. Nunca imaginó que en estos _____ (**8.** haber) tantos secretos y revelaciones. Antes de que _____ (**9.** publicarse) su libro, ya la gente hablaba de la homosexualidad de su padre. Pilar dijo que había escrito el libro para que la gente _____ (**10.** dejar) de hacerle preguntas impertinentes sobre su padre.

B. Complete las siguientes oraciones de una manera lógica según lo que leyó en el capítulo.

1. José Donoso esperaba que a su regreso a Chile...

2. Pilar Donoso publicó su libro cuando...

3. Era importante para Pilar Donoso publicar fragmentos de los diarios de su padre para que...

4. La familia Díaz se fue a vivir a New Jersey para...

5. Díaz sufrió mucho y pasó por muchas dificultades hasta que...

6. Junot Díaz se hizo famoso después de que...

7. Díaz buscaba historias que...

8. La universidad Freedom se fundó con la intención de que...

CORTOMETRAJE
JOSÉ JAVIER RODRÍGUEZ (ESPAÑA, 1966–)

Fascinado por el cine desde niño, José Javier Rodríguez estudió Historia del Arte en Madrid mientras colaboraba en la realización de algunos cortometrajes. En 1994 escribió y dirigió su primer cortometraje, "Solo amor". En el 2004 dirigió "Nana", cortometraje con el cual ha ganado varios premios, entre ellos el Goya como el mejor cortometraje en 2006.

FIG. 6.11 El director José Javier Rodríguez

SU OBRA: "NANA"

Mire el cortometraje "Nana", de José Javier Rodríguez, en el sitio web http://www
.youtube.com/watch?v=EyurhSZn6Pk. Luego, conteste las preguntas.

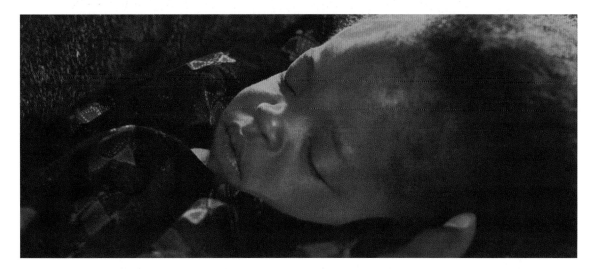

FIG. 6.12 Escena del cortometraje "Nana", de José Javier Rodríguez (España, 2006)

Preguntas

1. La película comienza con una nana (una canción de cuna) sin ninguna imagen. ¿Qué nos imaginamos en ese momento?

2. La cámara va de un primer plano del bebé y la madre a un plano medio de
   las otras personas y luego a un plano general del bote y el mar en la noche.
   ¿Cuál es el efecto de esta estrategia visual en los espectadores?

3. A diferencia de otros casos discutidos en este capítulo, los inmigrantes aquí
   no están en un territorio específico, sino que están en el medio del océano.
   ¿Cuál es la intención del director en este caso?

FIG. 6.13 Tres estudiantes de Wagner College en una protesta a favor de las leyes de inmigración, en Washington, DC (2012)

4. ¿Cuáles son algunos temas sobre los que nos hace reflexionar el cortometraje? ¿Cuál es el significado del título?

5. Han pasado muchos años desde que se hizo este cortometraje. ¿Sabe cuál es la situación actual de los inmigrantes africanos que intentan llegar a Europa? ¿Ha cambiado mucho la situación?

6. La inmigración es un fenómeno global. ¿Conoce otras situaciones de inmigrantes o exiliados hoy en día?

ACTIVIDADES CREATIVAS

ACTIVIDADES ORALES

1. En este capítulo se han discutido los casos del exiliado, del desplazado y del inmigrante. Aunque hay diferencias muy claras, en todos ellos se observa a personas que dejan su hogar para buscar un refugio o un lugar que brinde más oportunidades. En grupos de dos, piensen en el significado de la palabra *hogar*, en lo que significa para ustedes y cómo se debería redefinir a partir de lo que han aprendido en este capítulo.

2. Comente los siguientes conceptos de este capítulo. Hable sobre los diferentes casos que se han discutido.

    a. La vida en el exilio

    b. La inmigración a este país

    c. El desplazamiento de personas en diferentes lugares del mundo

    d. El viaje hacia un lugar desconocido

    e. El regreso al país nativo después de una larga ausencia

3. Traiga a la clase una imagen reciente de la frontera entre dos países y esté preparado para comentarla en clase.

B. ACTIVIDADES ESCRITAS

1. Busque una imagen reciente de una frontera política en el mundo y reflexione sobre su significado. Tenga en cuenta las siguientes preguntas para desarrollar su reflexión.

    a. ¿Es la frontera un límite o un espacio de intercambio?

    b. ¿Qué pasa con la gente que vive en los espacios fronterizos? ¿Están en ese espacio permanente o temporalmente?

    c. ¿Qué tipo de leyes gobiernan las fronteras? ¿Quiénes tienen la posibilidad de cuestionar y modificar esas leyes?

    d. ¿Qué tipo de atmósfera se vive en una frontera?

2. Escriba una carta como si usted fuera uno de los niños de Morelia que acaba de llegar a México. En esta carta, hable de su viaje y de sus impresiones al llegar a México. Antes de escribir, revise la sección "**Expresiones escritas**" sobre **la carta**, que se encuentra en el Capítulo 3.

C. PROYECTOS PARA TRABAJAR EN GRUPOS

1. Después de haber estudiado los fenómenos de la inmigración, el exilio y el desplazamiento en este capítulo, discuta con sus compañeros de clase un plan para hacerse voluntario y participar más activamente en su comunidad. Es importante reflexionar sobre cuál es nuestra responsabilidad social y la forma en que podemos hacer pequeños cambios para el bien común. Compartan sus ideas y conclusiones con el resto de la clase.

2. En parejas, realicen una entrevista con un inmigrante hispanoamericano en su universidad o en su comunidad. Tienen que preparar las preguntas cuidadosamente y pensar en el enfoque de la entrevista. Antes de empezar, revisen la sección "Expresiones escritas" sobre la entrevista, que se encuentra en este capítulo. Si es posible, graben la entrevista y compártanla con el resto de la clase.

REPASO GENERAL

A. Complete las oraciones con la forma correcta del pasado (pretérito o imperfecto [indicativo], o pasado del subjuntivo) de los verbos entre paréntesis. Cuando el primer verbo se señala con P, use el pretérito; cuando se señala con I, use el imperfecto.

1. Junot Díaz _____ (P: pedir) que la gente _____ (tener) más compasión hacia los inmigrantes.

2. Yo _____ (I: trabajar) en un centro para inmigrantes antes de que tú _____ (llegar) a este país.

3. Nosotros _____ (I: esperar) que ellos _____ (venir) a la manifestación.

4. La profesora _____ (P: explicar) la gramática hasta que los estudiantes la _____ (aprender).

5. José Javier Rodríguez _____ (I: querer) que sus espectadores _____ (reaccionar) con su cortometraje.

6. Yo _____ (I: buscar) una película que _____ (ser) buena para el tema de inmigración.

7. José Donoso _____ (P: irse) cuando _____ (sentir) que necesitaba ver otros mundos.

8. Los desplazados _____ (P: contar) su historia para que muchos la _____ (leer).

9. Pilar Donoso _____ (P: vivir) en Chile hasta que _____ (morir).

10. Durante la Guerra Civil española, no _____ (I: haber) nadie que no _____ (estar) en peligro.

B. Conteste las siguientes preguntas sobre el cortometraje "Nana". **OJO:** Antes de contestar, decida si su respuesta requiere el uso del imperfecto de subjuntivo.

1. ¿Qué quería la mujer en el cortometraje "Nana"?

2. ¿Qué tipo de personas había en ese bote?

3. ¿Qué les daba miedo a los viajeros?

4. ¿Qué dudaban las personas que iban en ese bote?

5. ¿Qué le daba pena a la mujer que cantaba la nana?

6. ¿Qué van a hacer después de llegar a un puerto en otro país?

7. ¿Qué era necesario para llegar vivos a algún lugar?

8. ¿Para que vimos este cortometraje?

9. ¿Qué esperaba el director del cortometraje?

10. ¿Qué tipo de público buscaba el director?

Películas recomendadas

Los siguientes largometrajes y documentales ofrecen visiones interesantes acerca de la vida de los inmigrantes y exiliados en Hispanoamérica, España y los Estados Unidos.

- *La jaula de oro* (Mexico, 2013), dirigida por Diego Quemada-Diez

- *La maleta mexicana* (EEUU, 2011), dirigida por Trisha Ziff

- *Un cuento chino* (Argentina, 2011), dirigida por Sebastián Borensztein

- *Biutiful* (México, 2010), dirigida por Alejandro González Iñárritu

- *The Other Side of Immigration* (EEUU, 2009), dirigida por Roy Germano

- *Sin nombre* (México, 2009), dirigida por Cara Fukunaga

- *Princesas* (España, 2005), dirigida por Fernando León de Aranoa

- *Flores de otro mundo* (España, 1999), dirigida por Icíar Bollaín

- *Los años bárbaros* (España, 1998), dirigida por Fernando Colomo

- *La ciudad / The City* (EEUU, 1998), dirigida por David Riker

- *Las cartas de Alou* (España, 1900), dirigida por Montxo Armendáriz

- *El Norte* (EEUU, 1983), dirigida por Gregory Nava

Para información acerca de la disponibilidad de los varios recursos electrónicos que se mencionan en el libro, véase la página web de *Retratos*: www.hackettpublishing.com/retratos.

CAPÍTULO 7

EL ARTE DEL JUEGO: EL INGENIOSO

"Se dice que el cubano bromea, hace chistes con lo más sagrado...
Nosotros somos trágicos y cómicos a la vez... Porque en definitiva
ese chiste, esa broma perpetua no es otra cosa que evasión ante
una realidad, ante una circunstancia que no se puede afrontar".
—Virgilio Piñera, escritor cubano

La risa es un rasgo peculiar del ser humano. El escritor ruso Dostoyevsky decía que la mejor forma de conocer al otro era observando su forma de reír, y no su forma de hablar, de estar en silencio o de expresar ideas nobles. Si sabía reír, era un buen hombre. El humor nos ayuda a enfrentar la adversidad y nos salva del tedio. El sentido del humor está también íntimamente conectado con la cultura. Por ejemplo, un chiste que funciona bien en España no tiene siempre el mismo impacto en un país de Hispanoamérica. Por una parte, el humor se asocia con los comportamientos y los valores de una cultura; por otra, las diferencias lingüísticas hacen que algunos chistes sean imposibles de traducir de un idioma a otro. Dicen que para conocer otras culturas hay que entender en qué consiste su humor. En este capítulo nos acercaremos al humor a través de algunos personajes únicos en Hispanoamérica y España.

En la sección sobre arte visual, se presentan dos maestros de la pintura que han experimentado con la idea del arte como juego. Primero, analizamos la manera en que el pintor barroco Diego Velázquez desafió muchas ideas tradicionales en torno al arte en su obra maestra *Las meninas*. Continuamos con un genio del arte del siglo XX, Pablo Picasso, y vemos cómo ha recreado con humor e ingenio el famoso cuadro de Velázquez. Finalmente, descubrimos el mundo del cómic, un género que ha servido para representar el absurdo a través de imágenes deformadas de la realidad. En este capítulo conocemos a uno de los genios del cómic a nivel internacional, el argentino Joaquín "Quino" Salvador Lavado, cuyos cómics cuestionan con humor sagaz muchos comportamientos sociales y culturales.

A través de los siglos muchos escritores han incorporado el humor en sus obras. Construyen personajes torpes y necios que no se pueden adaptar a su medio social; se burlan de los lectores o crean trampas para confundirlos; usan la broma o el chiste de forma más obvia y crean un pacto con sus lectores a través de la risa. Como vimos anteriormente en el capítulo 2 sobre el niño, en *El Lazarillo de Tormes* (1554) aparece un personaje joven y pobre que recurre al engaño y a la astucia para poder comer y sobrevivir. Así nace el pícaro, un personaje recurrente en la literatura española. Algunos escritores hispanoamericanos, herederos de esta tradición, son maestros en el arte de confundir a sus lectores, poniéndolos en situaciones absurdas o incomprensibles. Dos casos conocidos son los de los escritores argentinos Julio Cortázar, estudiado en el capítulo 5 sobre el rebelde y Jorge Luis Borges. En este capítulo nos acercaremos al teatro a través de una obra de la escritora cubana Dolores Prida. *Casa propia* se enfoca en temas como el machismo y el abuso sin perder de vista el humor caribeño que nos invita a reír ante situaciones dramáticas.

En el cine español contemporáneo, el maestro del humor negro es el director español Pedro Almodóvar. Sus personajes exagerados y controversiales nos sorprenden y nos hacen reír. A su vez el cine de muchos países de Hispanoamérica recurre al humor para hacerle una crítica al sistema político. En este capítulo, el cortometraje "Adiós mamá", del cinematógrafo mexicano Ariel Gordon, conjuga la tragedia y la comedia en una misma historia que se acerca al personaje del pícaro en la época contemporánea.

El personaje del capítulo es "el ingenioso" puesto que el adjetivo se puede referir a diversos artistas que usan el ingenio para fines diferentes. Nos hacen reír y pensar, nos sorprenden con el juego artístico o literario, nos presentan situaciones absurdas y a veces combinan lo trágico con lo cómico.

Preguntas

1. Explique la cita de Virgilio Piñera al principio del capítulo. ¿Por qué dice que los cubanos son trágicos y cómicos a la vez? ¿Qué puede representar el humor para un cubano?

2. ¿Tiene un cómic preferido? ¿Cómo es? (¿Es cómico? ¿satírico? ¿histórico? ¿policíaco? ¿romántico? ¿Es de aventuras? ¿de fantasía? ¿de ciencia ficción? ¿de superhéroes? ¿de terror? ¿...?)

3. ¿Tiene un humorista preferido? ¿Cree que los humoristas tienen el derecho de burlarse de todo? ¿Es justificable humillar a ciertos grupos para fines humorísticos?

4. Hable de la diferencia cultural que conlleva el humor. ¿Ha percibido diferencias entre el humor norteamericano y el humor de otras culturas? Explique su respuesta.

5. ¿Qué tipo de situaciones en la vida lo/la hacen reír a usted?

ARTE VISUAL
DIEGO VELÁZQUEZ, PABLO PICASSO Y JOAQUÍN "QUINO" SALVADOR LAVADO

Diego Rodríguez de Silva y Velázquez (1599–1660)

Diego Velázquez es considerado uno de los más grandes pintores en la historia del arte. Nació el 6 de junio de 1599, en Sevilla. A partir de los 12 años, entró como **aprendiz** en el **taller** del pintor Francisco Pacheca, quien le dio un valioso consejo: "La imagen debe salir del cuadro". Más tarde se casó con la hija de su maestro, Juana Pacheca, con quien tuvo dos hijas. Los cuadros de Velázquez se destacan por un estilo **naturalista** y una luminosidad propia de la técnica del claroscuro*, una tendencia que proviene del pintor italiano Caravaggio (véase la información sobre el Barroco en el apartado sobre Murillo en el Capítulo 2). Velázquez pintó numerosos cuadros religiosos y retratos de la vida cotidiana, como escenas de cocina y **bodegones**. En 1623 viajó a Madrid para pintar un retrato del rey Felipe IV y fue nombrado el pintor oficial de la cámara real. En los numerosos retratos que hizo Velázquez a lo largo de su carrera, siempre logró captar con perfección no solo la fisonomía de sus personajes, sino también su estado psicológico.

FIG. 7.1 Aurorretrato de Velázquez (detalle del cuadro *Las meninas* [1656]). Óleo sobre lienzo. Museo Nacional del Prado, Madrid.

Desgraciadamente, como la mayoría de sus cuadros fueron **encargados** por el rey, pocas personas tuvieron acceso a su arte. Entre las obras más importantes de Velázquez figuran *La rendición de Breda* (1634–1634), *La Venus del* **espejo** (1644–1648) —uno de los únicos **desnudos*** en el arte español del siglo XVII—, *Retrato de Inocencio X* (1650) y *Las* **meninas** (1656).

Según muchos críticos de arte, Velázquez consiguió la perfección a través de sus cuadros. Sus obras demuestran equilibrio, profundidad y una manera única de aplicar el color para crear un efecto armónico. Su influencia sobre otros artistas, desde los impresionistas del siglo XIX hasta los expresionistas del siglo XX, es notable.

VOCABULARIO ÚTIL

aposentador *oficial que se ocupa de la organización de las habitaciones y de las oficinas en el Palacio Real*

aprendiz(a) *alguien que aprende un oficio, generalmente relacionado con el arte o la artesanía*

bodegón (m.) *lugar donde se cocina y se sirve comida; en el arte, es un cuadro en que se presenta una naturaleza muerta (como comida y ustensilios de cocina)*

desafiar *ir en contra; enfrentarse a una persona o una situación*

desnudo *género artístico que presenta al cuerpo humano sin ropa*

enano/a *persona de estatura muy pequeña*

encargar *pedirle a un artista que haga una obra de arte específica a un precio determinado*

enigmático/a *misterioso y difícil de entender*

espejo *objeto en el que se refleja la imagen de algo*

guardadamas *oficial de la Casa Real que acompaña el coche de caballos de las damas*

infante/a *hijo/a del rey, pero no es heredero/a al trono*

liliputiense *persona muy pequeña*

mayordomo *sirviente principal de la Casa Real*

menina *persona de la Casa Real que sirve a la reina y a los niños de la Familia Real*

naturalista (adj. m., f.) *estilo de arte que reproduce la realidad de manera objetiva*

taller (m.) *lugar que usan los artistas para hacer sus obras*

viudo/a *una persona cuya/o esposa/o ha muerto*

SU VOZ

Puesto que es imposible encontrar un testimonio directo del pintor Velázquez, al final del capítulo (en la sección Actividades escritas) se incluye un ejercicio creativo relacionado con esta sección.

Preguntas

1. ¿Qué tipo de escenas pinta Velázquez?

2. Muy pocos tenían acceso a los cuadros del pintor. ¿Por qué?

3. ¿Qué opinan los críticos de arte sobre los cuadros de Velázquez?

SU OBRA: *LAS MENINAS*

Las meninas es la obra maestra de Diego Velázquez, y uno de los cuadros más estudiados en la historia del arte. Es una obra **enigmática** que ha fascinado al público durante siglos. Algunos estudios dicen que el título original de la obra era *La familia*, refiriéndose a la familia del rey Felipe IV. A partir de 1843, empezó a llamarse *Las meninas*. Como toda buena obra de arte, *Las meninas* puede interpretarse desde varias perspectivas. En esta escena de la vida del palacio real, algunos críticos se han fijado en el valor estético del cuadro y en el genio de Velázquez al recrear la realidad. Otros se han interesado en el significado de los símbolos en la obra, en la importancia de la perspectiva y en el misterio de la luz. Desde un punto de vista sociohistórico, es una obra "democrática" porque incluye a los miembros de varias clases sociales en un solo espacio. En este capítulo, se examina la forma en que Velázquez juega con el espectador y **desafía** las normas artísticas de su época.

¿Quiénes son los personajes en el cuadro?

Las once personas retratadas en el cuadro *Las meninas* son figuras históricas que formaron parte de la corte real del rey de España, Felipe IV. Mire el cuadro atentamente para identificar a cada uno de los personajes.

FIG. 7.2 *Las meninas*, de Diego Velázquez (1656). Óleo sobre lienzo. Museo Nacional del Prado, Madrid.

1. Primer plano, en el centro: la **infanta** Margarita, cuando tenía 5 años.

2. Primer plano, a la izquierda de la infanta: doña María Augustina Sarmiento, una menina.

3. Primer plano, a la derecha de la infanta: doña Isabel de Velasco, una menina.

4. Primer plano, a la derecha de doña Isabel de Velasco: Mari Bárbola, una **enana** de origen alemán. Durante la época, los enanos y los bufones que trabajaban en la Corte eran conocidos por sus facultades proféticas.

5. Primer plano, a la derecha de Mari Bárbola: Nicolás Pertisato, un **liliputiense** de origen italiano.

6. Segundo plano*, a la izquierda: autorretrato de Diego Velázquez pintando.

7. Segundo plano, detrás de la menina doña Isabel de Velasco: doña Marcela de Ulloa, vestida de **viuda**. Era la **guardadamas** de la princesa.

8. Segundo plano, a la derecha de Doña Marcela de Ulloa. Se desconoce el nombre de este hombre, aunque algunos piensan que se llama Don Diego Ruiz de Ancona.

9. En el fondo: Las dos figuras borrosas reflejadas en el espejo son el rey Felipe IV y su segunda esposa, Mariana de Austria.

10. En las escaleras del fondo: José Nieto y Velázquez, **mayordomo** y **aposentador** de la reina.

Fíjense bien en la cruz roja que lleva Velázquez en el cuadro. Se trata de la Cruz de la Orden de Santiago, una orden militar y religiosa que surge en España en el siglo XII. Fue nombrada por el Patrón Nacional de España, Santiago el Mayor. Durante la época de Velázquez, solo los hombres más ilustres formaban parte de esta orden. En *Las meninas*, la Cruz de la Orden de Santiago, que aparece sobre el pecho del pintor, le fue concedida tres años después de terminar el cuadro, en 1659. Algunos creen que fue el propio rey Felipe IV el que añadió personalmente la Cruz de Santiago sobre el pecho de Velázquez en el cuadro.

El espejo y el cuadro dentro del cuadro

A partir del Renacimiento la pintura se enfoca en la representación de la realidad, creando una ilusión casi perfecta del espacio real. Al representar el espacio, con sus objetos incluidos, se pintaron también espejos dentro del cuadro y cuadros dentro del cuadro, que no eran más que aquellas cosas que normalmente existían en las habitaciones. En *Las meninas*, Velázquez incluye el espejo dentro del cuadro y los cuadros dentro del cuadro. Estos elementos adquieren una mayor importancia para el tema general de la obra y ayudan a explicar su contenido. El espejo en *Las meninas* nos invita a jugar y a hacer una reflexión sobre el espacio pictórico; lleva al espectador a reflexionar sobre el arte mismo. Los pintores surrealistas como René Magritte también exploraron este tema de una manera más directa para cuestionar la ilusión de la imagen pintada.

Análisis de la pintura

A. Conteste las siguientes preguntas.

1. En su opinión, ¿quién es el centro de atención en este cuadro?

2. ¿Qué o a quién están mirando los personajes del cuadro? Fíjese en cada uno de ellos y explique hacia donde está mirando.

3. ¿Considera que la escena es estática o que hay cierto movimiento en el cuadro? Explique su respuesta.

4. ¿Cuáles son algunos detalles en esta obra que demuestran el talento de Velázquez al recrear la realidad?

5. ¿En que partes del cuadro se percibe la técnica del claroscuro*? En su opinión, ¿de dónde proviene la luz en el cuadro?

6. ¿Qué está haciendo Velázquez en la escena?

7. ¿Cómo juega Velázquez con la idea del cuadro *dentro* del cuadro? Fíjese en el fondo del lienzo.

B. Primero, indique si las siguientes afirmaciones son verdaderas (V) o falsas (F), según lo que ha leído sobre el cuadro *Las meninas*. Luego, corrija las que son falsas.

1. V F *Las meninas* es un cuadro poco conocido.

2. V F Es una obra muy fácil de entender que todo el mundo interpreta exactamente de la misma manera.

3. V F Velázquez representa una escena íntima de la vida de palacio.

4. V F El pintor juega con la idea del arte dentro del arte.

5. V F El cuadro tiene un carácter enigmático.

Preguntas de discusión

1. Existen varias teorías acerca del reflejo del rey y de la reina en el fondo del cuadro. ¿Cuál de estas tres interpretaciones que encuentra a continuación le parece más convincente? Explique su respuesta.

   a. Velázquez está pintando el retrato de la infanta Margarita, y se ve en el espejo la imagen reflejada del Rey y de la Reina, testigos del trabajo de Velázquez. Cuando el espectador mira el cuadro, se encuentra en el mismo lugar donde estarían los reyes. De esta manera, Velázquez nos invita a formar parte del cuadro.

   b. El Velázquez del cuadro está pintando el retrato de los reyes. Lo que se ve reflejado en el espejo es solo la imagen del retrato, iluminada por la luz que viene de la ventana abierta.

   c. Lo que hay al fondo no es un espejo sino un cuadro; Velázquez y los personajes del cuadro están mirando al espectador.

2. Hable sobre la importancia de los siguientes temas con ejemplos precisos.

   a. La utilización del espejo en *Las meninas*

   b. El mensaje de Velázquez en *Las meninas*

   c. Los aspectos misteriosos del cuadro

   d. La idea del arte como juego

Pablo Ruiz Picasso (España, 1881– Francia, 1973)

Pablo Ruiz Picasso es considerado un genio de la pintura contemporánea del siglo XX y un artista fundamental en la historia del arte. Ningún otro pintor conoció tanta **fama** durante su vida. Nació en Málaga, España, en 1881 y de niño mostró muy temprano un gran talento por el dibujo. Fue considerado un artista prodigio y fue admitido en la Real Academia de Arte en Barcelona con apenas 13 años. A principios del siglo XX se mudó a París, atraído por el ambiente **bohemio** del barrio de Montmartre y la Exposición Universal de 1900. En aquella época estableció amistad con numerosos poetas, escritores, músicos y pintores de Montparnasse, entre ellos Guillaume Apollinaire, Amedeo Modigliani, Eric Satie, Jean Cocteau, Henri Matisse, Juan Gris, Igor Stravinsky y Ernest Hemingway. Uno de los aspectos más discutidos en torno a la figura de Picasso es su relación con las mujeres. Conocido por sus apasionadas relaciones amorosas, encontró inspiración en las mujeres con las que vivió, dedicándoles algunas de sus mejores obras. Durante su larga carrera artística realizó más de 22.000 obras de arte, en pintura, escultura, cerámica, ilustración de libros, grabado y diseño gráfico. La producción artística de Picasso suele describirse en términos de "períodos" bien diferenciados: el período azul (1901–04), caracterizado por el uso de tonos azulados que transmiten melancolía y tristeza; el período rosa (1904–06), definido a través de colores rosados más claros y sensuales. También fue considerado uno de los artistas más importantes del cubismo (*Los tres músicos* [1921]), clasicismo (*Mujer e hijo a las orillas del mar* [1921]), surrealismo (*Figuras a la orilla del mar* [1931]) y expresionismo (*Guernica* [1937]). Otras de sus obras más conocidas son *Las señoritas de Avignon* (1907) y *Desnudo, hojas verdes y busto* (1932). Pablo Picasso es sin duda uno de los más grandes innovadores en el arte moderno. Sus técnicas, su estilo

FIG. 7.3 Retrato de Pablo Picasso, de Pablo Pintado-Casas (2014). Óleo sobre lienzo. Colección privada.

VOCABULARIO ÚTIL

bohemio/a *se refiere a un estilo de vida que rechaza las normas sociales y celebra la libertad*

bombardeo *acto de atacar con bombas*

fama *prestigio, popularidad*

único y su forma de ver el mundo han sido una fuente de inspiración para otros artistas a nivel mundial.

El Guernica

Su vida fue marcada por tres guerras: la Primera Guerra Mundial (1914–1918), la Guerra Civil española (1936–1939) y la Segunda Guerra Mundial (1939–1945). En 1937, el **bombardeo** aéreo alemán del pueblo vasco de Guernica, en el norte de España, motivó a Picasso a pintar una de sus obras maestras, un lienzo enorme (de 11 pies de alto y 25,6 pies de ancho). Terminada la Guerra Civil y con Francisco Franco en el poder, Picasso pidió que el cuadro fuera custodiado por el Museo de Arte Moderno de Nueva York, pero expresó su voluntad de que fuera devuelto a España únicamente cuando el dictador hubiera muerto. Picasso murió en 1973 con 91 años, dos años antes de la muerte de Franco. En 1981 el *Guernica* llegó a España y se expuso primero en el Casón del Buen Retiro, en Madrid. En 1992 el cuadro fue trasladado al Museo de Arte Contemporáneo Reina Sofía, donde permanece actualmente. En el siglo XXI, el *Guernica* es uno de los cuadros más emblemáticos para el pueblo español y un símbolo universal que denuncia los horrores de todas las guerras.

SU VOZ

"Los buenos artistas copian, los grandes roban".

"En aprender a pintar como los pintores del renacimiento tardé unos años; pintar como los niños me llevó toda la vida".

Preguntas

1. ¿Por qué decidió Picasso mudarse a Francia?

2. ¿Cuál es el origen del cuadro *Guernica?*

3. ¿Qué quiere decir Picasso cuando dice que los grandes artistas "roban"?

4. ¿Qué podemos deducir acerca de la personalidad de Picasso según estas citas?

5. ¿Cómo pintan o dibujan los niños? ¿Son buenos artistas? ¿Por qué?

SU OBRA: *LAS MENINAS*

Juegos visuales: De Diego Velázquez a Pablo Picasso

Tres siglos después de la muerte de Diego Velázquez, el cuadro *Las meninas* fue recreado por otro gran maestro del juego: Pablo Picasso. Picasso tenía 13 años cuando vio por primera vez el cuadro de Velázquez en el Museo del Prado, en Madrid. Dijo el pintor: "Tuve la oportunidad de enfrentarme, por primera vez, a mis ídolos. Me esperaban en el Museo del Prado. Desde entonces me quedó fijado en las retinas, de una manera obsesionante, el cuadro de Velázquez *Las meninas*. Creo que ya tomé, aunque fuera en el subconsciente, la decisión de realizar mi versión de Las meninas". Sesenta años después, empezó una serie de cuadros que ofrecen su propia visión de esta obra maestra. Entre agosto y diciembre de 1957, Picasso hizo 58 reinterpretaciones del cuadro de Velázquez, basándose en una tarjeta postal en blanco y negro del cuadro. Si Velázquez había producido en 1656 una obra única, Picasso llevó el juego visual a otro extremo con todas las innovaciones artísticas del siglo XX. De esa manera, Picasso destruyó y reconstruyó la historia del arte.

FIG. 7.4 *Las meninas*, de Pablo Picasso (1957). Óleo sobre lienzo. Museu Picasso, Barcelona.

Análisis de la pintura

1. ¿Cuál es el estilo de *Las meninas* de Picasso? Es decir, ¿lo pintó en el estilo impresionista, abstracto, realista o en otro estilo? Explique su respuesta.

2. ¿Qué colores utiliza Picasso para este cuadro? ¿Por qué cree usted que usó estos colores?

3. En la recreación de Picasso, ¿cómo aparece la figura de Velázquez? Preste atención al tamaño de esta figura y a la perspectiva en el cuadro.

4. ¿Cómo retrata a la enana Mari Bárbola en comparación con la representación de Velázquez?

5. Para el retrato del perro, Picasso se inspiró en su propio perro, *Lump*. ¿Cómo lo retrata en el cuadro?

6. El cuadro de Velázquez se caracteriza por una luz misteriosa. ¿Cómo se presenta la luz en la versión de Picasso?

7. ¿Le gusta esta interpretación que hace Picasso de *Las meninas*? Explique su respuesta.

Preguntas de discusión

1. ¿Cree que Picasso entendió bien la obra de Velázquez? Explique su respuesta.

2. ¿Existe un elemento humorístico en la reinterpretación de Picasso? ¿En qué consiste el juego del pintor? ¿Lo hace reír el cuadro de Picasso? ¿Por qué?

3. Busque en internet otras versiones del cuadro de Velázquez realizadas por otros artistas. Además de Picasso, existen versiones excelentes de varios pintores, entre ellos Fernando Botero (Colombia), Equipo Crónica (España) y Francisco de Goya (España). ¿Cuál interpretación le gusta más?

Joaquín "Quino" Salvador Lavado Tejón (Argentina, 1932–)

El cómic

El cómic, también llamado historieta gráfica, es una historia narrada a través de ilustraciones y, casi siempre, va acompañada de un texto. A pesar de que muchos conectan el cómic con el humor, las historietas pueden ser dramáticas, tener un contenido histórico, político o social. Los cómics infantiles son bastante conocidos y populares. El objetivo de la historieta es lograr un impacto y transmitir un mensaje fuerte a partir de unas pocas imágenes y textos breves. Los cómics están directamente conectados con la cultura, usan expresiones coloquiales y elementos populares. Es por eso que no siempre se capta con facilidad el mensaje de un cómic que proviene de un país cuya cultura desconocemos. A pesar de que existen manifestaciones del comic de épocas antiguas, la llegada de la prensa en el siglo XIX marca el nacimiento de este género, conocido como el *noveno arte*. Desde los años sesenta, el género del comic ha tenido un apogeo y es muy popular en países hispanoamericanos y en España. Algunos académicos dedican tesis doctorales al análisis del cómic como testimonio de un momento histórico y como manifestación de culturas diferentes.

A los 13 años y después de la muerte de su madre, Joaquín "Quino" Salvador Lavado Tejón empezó a estudiar dibujo en la Escuela de Bellas Artes en Mendoza, Argentina, con la meta de trabajar en el cómic argentino *Rico Tipo*. En 1948 falleció su padre. Cansado de los estudios de arte clásico, a los 17 años Quino abandonó la escuela y trató de conseguir trabajo de dibujante. Sin resultado, prestó servicio militar—que según él fue el peor trabajo que tuvo en su vida—, luego trabajó mientras continuaba esperando que algún periódico en Buenos Aires lo publicara. *Esto es* fue el primer periódico que publicó el trabajo de Quino y así comenzó su fama como uno de los mejores creadores de tiras cómicas en Latinoamérica.

Se casó con Alicia Colombo en 1960 y salió al extranjero por primera vez, a Río de Janeiro, para celebrar su luna de miel. En 1962 creó a su memorable personaje Mafalda para una campaña publicitaria de artículos electrónicos. Aunque el personaje de la niña precoz no fue usado para la campaña, Quino comenzó a desarrollarlo. *Mafalda* vio la luz por primera vez en 1964, dándole a Quino—hombre que nunca

FIG. 7.5 El dibujante de cómics Joaquín "Quino" Salvador Lavado

quiso hijos—fama instantánea. Quino y Alicia vivieron autoexiliados en Milán durante los años de la guerra sucia en Argentina; después de terminar la dictadura han pasado los años entre Madrid, Milán y Buenos Aires.

Mafalda, el personaje más famoso de Quino, es una niña con una inteligencia abrumadora que cuestiona constantemente a sus padres y a sus amigos y sufre por la situación social y política del mundo. Es ingeniosa, curiosa y preguntona. Los otros personajes de la tira cómica complementan o contrastan con su personalidad. Si quiere saber más acerca de este personaje, mire la página web de Quino: http://www.quino.com.ar/.

SU VOZ

"Me alimento leyendo periódicos y libros, viendo qué ha preocupado a otros como yo, o a compositores y músicos".

—De una entrevista en el *Diario de la Nación* de Costa Rica

"Viendo mi propia obra veo que toqué temas… Me sorprende que haya temas que cuarenta años después parezcan dibujados ese mismo día. A lo largo de la historia uno se da cuenta que el mundo repite siempre los mismos errores; es increíble".

—De una entrevista por Carlos Ulanovsky y Cristina Mucci en la Feria Internacional del Libro (Buenos Aires, 2014)

Preguntas

1. ¿Cuántos años pasó Quino tratando de conseguir trabajo como dibujante?

2. ¿De qué le sirven los libros y los periódicos a Quino?

3. Según la segunda cita, ¿piensa Quino que cambian con frecuencia los temas y problemas del mundo? Explique su respuesta.

SU OBRA: UNA TIRA CÓMICA SIN PALABRAS

Comprensión de la obra

1. ¿Quiénes son las personas en este cómic? ¿Dónde cree que están?

2. ¿Qué detalles estereotípicos incluye Quino para identificar al turista?

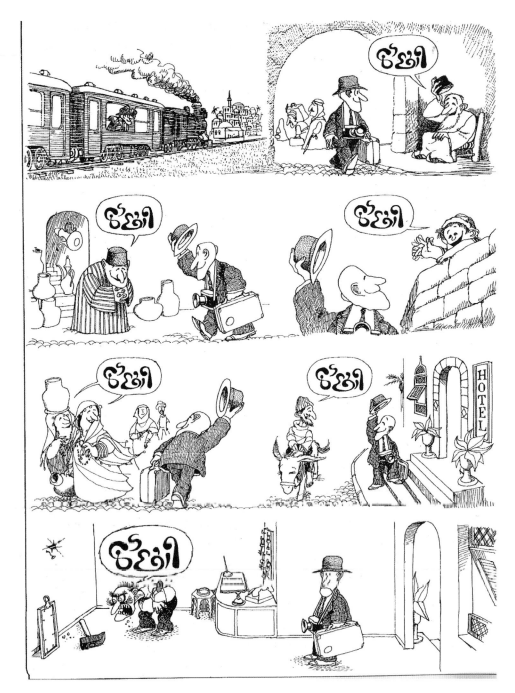

FIG. 7.6

3. Al principio, ¿cómo se siente el turista cuando llega al pueblo? Explique su respuesta. ¿Qué aprendemos al final? ¿Qué cree que le estaban diciendo los habitantes del pueblo al turista?

4. ¿De qué se está burlando Quino en esta tira cómica? ¿Hay un mensaje universal aquí?

5. ¿Con quién se identifica usted en este cómic? ¿Alguna vez se ha encontrado usted en una situación similar a esta?

Preguntas de discusión

1. ¿Cree usted que el género del cómic es un arte? Justifique su respuesta.

2. ¿Es más fácil o más difícil escribir un cómic sin palabras?

3. ¿Es necesario que sean muy buenos artistas las personas que crean los cómics o es más importante que las ideas sean innovadoras? ¿Puede dar un ejemplo de un cómic bueno pero que no se ha dibujado de manera realista o artística?

REPASO DE GRAMÁTICA (I)

El futuro y el condicional

EL FUTURO: Para expresar acciones futuras se puede usar dos formas, el verbo ir + a + *infinitivo* (que es mucho más común en Hispanoamérica) y el futuro simple, que se forma con el infinitivo del verbo + la terminación apropiada: **-é, -ás, -á, -emos, -éis, -án.**

Hay algunos verbos con raíces irregulares en el futuro.

caber (cabr-)	tener (tendr-)	venir (vendr-)
haber (habr-)	valer (valdr-)	decir (dir-)
poder (podr-)	poner (pondr-)	hacer (har-)
saber (sabr-)	salir (saldr-)	querer (querr-)

El futuro también se usa para expresar una *probabilidad* en el presente.

¿Quién llamará a estas horas de la noche?

EL CONDICIONAL: Para formar el condicional, se usa el infinitivo del verbo con la terminación apropiada: **-ía, -ías, -ía, -íamos, -íais, -ían**. Los verbos irregulares del condicional son iguales a los irregulares del futuro.

El condicional se usa para expresar cortesía, para expresar lo que haría en situaciones hipotéticas que usan la cláusula **si**, para expresar el futuro desde la perspectiva del pasado y para expresar una probabilidad en el pasado. Los usos del condicional son muy similares a los del inglés.

cortesía:	¿Me podrías prestar un lápiz? Se me olvidó traer el mío.
situación hipotética en el pasado:	Viajaría por el mundo **si** tuviera el dinero.
expresar el futuro en el pasado:	Mi madre me dijo que me llamaría.
probabilidad en el pasado:	¿Dónde estarían mis llaves? No las encontraba.

EJERCICIOS DE GRAMÁTICA

A. Complete las oraciones con la forma correcta de los verbos en el futuro o en el condicional, según el contexto.

1. Si Pablo Picasso viviera en esta época, _____ (pintar) episodios importantes de nuestra historia contemporánea, como la tragedia del 11 de septiembre.

2. Cuando era pequeño, la madre de Picasso le decía a su hijo: "Si te haces soldado, _____ (llegar) a ser general".

3. Cuando era joven, Picasso le dijo a sus padres que le _____ (gustar) ser pintor.

4. También cuando era joven, Picasso dijo que _____ (trabajar: él) toda su vida para encontrar la inspiración si fuera necesario.

5. En este capítulo nosotros _____ (hablar) sobre el personaje del pícaro y _____ (aprender) sobre diferentes tipos de humor en España y en Latinoamérica.

6. Mis amigos _____ (venir) conmigo al Museo de Arte Moderno el próximo fin de semana.

B. Seleccione a cuatro personajes del cuadro *Las meninas* de Velázquez e imagine su futuro. Escriba dos frases interesantes utilizando el futuro para cada uno de los personajes.

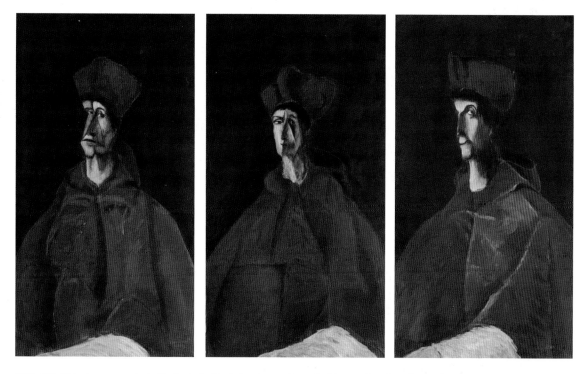

FIG. 7.7 *Tríptico a partir de Rafael,* de Rodrigo Isaza (1988). Óleo sobre lienzo. Colección privada.

EXPRESIONES ESCRITAS

Comunicarse con los demás: El diálogo

Este capítulo se enfoca en la utilización del diálogo en la escritura. El diálogo es un intercambio oral o escrito sobre hechos, sentimientos o deseos. En la literatura, aparece en cuentos y en novelas y se usa para darle vivacidad al texto. En el teatro es un componente fundamental, puesto que toda la acción se centra alrededor del diálogo o del monólogo. El diálogo tiene también mucha importancia en el cine para guiar la acción y llegar a un mejor conocimiento de los personajes. Estas son algunas de las características del diálogo escrito.

- **El diálogo directo** es cuando el narrador no participa y le da la palabra a los personajes. Se reproduce el diálogo textualmente usando comillas (" ") o guiones largos (—). Siempre que habla un personaje se usa un guión al comienzo y diferentes línea cuando hay un cambio de voz.

- **El diálogo indirecto** es cuando el narrador cuenta el intercambio que tienen los personajes.

- **La entrevista** es un diálogo especial que establecemos con otra persona para descubrir algo sobre su vida o sus opiniones. Normalmente el entrevistado es una persona importante de interés para el público que lee el texto. El entrevistador debe permanecer en un segundo plano (véase la sección sobre la entrevista en el Capítulo 6).

- En todo texto dialogado debemos tener en cuenta tres aspectos: **la elocución** (lo que se dice), **la ilocución** (aquello que se quiere decir en realidad, el subtexto, los mensajes ocultos) y **la perlocución** (lo que se pretende conseguir con lo que se dice).

- **Los gestos de los personajes** dan más vida al diálogo y es importante incluirlos.

- **Los signos de puntuación** son esenciales porque indican elementos importantes del diálogo como, por ejemplo, el suspenso, la sorpresa, la duda, la rabia y la alegría.

1. ¿Cree que es fácil o difícil escribir un buen diálogo en una obra de literatura? Explique su respuesta.

2. ¿Le gusta leer teatro? ¿Le gusta actuar? ¿Ha tenido la oportunidad de ver muchas obras de teatro? ¿Dónde?

LITERATURA
DOLORES PRIDA

Dolores Prida (Cuba, 1943–EEUU, 2013)

Dolores Prida nació en Caibarién, Cuba. Desde muy niña escribía poemas, historias y artículos de periodismo. Era la mayor de tres hermanos, hijos de una madre típica latina y un don Juan, como ella misma lo decía. Después de la Revolución cubana en 1959, su padre se fue a los Estados Unidos en un bote y dos años después llegó su familia a Miami. Muy pronto se establecieron en Nueva York, donde Dolores Prida comenzó a trabajar en una panadería. No terminó una carrera universitaria pero tomó cursos de literatura en Hunter College. Dolores Prida exploró de manera exitosa el género periodístico, publicó en periódicos en español y en inglés como *El Diario la Prensa* y el *Daily News*. Se le recuerda con mucho cariño por su columna de consejos a sus lectores que salía en la revista *Latina*.

FIG. 7.8 La dramaturga Dolores Prida

En 1976 tuvo su primera experiencia en el teatro cuando hizo parte del colectivo Teatro de Orilla. Su propósito era hacer un tipo de teatro con el que el público latino se pudiera identificar. En la década de los ochenta, Dolores Prida escribió nueve obras de teatro, muchas de ellas musicales. Mezclaba el inglés y el español en sus obras, hablaba sobre temas provocadores, sobre estereotipos de la mujer latina y del hombre machista. El humor está presente en la mayoría de sus obras donde personajes biculturales hablan de su realidad en los Estados Unidos, se burlan de sí mismos y de otros. Su obra más conocida es *Beautiful Señoritas* (1977), una pieza en la que cuestiona los estereotipos de la mujer latina. Prida pensaba que la mejor manera de convencer a las personas de cambiar de opinión era a través del humor. Murió en 2013 después de asistir a una fiesta donde bailó y cantó como lo hacía frecuentemente.

Casa propia (1999) es una obra de teatro que habla, como lo decía Prida, sobre el sueño americano de tener una casa. La obra se enfoca en la problemática de una familia cubana en un barrio hispano de Nueva York poblado por puertorriqueños (boricuas), dominicanos e italianos. Fanny, uno de los personajes, es una mujer italiana que siente nostalgia por lo que fue su vecindario cuando todos los habitantes eran italianos. Detrás del deseo de tener un espacio propio, las mujeres de la familia hablan sobre lo que significa vivir junto a hombres que van y vienen, que abandonan o que abusan de ellas.

Casa propia es la única obra de Prida en la que su personaje principal es cubano; a través de esta obra se pueden ver algunos de los estereotipos de la cultura latina en la ciudad de Nueva York. La obra se inspiró en una casa que compró Prida en el este de Harlem.

SU VOZ

"Las peceras me recuerdan al aeropuerto cuando me fui... Al otro lado del cristal, los otros, los que se quedaban [...] Y los que estaban dentro y los que estaban fuera solo podían mirarse... las caras distorsionadas por las lágrimas... bocas que trataban de besarse a través del cristal... Una pecera llena de peces asustados, que no sabían nadar, que no sabían de las aguas heladas".

—Fragmento de la obra *Coser y cantar*

Preguntas

1. ¿Qué carrera tuvo Dolores Prida antes de empezar a escribir obras de teatro?

2. En la cita, Dolores Prida describe la situación dolorosa de los inmigrantes que salen de su país. ¿Cómo se mezcla el humor y el drama en esta descripción?

3. ¿Es posible recordar con humor algo del pasado que fue triste o dramático? ¿Recuerda algo que le ocurrió a usted? Comparta su experiencia con la clase.

SU OBRA: *CASA PROPIA*

Antes de leer

1. El título de la obra es *Casa propia*. ¿Su familia vive en una casa o en un apartamento? ¿Sueña usted con tener una casa propia algún día? ¿Cómo sería esta casa?

2. ¿Cree que es común que las mujeres tengan un espacio propio en su casa? ¿Cuál es el espacio preferido de su madre o de su abuela?

3. ¿Cree que comprar una casa es algo importante para los inmigrantes? Explique su respuesta.

4. En el Caribe, en Latinoamérica y en muchos otros lugares del mundo es común usar el humor para hablar sobre momentos difíciles. ¿Por qué cree que esta combinación de sentimientos opuestos es algo usual?

Nota: La pronunciación del español en los países del Caribe tiene rasgos particulares. Por ejemplo, a veces no se pronuncian algunas sílabas o vocales, y se elimina la -**s** final de las palabras. A continuación hay algunos ejemplos de estos rasgos que se encuentran en la lectura.

al meno	*al menos*	**pa'**	*para*
d'eso	*de eso*	**p'allá**	*para allá*
enredaos	*enredados*	**to'**	*todo*
mijito/a	*mi hijito/a*	**usté**	*usted*
mijo/a	*mi hijo/a*	**verdá**	*verdad*

Nota: Uno de los personaje de la obra, Fanny, les habla a sus vecinos en italiano a veces. Las frases son muy simples y muy similares en español, así que usted no tendrá mucha dificultad en entenderla.

Vocabulario útil para el estudio del teatro

acotación (*f.*)**:** las notas que se ponen en la obra de teatro que explican todo sobre el decorado, el vestuario, la descripción de los personajes, etcétera

acto: cada una de las partes en que se divide una obra de teatro; Aristóteles planteó que una obra de teatro se divide en tres actos: exposición, clímax, desenlace (pero muchas obras modernas tienen solamente un acto)

aparte (*m.*)**:** palabras pronunciadas con un tono de voz más bajo, especialmente para el público, para que los demás personajes en la escena no las oigan.

decorados: todos los objetos (muebles, alfombras, cortinas, etcétera) que se utilizan para una obra

drama (*m.*)**:** una representación en la cual unos personajes representan un hecho de la vida humana delante de unos espectadores

dramaturgo/a: autor(a) de obras dramáticas

escenario: la parte del teatro en que se colocan los decorados y se representa la obra teatral

monólogo: un discurso dicho por una persona

reparto: la distribución de los diferentes papeles en la obra

telón (*m.*)**:** tela grande que se pone en el escenario de un teatro y que puede bajarse y subirse entre los actos, al principio y al final de la obra

VOCABULARIO DE LA LECTURA

amarrar   *atar, encadenar*

amenazar   *dar a entender con actos o palabras que se quiere hacer algún mal a alguien*

apestoso/a   *que huele mal*

bodega   *tienda de alimentos*

cantaleta   *regaño reiterado*

chancletas   *zapatos que se usan en la casa*

empaquetar   *organizar los objetos de una casa en maletas y cajas*

empujón (m.)   *usar su cuerpo, sus brazos para impulsar hacia adelante*

engañar   *decir mentiras*

entrometido/a   *que se interesa en las vidas de otros*

escoba   *instrumento utilizado para limpiar el suelo*

estar en estado   *estar embarazada*

Fulano/a   *hace referencia a una persona cuyo nombre no se recuerda o no se quiere recordar*

guagua   *autobús (Cuba)*

huertica   *espacio pequeño donde se plantan verduras; diminutivo de* **huerta**

lujo   *algo sofisticado que no es de primera necesidad*

mascullar   *hablar de una manera confusa*

nuyorican(a)   *persona de ascendencia de Puerto Rico que nace en Nueva York*

plomero/a   *persona especializada en arreglar problemas de conductos de agua*

pocilga   *lugar que huele mal y está sucio; lugar donde viven los cerdos*

porquería   *cosas sucias*

préstamo   *cuando uno recibe dinero que debe pagar después*

sueldo   *salario*

transeúnte / peatón (peatona)   *persona que camina por la calle*

venganza   *acto de tomar medidas en contra de una persona que le ha hecho daño o humillado*

viudo/a   *persona cuyo esposa/o ha muerto*

EXPRESIONES DE LA LECTURA

hacer sudar la gota gorda   *hacer esperar por demasiado tiempo (hasta estar nervioso/a) algo que se quiere*

el horno no está pa' rosquitas   *la situación está difícil (Caribe)*

lo único que faltaba   *expresión que se usa cuando han ocurrido ya varias cosas negativas*

meterse en una camisa de once varas   *meterse en problemas*

no hay de qué   *de nada, respuesta a gracias*

quedarse para vestir santos   *quedarse soltera de avanzada edad; nunca casarse*

Lectura

Casa propia
Ópera sin música en dos actos

A veces hay que abandonar un sueño para alcanzar otro.

Personajes

La mujer: OLGA, **cubana, 40 años**

El marido: MANOLO, **cubano, 45 años**

La suegra: FEFA, **cubana, 65 años**

La hija: MARILIS, **cubana, 20 años**

El novio: MARIO, **puertorriqueño, 20 años**

La vecina sexy: YARISA, **dominicana, 30 años, divorciada**

La handywoman: JUNIOR, **nuyorican, 28 años**

La otra vecina: FANNY, **italiana, 80 años, viuda**

Transeúntes y peatones pasarán de cuando en cuando, echando basura por las aceras.

ESPACIO: la acción ocurre en dos espacios:

> *El primero, la acera frente a tres edificios contiguos en un barrio latino de Nueva York. Se ven la puerta y las ventanas de dos de los edificios. Al principio habrá graffiti en las paredes. El izquierdo es la casa de Fanny. El del centro es la casa de Olga y Manolo. El tercero, foro derecho, es una **bodega**. En la vitrina hay pegados varios anuncios de Beba cerveza, Tome Café, Play Lotto.*

> *Encima, y a todo lo largo de la puerta y la vitrina, hay un letrero grande en el que se lee: Bodega La Borinqueña (este nombre tachado), y debajo, El Cibaeño.*

> *El segundo, el patio de la casa de Olga y Manolo.*

Tiempo
Primer acto: Presente
Segundo acto: Un año más tarde. Otoño

PRIMER ACTO
Escena 1

En la oscuridad se escucha la canción "Sidewalks of New York". Las luces suben lentamente y vemos a FANNY, en bata de casa, medias deportivas, blancas con rayas azules, y chancletas de peluche en forma de conejo, barriendo la acera justo al frente de su edificio. Mira subrepticiamente a un lado y a otro y empuja la basura hacia la acera del edificio de al lado. Hace lo mismo al otro lado.

La música cambia a un merengue justo cuando JUNIOR sale de la bodega. En una mano trae su caja de herramientas. En la otra, una cerveza dentro de una bolsa de papel. Se para y bebe un trago. Mira a FANNY. Sonríe.

FANNY: (**Mascullando** *mientras barre.*) Garbash garbash garbash pigs pigs pigs cuchinos, va fangula... porca miseria.

JUNIOR: Buon giorno doña Fanny! (*Levanta la cerveza como saludo. Vuelve a beber.*)

FANNY: Buon giorno... questa porquería sempre sempre! (Amenaza *a JUNIOR con la* escoba.)

JUNIOR: When are you going to sell me the house?

FANNY: Show me the money! Show me the money! (*JUNIOR se ríe.*)... What day is today?

JUNIOR: (*Para sí*). Esta doña siempre pregunta lo mismo... (*A FANNY*) Monday Monday Monday.

FANNY: (*Barriendo*) Monday Monday Monday... garbash day (*Se detiene, se apoya en la escoba y mira hacia el frente.*) This was such a beautiful neighborhood... una bellisssima strada... (*Mira a JUNIOR. Luego apunta al frente con la mano.*) La, the café with big shiny espresso machine... Qui. (*Apunta a la bodega con la escoba.*)

JUNIOR: ... Il ristorante d'Alfredo...

FANNY: (*Suspira. Da dos escobazos. Rememora.*) Every July, la virgine dil Monte Carmelo en una bella pochesione.

JUNIOR: With the fireworks and the parish band.

FANNY & JUNIOR: Untataum tantaum tantaum.

FANNY: ... Il padre Benedetto al frenti de la procesione. A la porta dil convento, lá, il bazar, the games, food, food everywhere e tutti gli paesani di Catania... La familia. (*Suspira. Vuelve a barrer.*)

JUNIOR: Sí, sí, Fanny, ya lo sé. Este barrio era muy lindo. Ya lo sé. Ya lo sé. Pero eso era antes... ahora es otra cosa, viejita. Olvídese **d'eso**. Las cosas cambian...

JUNIOR sale. FANNY la ignora. Sigue barriendo y mascullando. Aumenta el volumen de la música. YARISA sale de la bodega escoba en mano. Mira a FANNY de reojo con disgusto. Barre —con un meneíto de merengue— la basura de frente a la bodega y la empuja hacia el edificio del medio.

De afuera se oyen voces.

MANOLO: (*Off*) ¡Ave María, vieja, pero dónde tú me has metido! ¡Esto es un basurero chica!

FANNY entra apresuradamente a su casa. YARISA da el último escobazo y entra a la bodega. Entran OLGA y MANOLO.

OLGA: Pero deja que veas la casa...

MANOLO: A ver, ¿cuál es?

OLGA: (*Apunta hacia el edificio del medio.*) Esta.

MANOLO: (*Parado entre la basura acumulada frente al edificio, las manos en la cintura. Con irritación contenida.*) ¿Esto?

FANNY se asoma por la ventana. YARISA mira desde adentro de la bodega, echándole el ojo a MANOLO.

OLGA: Pero deja que la veas por dentro... y el patio...

MANOLO: ¡Esto es una **pocilga**, chica! Tú estás loca. Yo no vivo aquí ni aunque me la regalen...

OLGA: Ay, Manolo, por favor... dame un chance, OK?

MANOLO: Olga, esto es **meternos en camisa de once varas.** Una casa es una esclavitud. Aquí hay que ser barrendero del prójimo. Mira, esto... (*Señala la basura en el piso.*) Y en el invierno a palear nieve y **porquería**. Tú sabes que yo no puedo hacer fuerza...

OLGA: Manolo, no podemos seguir en este apartamentito miniatura, pagando esa barbaridad de renta. Y ahora con tu mamá ahí **to'** el día en su batilongo y con el sofá cama abierto...

MANOLO: Ya sé que es una inconveniencia, pero no la podía dejar sola allá en Miami...

OLGA: Lo sé, mi amor. A mí no me importa que ella viva con nosotros, pero estamos muy incómodos...

MANOLO se para frente a la bodega, se sacude los bajos del pantalón. Ve a YARISA. Ella le sonríe. Él mira primero hacia OLGA, quien contempla la casa, y le devuelve la sonrisa.

MANOLO: (*A OLGA*) Está bien, vamos a verla por dentro.

OLGA: Tenemos que esperar a Marilis. Ella tiene la llave.

MANOLO: ¿Y mamá con quién se quedó?

OLGA: Viene con la niña.

MANOLO: Bueno... mira, voy a comprar una cerveza. ¿Quieres algo?

OLGA: No, te espero aquí.

MANOLO entra en la bodega. Lo vemos flirtear con YARISA mientras se toma una cerveza.

OLGA examina la casa, le pasa la mano a la puerta. Empuja una basura con el pie. Chequea la ventana. Se recuesta a la pared.

OLGA: Siempre he querido tener una casa propia de verdad... un lugar fijo donde vivir... Cuando era chiquita nos mudábamos tanto... de casa en casa, de pueblo en pueblo... Papá llegaba de uno de sus viajes con la noticia: "Cuca, nos mudamos mañana, empieza a **empaquetar**... " Él vendía lámparas a plazos... feísimas y carísimas. Mami decía que papi tenía tal labia que una vez hasta le vendió dos lámparas a unos guajiros que no tenían luz eléctrica. Él tenía que viajar por toda la Isla y usaba eso como excusa para las tantas mudadas. Luego me enteré que en realidad era porque se le "olvidaba" pagar la renta... La única casa de la que tengo recuerdos era la de juguete, la que me trajeron los Reyes Magos. Era de cartón pintado, pero las cortinitas en las ventanas eran de tela de verdad... Lo mejor que tenía era que se podía armar y desarmar muy facilito, muy conveniente para las mudadas... Esa casa viajó conmigo a todas las otras casas... Y casi llega a Miami, pero a última hora, en el mismo aeropuerto, se la regalé a mi prima Noemí porque lloró tanto ese día que nos fuimos...

MARILIS: (*De afuera*) ¡Mamá!

MARILIS y FEFA entran.

OLGA: Al fin llegaron... hace rato que estamos esperando.

FEFA: Ay, no puedo con los juanetes... qué caminata hemos dado...

MARILIS: El dueño no estaba y allí nadie sabe nada de la llave.

OLGA: Pero, ¿la tienes?

MARILIS: Sí, aquí está. (*Busca en la cartera.*)

FEFA: ¿Y Manolo?

OLGA: Ahí en la bodega.

OLGA va hacia la bodega. MARILIS no encuentra la llave. Va sacando cosas de la cartera. MARILIS sigue urgando en la cartera. No encuentra la llave. Va sacando cosas de la cartera y se las pasa a FEFA. (Kleenex, un cassette player, una revista, un zapato tenis.) MANOLO sale de la bodega.

MANOLO: (*A MARILIS*) Ya es hora... (*Le da un beso a FEFA.*) Qué pasa, vieja...

FEFA: Aquí **mijito**... oye, pero esto es un basurero.

MANOLO: (*Bajito*) Olvídate de eso, mamá. Lo de la compra no va. Vamos a ver la casa para que Olga no joda más y salimos de eso...

OLGA: (*A MARILIS, que sigue buscando la llave*) ¿Qué pasa, **mija**?

MARILIS: ¿Dónde la habré metido... lo único que falta es que la haya perdido después de todo lo que tuve que esperar. (*Mete todo lo que había sacado en la cartera de nuevo.*)

MANOLO: ¿Ves? No aparece la llave. Eso es una señal. Esta casa no está **pa'** nosotros.

FEFA: Marilis, ¿buscaste en los bolsillos?

MARILIS: No, deja ver. (*Busca en los bolsillos. Saca más Kleenex estrujados.*) ¡Ay, sí, aquí está!

OLGA: Qué bueno. Deja que vean los pisos de madera que tiene la casa... claro, hay que pulirlos.

FEFA: Abre, niña. Estoy loca por sentarme un rato.

MARILIS mete la llave en la cerradura, pero no abre. Vuelve a tratar.

OLGA: Y ahora ¿qué pasa?

MARILIS: No abre.

MANOLO: Dale un **empujón**.

MARILIS empuja pero la puerta no cede. MANOLO empuja. Todos hablan a la vez.

OLGA: A ver, chica, déjame tratar a mí.

FEFA: Niña, dale la vuelta a la izquierda.

MANOLO: Quítate, vieja.

OLGA: Dale para la derecha...

MARILIS: ¡No lo puedo creer! ¡Me dieron la llave que no es!

YARISA sale de la bodega.

YARISA: ¿Qué pasa? ¿No pueden entrar?

MANOLO: Parece que nos dieron la llave que no era.

FEFA: Pues, vámonos. Ya yo no aguanto más.

YARISA: No se vayan. Junior les puede abrir. (*Mira hacia el foro derecho y grita.*) Tito, ¡Tiitoo!... Oye, ¿Junior está ahí? Dile que venga.

MARILIS: ¿Alguien tiene las llaves? ¡¿Entonces para qué me hicieron ir hasta Forest Hills... ?!

YARISA: Junior estuvo haciendo unos arreglos de plomería... por eso tiene la llave.

MANOLO: Qué muchacha tan servicial... Gracias. Mire, Yarisa, esta es mi familia, mi mamá, mi hija, mi mujer...

YARISA: Mucho gusto... ¿Así que van a comprar la casa?

OLGA: Bueno...

MANOLO: Lo estamos pensando... (*Le sonríe a YARISA.*)

YARISA: Qué bueno que vamos a tener vecinos de nuevo. Esta casa lleva casi un año vacía...

OLGA: ¿Dónde está ese **plomero**?

Llega JUNIOR *con su caja de herramientas.*

JUNIOR: ¿Qué pasa, Yari?

YARISA: Ay, Junior, mira...

MANOLO: Junior? ¿Usted es el plomero?

JUNIOR: No. Soy la plomera, carpintera y electricista. Tapo goteras, destrabo ventanas, cambio llavines y destapo inodoros... Any problem with that?

MANOLO: No... ninguno. (*Para sí*) Marvila, la Mujer Maravilla...

YARISA: Mira Junior, esta gente viene a ver la casa de don Riquelme, pero le dieron la llave equivocada. Ábrele, mamita.

JUNIOR: Sure. A ver... (*Se descuelga el enorme llavero que lleva colgado de la cintura. Escoge una llave y abre la puerta.*) Las puertas de adentro están abiertas. Pasen, pasen...

Comprensión de la obra (I)

Primero, indique si las siguientes frases son verdaderas (V) o falsas (F), según el contenido de la obra. Luego, corrija las que son falsas.

1. V F   La obra tiene lugar en un barrio de lujo en la ciudad de Nueva York.

2. V F   Fanny es una mujer elegante y sofisticada.

3. V F   En el pasado el barrio era mucho más bonito y limpio.

4. V F   Fanny es muy generosa y limpia la basura delante de todas las casas.

5. V F   A Manolo le encanta la casa y el barrio.

6. V F   Fefa, la madre de Manolo, vive sola.

7. V F   De pequeña, Olga siempre vivió en la misma casa en Cuba.

8. V F   Todos se sorprenden cuando ven que el plomero, Junior, es una mujer.

OLGA, FEFA y MARILIS entran.

MANOLO: (*Flirteando*) Muchas gracias, Yarisa. La verdad es que usted es tremenda vecina. (*MANOLO entra a la casa.*)

YARISA: (*A JUNIOR*) ¡Ay, qué hombre tan simpático! Me hace sentir como en mis buenos tiempos, porque la verdad, tigrita, es que aquí nadie te mira. Ojalá que compren la casa...

JUNIOR: No sé por qué sigues tan pendiente de los hombres, con tan mal que te han tratado...

YARISA: Ya lo sé. Los hombres debían traer una etiqueta como los cigarrillos: "Advertencia: los hombres son perjudiciales para la salud". Te engañan, te pegan, te abandonan, te traspasan enfermedades mortales... pero, mija, es difícil dejar el hábito.

JUNIOR: No es tan difícil. Si quieres te lo explico...

YARISA: Azarosa, déjate de eso... que ahí sí que no voy yo.

JUNIOR: Never say never.

YARISA: (*Entrando a la bodega.*) Gracias, mami.

JUNIOR: **No hay de qué.**

YARISA entra en la bodega. FANNY sale de su casa, escoba en mano.

FANNY: ¡Junior, Junior!

JUNIOR: What's up, Fanny?

FANNY: What day is today?

JUNIOR: (*Saliendo*) Monday Monday Monday.

FANNY: (*Para sí*) Monday... garbash day.

Barre la basura que FEFA había echado anteriormente en su acera y la devuelve a la acera de OLGA. Las luces bajan en la acera. Suben en el patio. El patio está lleno de bolsas de basura y de reciclaje. Una silla vieja, un BBQ herrumbroso boca abajo, varios cajones plásticos. OLGA entra y mueve algunas cosas. Se sienta en uno de los cajones.

MARILIS: (*De afuera*) Mami, ¿dónde estás?

OLGA: ¡Aquí, en el jardín! Ven a ver...

MARILIS entra y observa el basurero.

MARILIS: ¿Jardín? Mami, esto...

OLGA: Ya sé. Ahora es un basurero. Eres como tu padre, ves las cosas nada más como son y no como pueden ser... Tienes que imaginártelo... Mira, aquí, begonias; mírame, lindas; un rosal... ají, perejil, orégano, cilantro, yerba buena...

MARILIS: El coreano de la esquina tiene todo eso, fresco y barato...

OLGA: ¿Tú sabes lo que es tener tu propio jardincito, tu **huertica**?

MARILIS: (*Algo sarcástica*) ¿Cómo si estuvieras en Cuba... ?

OLGA: No, mija. Allá en Cienfuegos[1] un patiecito con una huerta no es nada del otro mundo. Pero, aquí en Nueva York es... un **lujo**. No, es más que un lujo. Cuando vives en una tierra que no es la tuya, ser dueña de un pedacito de esa tierra es una necesidad. Te ayuda a sentir que perteneces... que de algún modo eres parte de aquí. Oye, y además es la mejor **venganza**.

MARILIS: ¿Venganza de qué?

OLGA: Sí, chica, tú sabes... porque hay muchos que piensan que no debemos estar aquí. Pero cuando eres dueña de un cachiro de Manhattan, que se jodan... nos tienen que chupar.

MARILIS: Ay, mami... Yo sé lo ilusionada que tú estás con esta casa, pero esto es algo que hay que pensarlo bien. No tenemos tanto dinero para el down payment... y con el **sueldo** tuyo y de papá...

OLGA: ¿Y el tuyo?

MARILIS: Mami... (*Se sienta en otro cajón al lado de* OLGA.) Tú sabes que Mario y yo estamos pensando en casarnos en cuanto él termine sus estudios...

OLGA: Eso será para el *Cuarto Milenio*[2]...

---

1. una ciudad de Cuba

2. **Cuarto...** programa de televisión en español

MARILIS   Los estudios son muy importantes. De eso depende el futuro.

OLGA: *¿Sí?* ¿Y entonces por qué tú te saliste de la universidad sin terminar? Mira ahora lo estancada que estás ahí en ese trabajito de secretaria. Yo no entiendo. Si yo hubiera tenido las oportunidades que tú tienes...

MARILIS: No empieces con la misma **cantaleta** otra vez. Ya sé que tengo muchas opciones, y una de ellas es no escoger ninguna.

OLGA: De tanto escoger **te vas** a **quedar para vestir santos**. Ya yo he perdido la cuenta de todos los novios que has tenido. Y otra cosita: Mario todavía no te ha propuesto matrimonio. Ese es un detalle importante, que pidan tu mano. Con Manolo eso fue... difícil... Me **hizo sudar la gota gorda**.

MARILIS: Eso de pedir la mano ya no se usa, es una antigüedad.

OLGA: Ay, pero es tan bonito... un gesto muy respetuoso.

MARILIS: A veces me parece que el matrimonio es una antigüedad también. Una atadura...

OLGA: Ay, Marilis, no hables así...

MARILIS: Anyway, yo voy a tomar un curso de producción de documentales. Mario dice que en su college hay un buen programa de comunicaciones...

OLGA: Entonces, ¿vas a volver a la escuela o te vas a casar?

MARILIS: Con un trabajo así puedo viajar... ver mundo. No quiero pasarme la vida en trabajitos de porquería, como...

OLGA: ¿... nosotros?

MARILIS: Sí. Estoy cansada de la semipobreza, de la rutina. De levantarme todos los días a la misma hora. De montarme en ese subway **apestoso** a la misma hora por la mañana, a la misma hora por la tarde, como una sardina en lata. Esperar un año entero para dos semanas de vacaciones que no puedo pasar en ninguna parte...

OLGA: Yo siempre he sido semipobre, así que estoy acostumbrada. Y ahora me puedo dar con una piedra en el pecho. Ahora por lo menos gano mi propio dinero y he podido ahorrar un poco y quiero comprar esta casa.

MARILIS: Pero, mami, eso es mucho trabajo, endeudarse de por vida... estar amarrada al mismo sitio por 30 años...

OLGA: Quiero morirme en mi propia casa. Eso lo tengo claro. Tú sabes que yo siempre he querido tener casa propia. Y no quiero terminar como Fefa. Los hijos se la pasan los unos a los otros como un mueble viejo que no pega con el resto de la decoración.

MARILIS: Yo no soy así. Cuando te retires te vas a vivir conmigo...

OLGA: ¿Cuando yo me retire? ¿Y Manolo... ?

MANOLO: (*De afuera*) ¿Dónde están?

OLGA: ¡Aquí, viejo, en el jardín!

Comprensión de la obra (II)

Primero, indique si las siguientes frases son verdaderas (V) o falsas (F), según el contenido de la obra. Luego, corrija las que son falsas.

1. V F Junior está casada con un hombre maravilloso.

2. V F A Manolo le gusta seducir a otras mujeres.

3. V F Yarisa siempre tuvo malas experiencias con los hombres.

4. V F Olga se imagina el jardín de la casa con hierbas frescas y flores.

5. V F Marilis piensa que se va a casar con Mario y que va a vivir en Puerto Rico.

6. V F Marilis terminó sus estudios en la universidad y tiene un excelente trabajo.

7. V F Para Olga, la casa es un símbolo de seguridad.

MANOLO: (*Entra.*) Chica, pero aquí parece que vivían unos marranos, por tu madre. (*Se sacude los bajos del pantalón. Mira a su alrededor.*) Parece que nunca sacaban la basura.

OLGA: Eso no es nada, se limpia en un par de horas...

MANOLO: Bueno, olvídate, chica. Vámonos, tengo cosas que hacer.

MARILIS: Todavía no. Tengo que esperar a Mario. Quedé en encontrarme con él aquí. Se debe haber perdido por el camino, ese hombre es un genio en

OLGA: Enfermedades al Rescate, lo que no han logrado los Hermanos con to-
             das las invasiones y conspiraciones desde Hialeah.

MANOLO: Muchacha, a ese ya no lo salva ni su amiguito el Papa.

MARILIS: Con Fidel o sin Fidel, yo no me voy. No tengo nada que ir a buscar allí.
             Yo soy de aquí. I don't even know anybody there...

OLGA: Mi prima Noemi está allá todavía.

MANOLO: (*A MARILIS*) Está bien, mijita. Usted ya es grande, y cuando se case, usted
             tiene que vivir donde su marido diga. Pero este que está aquí, se va para
             Cienfuegos... (*Canta a lo Benny Moré.*) "Cuando a Cienfuegos llegué
             que esa ciudad quise verla ya que la llaman La Perla... "

MARILIS: "A Hundred Fires", qué nombre para un pueblo.

MANOLO: Pueblo no, ciudad. (*Canta.*) "Cienfuegos es la ciudad que más me gusta
             a mí... "

Comprensión de la obra (III)

Primero, indique si las siguientes frases son verdaderas (V) o falsas (F), según el
contenido de la obra. Luego, corrija las que son falsas.

1. V F   Fanny piensa que Olga y Manolo son de Puerto Rico.

2. V F   Manolo quiere regresar a Cuba y comprarse una casa allí.

3. V F   Olga cree que Fidel Castro se va a morir muy pronto.

4. V F   Manolo se siente atrapado por la rutina.

5. V F   A Marilis también le interesa ir a vivir a Cuba.

FANNY asoma la cabeza por la cerca. MANOLO se le acerca cantando. FANNY le
saca la lengua y desaparece.

MARILIS: (*Riendo*) Papi, I think she likes you!

OLGA: **¡Lo único que faltaba!**

MARILIS: (*Mira el reloj de pulsera.*) ¿Dónde estará Mario? Voy a asomarme a ver si
             lo veo venir...

OLGA: Mari, cuando llegue Mario, enséñale la casa...

MARILIS: Mami, tenemos prisa...

OLGA: ... a ver qué le parece. Sobre todo el tercer piso. Ese es el de ustedes.

MARILIS: (*Aparte*) El de nosotros... A él lo que más le interesan son los números. Él dice que las matemáticas son más importantes que las palabras. Que todo está basado en las matemáticas. Sé lo que va a decir: que sin los números no existiría esta casa, ni esa cerca, ni aquella ventana. Que en resumidas cuentas... en total... sí, todo es sumar y restar, multiplicar y dividir. Uno, dos, tres... El tercer piso es... cero.

MARILIS entra a la casa.

OLGA: Manolo, siéntate un momento... Quiero enseñarte algo.

MANOLO: Chica, no me voy a sentar ahí, eso está sucio.

OLGA: Manolo, yo llevo meses tratando de tener una conversación seria contigo sobre la casa. Aquí tengo todos los papeles y toda la información sobre el **préstamo**... Anda, chico, siéntate un momento. Ven.

MANOLO: Olga, ya tú sabes lo que yo pienso sobre el asunto de la casa. Yo no sirvo para eso, vieja... Tú lo sabes... Hay que pintar, arreglar, coger goteras... y este patio... (*Respira con dificultad.*) Mira **p'allá**, creo que ya me está dando asma... Esas yerbas...

Entra FEFA.

FEFA: Ay, subí hasta el último piso... Tengo los pies echando chispas... (*Se sienta. Ve a MANOLO agitado.*) ¿Qué te pasa, mijo?

MANOLO: Nada, vieja, parece que este polvero me está dando asma.

FEFA: ¿Y eso? Que yo recuerde, a ti no te ha dado asma desde que tenías 15 años...

OLGA: Qué va. Usted no estaba aquí cuando eso, Fefa, pero el día de la boda le dio un ataque tan fuerte que se le puso la cara morada. Y el día que le di la noticia que **estaba en estado** de Marilis hubo que llevarlo al hospital a que le dieran oxígeno...

MANOLO: Tengo la garganta seca. A lo mejor si me tome algo fresco... Voy ahí a la bodega. ¿Quieren algo?

FEFA: Ay, sí, mijo. Tráeme un cafecito, pero café cubano. No me traigas esa
             agua de chiringa que toman los americanos.

MANOLO: Mamá, no estamos en Miami. Aquí no hay café cubano. Si acaso domi-
             nicano... o el Bustelo ese.

FEFA: Sí, cualquiera de esos. Pero que esté acabado de hacer. El café recalentado
             me da gases.

OLGA: Tráeme uno a mí también.

                  MANOLO sale. FEFA lo sigue con la mirada.

FEFA: Olga, no quería decirte nada delante de Manolo, pero la verdad es que
             la casa esta buenísima... Y ese cuarto de ahí del primer piso, estaría per-
             fecto para mí. Yo sé que no puedo con el sube y baja de las escaleras...

OLGA: ¡Ay, Fefa, no me diga! ¡Qué alegría me da! Al fin alguien me apoya.

FEFA: Bueno, de apoyar, apoyar... No sé de qué valga mi apoyo. Pero me
             gusta... claro, que hay que hacer arreglos y pulir esos pisos...

OLGA: No importa, no importa todo el trabajo que haya que hacer. Será nuestra
             casa. Tenemos toda la vida para arreglarla... y pagarla. ¡Ay, Fefa, ayúdeme
             a convencer a Manolo!

FEFA: Eso sí que está difícil, mija. Yo nunca he logrado convencer a Manolo de
             nada, ni a ninguno de mis otros hijos... el señorito abogado de Coral
             Gables... ni al comandante en jefe que se quedó allá en Cienfuegos. Ni
             al otro... a... Ni a mi marido, que en paz descanse. Mis opiniones nunca
             contaban para nada...

OLGA: Ay, Fefa, no diga eso...

FEFA: Pero si es la verdad, Olga.

OLGA: Yo sé que Manolo tiene jiribilla... a él no le gusta sentirse atado a nada,
             ni a nadie... pero mi esperanza es que con la compra de la casa siente
             cabeza... tome responsabilidad. Desde lo de su hermano...

FEFA: (*Aparte*) Yo sabía que él quería irse. No aguantaba aquello. El quería otra
             cosa... Tenía sus debilidades. Era... diferente. Ya había tenido muchos
             problemas, lo habían arrestado, y su hermano no podía protegerlo más.
             Peleaban constantemente. Yo sabía que él quería irse... Y se fue, en una

balsa de tablas viejas y cuatro gomas de carro... y yo no pude hacer nada para detenerlo. Nunca llegó a Cayo Hueso. Ni a ninguna parte... El otro hijo, el de Miami, me mandó a buscar... total para qué. Él ahora es de la "jai". Su mujer no me quería en la casa. Lo convencí de conseguirme un cuarto en otro lugar. Viví sola por varios meses. Yo nunca he vivido sola. No sé cómo... Me pasaba el día sentada en el banquito de la parada de **guagua** que estaba en la esquina, mirando siempre a la izquierda. Tapándome del sol con una sombrilla. No iba allí a esperar la guagua. Me habían dicho que hacia allá quedaba Cuba... y para allá miraba yo. Esperando qué sé yo... que el mar me devolviera a mi hijo.

OLGA: ... Fefa, usted cree que...

FEFA: ¿Por qué me tratas de «usted»?

OLGA: No sé... la costumbre.

FEFA: Pues, ya. Me haces sentir más vieja de lo que soy.

OLGA: Está bien... como ust... tú digas.

FEFA: (*Se sienta al lado de* OLGA.) ¿Tú crees que el banco te dé la hipoteca?

OLGA: No sé. Pero, de todas maneras hay otras opciones además de los bancos... yo he estado haciendo muchas averiguaciones... Creo que tengo muy buen chance con Fannie Mae[5]... Mira. (*Saca folletos y papeles de la cartera.*)

FEFA: ¿Fanny May? ¿Quién es esa?

MARILIS entra.

MARILIS: Mamá, me voy.

OLGA: Bueno, que disfruten... ¿Dónde te va a llevar a comer?

MARILIS: Por el momento, a ninguna parte. Mario no aparece.

FEFA: ¿Le habrás dado bien la dirección?

MARILIS: Se la anoté en un papel.

---

5. **Fannie**... una empresa que hace préstamos para comprar casas

OLGA: Ay, chica, yo que quería que me diera su opinión sobre la casa y, ya que él sabe tanto de eso, que nos ayudará a darle cabeza a los números.

MARILIS: Mamá, en estos momentos...

OLGA: Bueno, cuando pueda. Tendremos que venir de nuevo. ¿Ustedes bajaron al sótano?

MARILIS: No, estaba muy oscuro.

FEFA: No encontramos el switch de la luz...

OLGA: Vengan, yo tengo una linterna. Quiero ver qué piensan sobre la boila.

FEFA: Olga yo no sé nada sobre esos aparatos. Y esas escaleras no me gustan nada... Yo las espero aquí.

MARILIS: Mami, me tengo que ir...

OLGA: Mija, calma. Es solo un momentico. Ven...

OLGA sale, seguida por MARILIS. FEFA mira por las rendijas de la cerca hacia el patio de FANNY. FANNY hace lo mismo por el otro lado. Las dos asoman las cabezas por encima de la cerca al mismo tiempo. FANNY saca la lengua. Ambas bajan las cabezas detrás de la cerca. Repiten la operación. Las dos sacan la lengua al mismo tiempo. Bajan las luces sobre el patio y suben en la bodega.

YARISA: ... pues sí, Manolín, he tenido muy mala suerte con los hombres.

MANOLO: Chica, cómo va a ser. Una mujer tan hermosa y tan simpática como tú. Es para que tuvieras cien pretendientes haciendo cola ahí afuera.

YARISA: (*Se ríe.*) Ay, mira que tú tienes cosa. Lo que pasa es que los hombres siempre la quieren dominar a una, tú sabe. Son muy mandones.

MANOLO: Oye, yo no. Como a mí no me gusta que me **amarren**, yo no amarro a nadie.

YARISA: ¿Y tu mujer? ¿Te tiene amarrao?

MANOLO: Niña, ¡esa mujer es un pulpo! Me tiene los ocho tentáculos **enredaos** al cuello...

YARISA: Entonce, tú eres un aventurero...

MANOLO: Sí... tengo algo de eso. Yo cada rato levanto el vuelo y me escapo.

YARISA: Pero siempre regresas...

MANOLO: Más o menos... en cuanto se me acaban los calzoncillos limpios. Pero un día de estos me quedo por ahí y no vuelvo más.

YARISA: ¡Oiga, pero **usté** es malo! Mire que decir esa cosa...

MANOLO: Es una broma, niña.

YARISA: Pero yo se la creo. **Al meno** usté aprecia que le laven los calzoncillos. Yo hasta se los planchaba a mi marido... y de na me sirvió...

MANOLO: Ay, chica, ese tipo es un mal agradecido.

YARISA: Eso es **verdá**.

MANOLO: Y ven acá, ¿él es el dueño de la bodega?

YARISA: No, el dueño es mi hermano Radamés. Él y su esposa viven arriba, en el segundo piso. Junior vive en el tercero. Ahora están de viaje por la República[6]. Yo me estoy quedando con ellos desde que me separé de **Fulano**.

MANOLO: Chica, ¿qué es eso de Fulano?

YARISA: Es una promesa que hice... de no pronunciar su nombre.

MANOLO: Uuy, eso es cosa seria. Ese hombre esta borrado del mapa.

YARISA: Por el momento, sí, a ver si me cambia la suerte.

MANOLO: Hablando de suerte, chica. Véndeme un ticket de la Lotto. Cash.

Pasa un transeúnte comiendo y echa las envolturas frente a la puerta de FANNY.
FANNY sale como una fiera, escoba en mano.

FANNY: Cuchino! Porco! Pig!

TRANSEÚNTE: Ay, mamita, no te pongas así... si todo el mundo lo hace.

FANNY: (*Mascullando mientras barre.*) Porca miseria...

6.   **la...** la República Dominicana

Barre la basura hacia la puerta de OLGA. JUNIOR *entra y ve desde afuera de
la bodega el flirteo de* MANOLO *y* YARISA. *Mueve la cabeza. Observa a* FANNY
barrer. FEFA *sale y ve la basura en la puerta. La empuja con el pie hacia el lado
de* FANNY. *Está a punto de decirle algo cuando* JUNIOR *la interrumpe.*

JUNIOR: Fanny, may I help you? (*Trata de quitarle la escoba.* FANNY *la esconde detrás de sí.*)

FEFA: (*Mira a* FANNY, *luego a* JUNIOR. *Para sí.*) Fanny May?

FANNY: (*A* JUNIOR) Show me the money!

FEFA: (*Para sí*) Money? Dinero... (*Piensa. Se le enciende el bombillo.*) ¡Esta es la
           mujer de la hipoteca! (*Le sonríe a* FANNY.)

JUNIOR: (*A* FANNY) I just want to borrow the broom for a moment... Let me help
           you. (*Trata de tomar la escoba de las manos de* FANNY, *pero esta la esconde.
           Trata de nuevo hasta que la agarra. Quita la basura de los pies de* FEFA.
           Sigue barriendo.) Fanny, what you need to do is sell me the house. No
           more sweeping, no more shoveling... Then, you can retire to the Isle of
           Capri...

FANNY: No... not Capri. I go to the island of Long Island. My son is there, e la
           mia figlia anche. And my grandchildren too. They don't visit me never...
           questa casa il mio padre... He built this house, one hundred years, mille
           ottocento noventa e otto.

JUNIOR: It's a very old house, Fanny, but it's a good house...

Le devuelve la escoba a FANNY. *Pone la basura en una bolsa y sale.* OLGA *sale
de la casa y va hacia la bodega.* FEFA *la sigue.* OLGA *ve a* MANOLO *con* YARISA.
Se molesta visiblemente.

OLGA: Fefa, tráете los cafés...

FEFA entra a la bodega. OLGA *se queda afuera.*

FEFA: Manolo, ¿qué pasó con el café?

MANOLO: Ay, vieja, perdona... es que... lo están colando. ¿Verdad, Yarisa?

YARISA: Sí, sí, ya está, acabadito de colá... (*Comienza a servir el café en vasos de
           cartón.*) ¿Cuántos son?

MANOLO: Dos.

FEFA: (*Mirando* a YARISA *de reojo.*) Deme otro más, por favor.

> YARISA *le da tres vasos de café.* FEFA *sale y le entrega uno a* OLGA, *y el otro a* FANNY *con una sonrisa hipócrita. Entra a la casa.* FANNY *mira el café, mira a* FEFA. *Vuelve a mirar el café. Mira al público, encoge los hombros, se bebe un trago de café y entra a su casa.*

> MANOLO *sale de la bodega.*

MANOLO: Y qué... ¿Ya nos vamos?

OLGA: ¿Adónde, Manolo? ¿Adónde vamos?

MANOLO: Yo no sé adónde tú irás. Yo, me voy a casa...

OLGA: ¿Y dónde es eso, Manolo? (MANOLO *camina hacia la izquierda, después a la derecha, como un animal atrapado que no sabe cómo escaparse*) ¿Dónde? (OLGA *lo sigue. Él se escurre y desaparece.* OLGA *se queda sola en escena.*) ¿Dónde?

> *Apagan*

Comprensión de la obra (IV)

Primero, indique si las siguientes frases son verdaderas (V) o falsas (F), según el contenido de la obra. Luego, corrija las que son falsas.

1. V F   A Fefa le gusta la casa porque tendría su propia habitación.

2. V F   Fefa le pide a Manolo un café americano.

3. V F   Manolo le dice a Yarisa que quiere mucho a su esposa.

4. V F   Fefa piensa que Fanny es "Fanny May", la mujer de la hipoteca.

5. V F   Fanny quiere jubilarse en la isla de Capri, en Italia.

6. V F   Por fin Mario llega a la casa.

7. V F   Al final Manolo y Marilis apoyan a Olga con su decición de comprar la casa.

Preguntas de discusión

1. Lea el siguiente intercambio entre Olga y su hija. ¿Qué sugiere acerca de la importancia de tener una casa para un inmigrante? ¿Está usted de acuerdo?

   OLGA: Cuando vives en una tierra que no es la tuya, ser dueña de un pedacito de esa tierra es una necesidad. Te ayuda a sentir que perteneces... que de algún modo eres parte de aquí. Oye, y además es la mejor venganza.

   MARILIS: ¿Venganza de qué?

   OLGA: Sí, chica, tú sabes... porque hay muchos que piensan que no debemos estar aquí. Pero cuando eres dueña de un cachito de Manhattan, que se jodan... nos tienen que chupar.

2. La obra empieza con las siguientes palabras de Dolores Prida: "A veces hay que abandonar un sueño para alcanzar otro." Hable de los sueños de algunos de los personajes en esta obra. ¿Hay una diferencia entre los personajes masculinos y femeninos?

3. Lea la siguiente cita de Dolores Prida y analice los cuatro monólogos que aparecen en la obra. ¿Qué piensan *realmente* Olga, Manolo, Marilis y Fefa?

   "I call it an opera without music because I tried something different for me. Characters step out of the immediate reality of the scene and 'sing' an aria. Each character has a monologue about themselves, an episode in their lives, their dreams or sorrows, that only the audience hears."

4. ¿En qué consiste el humor en esta obra de teatro? ¿Quién lo/la hace reír más? Dé algunos ejemplos precisos.

Virgilio Piñera, dramaturgo

"Absurdo y realista" son dos adjetivos que definen la obra literaria y dramatúrgica del escritor cubano Virgilio Piñera. Poeta, dramaturgo, ensayista y cuentista, Piñera escribió algunas de las críticas más agudas e inteligentes al sistema social y político de su época. En su magnífica obra de teatro de un acto, *Estudio en blanco y negro* (1967), Piñera combina el humor con una situación completamente absurda.

FIG. 7.9 Retrato del dramaturgo cubano Virgilio Piñera, de Rodrigo Isaza (2014). Técnica mixta. Colección privada.

FIG. 7.10 *Tríptico a partir de Picasso* (basada en *Retrato de Benedetta Bianco,* de Pablo Picasso), de Rodrigo Isaza (1988). Óleo sobre lienzo. Colección privada.

REPASO DE GRAMÁTICA (II)

Las cláusulas condicionales

Las cláusulas condicionales con **si** funcionan de manera similar al inglés. Debe tener especial cuidado con la combinación del condicional con el imperfecto del subjuntivo. Observe las diferentes combinaciones de tiempos verbales.

Usos de las frases con si

1. a. Para eventos rutinarios o habituales en el presente:

Si + el presente del indicativo en ambas cláusulas (o el presente del indicativo + **si** + el presente del indicativo)
  Si el hombre dice negro, la mujer dice blanco.
  La mujer dice blanco **si** el hombre dice negro.

b. Para eventos rutinarios o habituales en el pasado:
Si + el imperfecto del indicativo en ambas cláusulas (o el imperfecto del indicativo + **si** + el imperfecto del indicativo)
  Si el hombre decía negro, la mujer decía blanco.
  La mujer decía blanco **si** el hombre decía negro.

2. a. Para eventos que seguramente van a ocurrir:

Si + el presente del indicativo, + el futuro (o el futuro + **si** + el presente del indicativo)
  Si el hombre dice negro, la mujer dirá blanco.
  La mujer dirá blanco **si** el hombre dice negro.

b. Para eventos poco probables:
  Si + el imperfecto del subjuntivo, + el condicional (o el condicional + **si** + el imperfecto del subjuntivo)
  Si el hombre dijera negro, la mujer diría blanco.
  La mujer diría blanco **si** el hombre dijera negro.

Para repasar las formas verbales, véase la sección correspondiente de los siguientes capítulos.

  El imperfecto del indicativo: Capítulo 3, Repaso de gramática II
  El imperfecto del subjuntivo: Capítulo 5, Repaso de gramática
  El futuro y el condicional: Capítulo 7, Repaso de gramática

EJERCICIOS DE GRAMÁTICA

Complete cada oración con el condicional o con el imperfecto del subjuntivo, según el contexto.

1. Si yo _____ (vivir) en Cuba, encontraría situaciones difíciles y absurdas.

2. Manolo _____ (irse) a Cuba si pudiera.

3. Si no fuera por el humor, nuestas vidas _____ (ser) mucho más aburridas.

4. Si Olga y Manolo _____ (estar) de acuerdo, la obra no sería la misma.

5. La profesora nos _____ (dar) más obras de teatro si tuviéramos más tiempo para leerlas juntos en clase.

6. Si Dolores Prida _____ (estar) viva, seguiría escribiendo con sarcasmo sobre las vidas de los latinos en este país.

7. Si yo _____ (tener) la oportunidad, me encantaría actuar en una obra de teatro de Dolores Prida.

CORTOMETRAJE
ARIEL GORDON (MÉXICO, 1977–)

Ariel Gordon nació en la ciudad de México. Hizo estudios secundarios en Pittsburg, donde trabajó en obras de teatro y en talleres para la televisión. En 1995 fue admitido al Centro de Estudios Cinematográficos de la Universidad Autónoma de México. En 1996, ganó el primer premio en el Concurso Nacional de Cortometrajes de México por "Adiós mamá". En 2009 dirigió su primera película, *Caja negra*, un thriller sobre los efectos de la crisis y la corrupción en México.

SU OBRA: "ADIÓS MAMÁ"

Mire atentamente el cortometraje "Adiós mamá", de Ariel Gordon, en el sitio web http://www.youtube.com/watch?v=PVzm1BsUzuk.

Fíjese en los siguientes detalles: la utilización del diálogo entre los personajes, la música y la actuación de los dos actores principales. Luego, conteste las preguntas.

FIG. 7.11 Escena del cortometraje "Adiós mamá", de Ariel Gordon (México, 1997)

Preguntas

1. Hable del principio del cortometraje. ¿Cuál es la primera frase? ¿Es importante? ¿En qué momento conocemos a los dos personajes principales? ¿Por qué cree que no se presentan al principio de la película?

2. ¿Qué tipo de comida compra el hombre? ¿Cree usted que la comida que compra una persona se relaciona con su personalidad?

3. ¿Cuál es la primera impresión que tenemos de la señora mayor? Mencione algunos detalles para justificar su respuesta.

4.   ¿Qué le explica la señora al hombre? ¿Es muy convincente?

5.   ¿Por qué se llama la película "Adiós mamá"?

6.   ¿Por qué nos hace reír el final de la película? ¿Cómo se podría definir este tipo de humor?

7.   Ariel Gordon tenía solo 18 años cuando escribió la historia para "Adiós mamá". ¿Lo sorprende este hecho? Justifique su respuesta.

ACTIVIDADES CREATIVAS

A. ACTIVIDADES ORALES

1.   A continuación aparecen varios chistes. Primero, léalos en voz alta. ¿En qué consiste el humor de cada uno?

a.   —¡Cariño, despiértate! ¡Se está quemando nuestra casa!

   —Vale, cariño, pero no grites o despertarás a tu madre.
   ……………………………………

b.   La esposa llama desesperada a la recepción del hotel:

   —Por favor vengan rápido que estoy teniendo una discusión con mi esposo y él dice que va a saltar por la ventana.
   De la recepción le responden:
   —Señora, ese es un asunto personal.
   Y la esposa contesta:
   —Sí, señor, pero la ventana no se abre, y eso ya es un problema de mantenimiento de ustedes.
   ………………………………………………

c.   Una mujer va a un abogado.

   —¿Usted cuánto cobra por una consulta rápida?
   —100 euros por tres preguntas.
   —Vaya, es un poco caro, ¿no?
   —Sí… y dígame, ¿Cuál es su tercera pregunta?
   …………………………………………………………..

　　d.　El profesor reparte las notas en clase:

　　　　　　—Luisito, un diez. Pedrito, un ocho. Juanito, un seis. Jaimito, un cero.

　　　　　　—Oiga profesor, ¿Y por qué a mí un cero?

　　　　　　—Porque has copiado el examen de Pedrito.

　　　　　　—¿Y usted cómo lo sabe?

　　　　　　—Porque las cuatro primeras preguntas, están iguales, y en la última pregunta Pedrito respondió: "Esa, no me la sé" y tú has puesto: "Yo tampoco".

2. Busque en internet un buen chiste en español y cuénteselo a la clase. Como todo buen humorista, tiene que prepararse muy bien para que el público capte con facilidad el humor.

B. ACTIVIDADES ESCRITAS

1. El segundo acto de *Casa propia* ocurre un año más tarde. ¿Cómo habrá cambiado la situación de los personajes en un año? ¿Qué habrá pasado con la casa de Olga y Manolo? Piense en un final original y escriba de tres a cinco páginas para completar la obra. Tiene que utilizar la forma de diálogo y tomar en cuenta la personalidad de los personajes.

2. Imagine que usted va a tener una cena extraordinaria en su casa. Primero, tiene que formar la lista de invitados. Seleccione a *nueve* personajes, que pueden ser los artistas, escritores o cineastas estudiados en los capítulos del libro o los personajes ficticios de los cuentos y de las películas. Luego, utilizando el formato del diálogo, escriba una obra de teatro de un acto con la conversación que tienen los invitados (y usted también) durante la cena. Al escribir, tome en consideración la personalidad de cada uno y determine dónde se va a sentar cada personaje para crear una situación humorística. Con su trabajo, entregue el plan de la mesa y el menú de la cena. ¡Sea original!

3. Escriba una entrevista ficticia con el pintor Diego Velázquez. Incluya preguntas y respuestas interesantes y originales acerca de su arte y su vida. Tome en cuenta las recomendaciones señaladas al principio del capítulo para escribir un buen diálogo.

C. PROYECTO PARA TRABAJAR EN GRUPOS

Trabajando en grupos, elijan un fragmento de la obra *Casa propia* y preparen una representación dramática para la clase, poniendo énfasis en la pronunciación, la proyección, los gestos, los movimientos en el escenario, etcétera. ¡No se olviden de llevar una escoba para el personaje de Fanny!

REPASO GENERAL

A. Primero, consulte la página web de Quino en http://www.quino.com.ar/ para ver algunos de las tiras cómicas de Mafalda, el famoso personaje de cómic creado por Quino. Como puede ver, Mafalda es una chica muy inteligente y consciente de lo que ocurre a su alrededor y en el mundo. Teniendo en cuenta lo que sabe de ella, complete el siguiente diálogo entre Mafalda y su madre, usando el futuro y el condicional.

1. LA MADRE: ¿Qué harás en el futuro?

   MAFALDA: _____

2. LA MADRE: ¿Te gustaría ser madre?

   MAFALDA: _____

3. LA MADRE: ¿Vivirás con nosotros cuando cumplas 18 años?

   MAFALDA: _____

4. LA MADRE: ¿Qué harías si fueras presidente de Argentina?

   MAFALDA: _____

5. LA MADRE: ¿Qué harías para que el mundo fuera mejor?

   MAFALDA: _____

B. Si usted tuviera que crear un personaje de cómic, ¿qué tipo de personaje crearía? Use los siguientes verbos para hablar sobre sus características.

comer	hablar	ponerse	tener
vestirse	hacer	saber	viajar
estar	ir	ser	vivir

C. Complete el párrafo con la forma correcta de los verbos en el futuro, el imperfecto del subjuntivo o el condicional, según el contexto.

La mujer del cortometraje "Adiós mamá" le habla al hombre.
Si yo _____ (**1.** poder) volver a ver a mi hijo, le _____ (**2.** decir) cuánto lo quiero. En este momento, él _____ (**3.** tener) 30 años, igual que usted. ¿Qué _____ (**4.** hacer) usted si _____ (**5.** estar) en mi lugar? Ahora yo _____ (**6.** salir) del supermercado y _____ (**7.** regresar) a casa sola como todos los días. Mañana _____ (**8.** levantarse: yo) en una casa solitaria y _____ (**9.** desayunar) sin poder compartir la comida con alguien más. Yo no _____ (**10.** estar) aquí hablando con usted si no me sintiera tan triste sin mi hijo.

D. Complete las frases con el condicional o el imperfecto del subjuntivo según la historia de "Adiós mamá".

1. Si yo fuera el hombre del cortometraje...

2. La mujer no diría mentiras si...

3. "Adiós mamá" no sería cómico si...

4. Si yo fuera la mujer mayor...

5. Si ella fuera sincera...

6. Yo llamaría a la policía si...

Películas recomendadas

Los siguientes largometrajes ofrecen visiones interesantes acerca de la particularidad del humor en Hispanoamérica y España.

- *Relatos salvajes* (Argentina, 2014), dirigida por Damián Szifron

- *Ocho apellidos vascos* (España, 2014), dirigida por Emilio Martínez-Lázaro

- *Corazón de león* (Argentina/Brasil, 2013), dirigida por Marcos Carnevale

- *Los amantes pasajeros* (España, 2013), dirigida por Pedro Almodóvar

- *El hombre de al lado* (Argentina, 2009), dirigida por Mariano Cohn y Gaston Duprat

- *Bombón* (Argentina, 2004), dirigida por Carlos Sorin

- *Whisky* (Uruguay, 2004), dirigida por Pablo Stoll y Juan Pablo Rebella

- *La gran aventura de Mortadelo y Filemón* (España, 2003), dirigida por Javier Fesser

- *La comunidad* (España, 2000), dirigida por Alex de la Iglesia

- *Lista de espera* (Cuba, 2000), dirigida por Juan Carlos Tabío

- *Nueve reinas* (Argentina, 2000), dirigida por Fabián Bielinsky

- *Mujeres al borde de un ataque de nervios* (España, 1988), dirigida por Pedro Almodóvar

CONCLUSIÓN

¿Y TÚ, QUIÉN ERES?: EL HOMBRE Y LA MUJER EN EL SIGLO XXI

"Lo único que me duele de morir, es que no sea de amor".
—Gabriel García Márquez, escritor colombiano y ganador del
Premio Nóbel de Literatura

"Tú justificas mi existencia: si no te conozco, no he vivido; si
muero sin conocerte, no muero, porque no he vivido".
—Luis Cernuda, poeta español. Fragmento del poema
Si el hombre pudiera decir

Para el capítulo final hemos elegido hablar sobre nosotros, sobre encuentros y desencuentros amorosos, sobre la convivencia en la época actual. Cada día aparecen más redes sociales donde las personas se conocen, se reencuentran, comparten ideas, se ofenden y se hacen declaraciones de amor. Pasamos horas construyendo perfiles para que otros nos observen. Seleccionamos nuestras fotografías cuidadosamente y las editamos antes de publicarlas en internet. Cada vez tenemos más acceso a las vidas de los demás y a la vez menos oportunidades de pasar tiempo con otros sin usar un teclado o un teléfono. Somos amigos de personas a las que difícilmente saludamos en la calle, y nos gustan muchas cosas que nunca nos gustaron. Sabemos lo que no queremos saber sobre muchas personas, y nos convertimos en *voyeurs* de nuestros amigos, de los que algún día fueron nuestros amigos, de los amigos de los amigos y de personas famosas. Hoy en día muchas citas amorosas comienzan en internet y existen agencias especializadas que encuentran a la pareja "ideal". Abundan los programas de televisión que reproducen la "realidad" y podemos pasar horas observando cómo se realizan o se quiebran los sueños de la gente. No podemos olvidar la tendencia más fuerte de las redes sociales en estos últimos años: el *selfie*. Fue elegida como **"palabra del año 2013"** por los diccionarios Oxford de lengua inglesa.

Algunos prefieren mantenerse al margen de las redes sociales y tienen perspectivas tradicionales sobre las relaciones entre las personas. Para ellos, una conversación tranquila en un café, una visita improvisada o una carta escrita a mano sigue siendo la forma ideal para conectarse con sus seres queridos. Este capítulo habla sobre diferentes formas de amar, sobre el deseo, sobre la búsqueda del amor, sobre el amor de quienes llevan mucho tiempo juntos y sobre el amor imaginado. El cuadro *Gol* de la artista argentina contemporánea Marcia Schvartz muestra una pareja que se besa al mismo tiempo que el hombre escucha un partido de fútbol en la radio. Schvartz, considerada como una de las artistas visuales más importantes de su generación, nos invita a reflexionar sobre las relaciones humanas en las grandes ciudades. La sección de literatura abre con dos poemas de amor del peruano Eduardo Chirinos. El primero lo escribió cuando tenía 16 años y el segundo, inédito, se lo escribió a su esposa el día del aniversario de bodas. Se incluye también *El avión de la bella durmiente*, un cuento del escritor colombiano Gabriel García Márquez. El cuento narra la historia de un viaje en avión de París a Nueva York en el que un hombre se enamora a primera vista de una mujer hermosa y exótica. Finalmente, el deseo y el juego amoroso entre dos mujeres aparece en el cuento *Viajes subterráneos*, de la escritora argentina Flavia Company. El capítulo concluye con el monólogo de un travesti (hombre que se viste con ropa de mujer) transformándose frente a un espejo en el documental peruano *El Antifaz*.

A través de los capítulos del libro nos hemos acercado a varias figuras: El otro, el niño, la madre, el soñador, el rebelde, el inmigrante, el ingenioso... Estos retratos, vistos a través del arte visual, de la literatura y del cine, nos recuerdan que al final somos todos hombres y mujeres que se buscan e intentan entenderse, que al final somos habitantes de un mundo que se transforma constantemente.

Preguntas

1. ¿Cómo ha cambiado la forma en que nos relacionamos con otras personas en el siglo XXI?

2. ¿Cuál es su definición personal de la palabra "amor"?

3. ¿Cree usted que la comunicación entre los amigos y los amantes ha mejorado con las redes sociales? Explique su respuesta.

4. ¿Pasa usted mucho tiempo en las redes sociales? ¿Le parece algo fundamental para su vida social?

5. ¿Cómo interpreta la cita de Gabriel García Márquez y el fragmeno del poema de Luis Cernuda al principio del capítulo? ¿Está usted de acuerdo con sus ideas de la vida, la muerte y del amor?

ARTE VISUAL MARCIA SCHVARTZ (ARGENTINA, 1955–)

FIG. 8.1 Fotografía de la artista Marcia Schvartz

Marcia Schvartz es la artista argentina más notable de su generación. Hija del editor Gregorio Schvartz y de la historiadora Hebe Clementi, Schvartz realizó estudios **inconclusos** en la Escuela de Bellas Artes Manuel Belgrano, en Buenos Aires. Ha expuesto sus trabajos en Amsterdam, Barcelona, Lisboa, México, Nueva York, París y Pekín. En sus trabajos usa la ironía para alejarse de la dura realidad cotidiana. Dice que en sus obras "hay presencias de **desaparecidos**, de **fantasmas** con los cuales convive mi generación". Y agrega: "En la pintura trabajo temas que no tienen palabras, es la **furia** de la pincelada*". En sus cuadros observamos la representación de personajes "otros". Además de la pintura, Schvartz hace montajes* con diversos objetos que recoge y compra. Hace obras con una técnica mixta donde **prevalece** el tema de lo urbano con su desorden, sus olores y sus imágenes fragmentadas. Algunas de sus obras recientes son altares en los que aparecen personajes de la calle y personajes históricos retratados con ironía.

Durante la dictadura militar en Argentina (1976–1983), Schvartz se exilió en Barcelona con su compañero. Fue un período muy duro, pero al mismo tiempo muy productivo a nivel artístico. En Barcelona pintó exiliados argentinos, las vecinas ancianas del Barrio Gótico que iban al mercado y sacaban sus perros a pasear, los músicos ambulantes y los gitanos, pros-

VOCABULARIO ÚTIL

avivarse *tomar vida; hacerse más fuerte*

desaparecido/a *persona que no se encuentra. En países con dictaduras militares se usa este término para referirse a gente secuestrada, encarcelada, torturada o asesinada por tener ideas diferentes a las del gobierno*

fantasma (m.) *alma o espíritu de una persona que ha muerto*

furia *estado violento*

inconcluso/a *algo incompleto*

prevalecer *predominar, ser más importante*

prójimo *una persona cercana a nosotros; también se refiere a toda persona humana*

soportar *tolerar; resistir*

taller *estudio; lugar donde se hace trabajo manual o artístico*

tapizar *cubrir con una tela u otro tipo de material*

travesti (m., f.) *una persona que expresa la identidad del sexo opuesto a través de la ropa y/o del maquillaje*

titutas, **travestis**, jóvenes drogados en la Plaza Real o en el Barrio Chino de la ciudad. Regresó a Buenos Aires a comienzos de los años ochenta.

> "Schvartz se interesa por los habitantes de los márgenes de la sociedad, aquellos que nadie quiere ver y que todos los días caminan a nuestro lado: usando diferentes técnicas plasma en la obra, con autoridad, su preocupación por la indiferencia de la sociedad hacia su **prójimo**".
>
> —Cecilia Cavanagh

El arte en el siglo XXI: Libertad y democracia

Aunque es todavía temprano para hablar de movimientos artísticos en el siglo XXI, podemos afirmar que existe más libertad, más experimentación y más tolerancia que nunca. Si en el pasado el arte estaba reservado para la élite social, hoy el número de personas que tienen acceso al arte y que se consideran artistas es mucho más alto. El arte, en definitiva, se ha democratizado. Para algunos creadores, la exploración de nuevas técnicas es debido a los grandes avances tecnológicos de finales del siglo XX. El pintor, el escultor, el fotógrafo, el músico, el arquitecto y el director de cine tienen hoy acceso a un mundo virtual que abre nuevos caminos en el proceso de la creación.

Los pintores del siglo XXI no forman un grupo homogéneo. Existe una gran variedad estilística, desde cuadros anclados en el realismo hasta la abstracción más extravagante y extrema. Se experimenta con nuevos materiales y, en el caso de algunos artistas, con nuevas tecnologías. El arte hoy no se reserva solo para los museos, sino que se refleja también en el diseño, la publicidad y la moda.

La figura del artista en el siglo XXI intenta establecer una conexión con el público. Muchos se preocupan por temas sociales y políticos como la opresión de la mujer, de minorías y de seres marginados. Aunque no sabemos todavía quiénes serán los genios artísticos del siglo XXI, es indiscutible que el arte seguirá siendo el lenguaje universal de los seres humanos y el más fiel retrato de nuestra humanidad.

SU VOZ

"Mi familia era de clase media intelectual y tenía, sobre todo mi madre, que es historiadora, una alta valoración de la educación académica. Yo no **soporté** nunca las instituciones, aun de niña. En la escuela primaria tenía muchos problemas de conducta. Yo solo quería dibujar todo el día. ¡Por suerte **se avivaron**! Y empezaron a mandarme a **talleres** de barrio. Unos mejores que otros. Ahí entré en contacto con los materiales: acuarelas, témperas, papel maché... Yo hacía cualquier cosa solo con que hubiese colores. Tuve la suerte de que Ricardo Carreira fuera alumno de mi madre en la facultad. Yo tenía cerca de 10 años y él pasó a ser mi maestro. Recuerdo un día en que vino a casa y **tapizó** mi cuarto con papel de escenografía. Pude dibujar en las paredes, grande, por todos lados. Fue muy liberador".

—De una entrevista publicada en la revista de arte *Machete*

Preguntas

1. Según la biografía de Schvartz, ¿por qué se exilió la artista en Barcelona? ¿Qué pintó mientras estaba allí?

2. De acuerdo con la sección "El arte en el siglo XXI", ¿cuáles son algunas de la nuevas contribuciones del arte contemporáneo?

3. Según la cita, ¿cómo fueron las experiencias de Schvartz en las escuelas? ¿Qué opinaba ella sobre la autoridad?

4. Según la cita, ¿qué le gustaba a Schvartz de la pintura cuando era niña? ¿En qué parte de su casa empezó a pintar?

SU OBRA: *GOL*

FIG. 8.2 *Gol*, de Marcia Schwartz (1980). Óleo sobre tela. Colección privada.

Análisis de la pintura

1. ¿Dónde tiene lugar la escena del cuadro?

2. ¿Piensa usted que es un retrato realista? ¿Dónde vemos elementos exagerados en el cuadro?

3. El periódico que se ve en el banco viene de España. ¿Por qué se habrá incluido este detalle en el cuadro? Piense en la vida personal de la artista.

4. ¿Qué tipo de colores utiliza Marcia Schvartz en esta obra? Busque en un diccionario varias posibles palabras para hablar de los colores.

5. ¿Cree que la superficie de este cuadro es áspera o lisa? ¿Le gusta este tipo de estilo?

6. Cuando observamos este cuadro, ¿a qué distancia estamos del hombre y de la mujer?

7. Explique el título de esta obra. ¿Qué otro título le podría dar?

Preguntas de discusión

1. ¿Cuál es el mensaje de la artista acerca de las relaciones amorosas en la época actual? ¿Está usted de acuerdo con ella?

2. Hable sobre la forma en que aparece el humor en el cuadro.

3. En su opinión, ¿en qué consiste el talento de Marcia Schvartz?

4. ¿Le gusta el arte moderno? ¿Por qué?

5. ¿Cómo se imagina el futuro del arte en el siglo XXI?

REPASO DE VOCABULARIO

En este capítulo vamos a repasar algunas de las palabras de vocabulario más útiles que hemos aprendido en el libro. Es importante también reconocer períodos artísticos, movimientos literarios o momentos históricos que se han discutido. Le recomendamos que consulte el Glosario de Vocabulario al final del libro antes de empezar los ejercicios.

ARTE VISUAL	LITERATURA	EPISODIOS HISTÓRICOS	OTRAS PALABRAS IMPORTANTES
			el chiste
			la creatividad
			el desplazamiento
	el ambiente		el estereotipo
	la autobiografía		el exilio
el arte abstracto	el autor		el héroe
la acuarela	la biografía		la imaginación
la armonía	el Boom		la infancia
el arte pop	latinoamericano		el inmigrante
el autorretrato	el cómic		la libertad
el cuadro	el cuento	la Guerra Civil	la maternidad
el claroscuro	el diálogo	española	el obrero
el cubismo	el diario	la guerra sucia	el pícaro
el dibujo	el dramaturgo	los niños de	
el enfoque	el ensayo	Morelia	alejarse
la escultura	la escena	la Revolución	asustarse
la fotografía	el escenario	cubana	atreverse
el impresionismo	la estrofa	la Revolución	burlarse
la luminosidad	la memoria	mexicana	confiar
la luz	el narrador		enamorarse
el óleo	la obra de teatro		enterarse
el paisaje	el personaje		esconderse
la pintura	el poema		estar al tanto
el Renacimiento	la reseña		rebelarse
el surrealismo	el símbolo		soñar
la técnica	el tema		
	el verso		capaz
			cotidiano/a
			brillante

EJERCICIOS DE VOCABULARIO

A. Complete el párrafo sobre Marcia Schvartz y su pintura con las palabras apropiadas de la lista. **OJO:** Dé la forma correcta a los verbos y tenga cuidado con las concordancias.

atreverse	burlarse	exilio	rebelarse
brillante	cuadro	libertad	técnica
	dictadura	paisajes	

Macia Schvartz es considerada una pintora _____[1]. Sus _____[2] son fuertes y en algunos ella _____[3] de algunos personajes de la alta sociedad. La artista sufrió durante su _____[4] en Barcelona porque muchos de sus amigos fueron torturados o desaparecieron durante la _____[5] en Argentina. Schvartz _____[6] contra los códigos sociales tradicionales y usa una _____[7] muy única donde los personajes marginales son protagonistas. Ella _____[8] a mostrar lo que muchos no quieren ver. Schvartz no pinta _____[9], sino personajes que se encuentran en los márgenes de la sociedad y viven con mucha intensidad. Esta gran pintora usa el arte como una expresión de _____[10].

B.   Empareje las palabras (en la columna A) con sus definiciones (en la columna B).

a	b
1. _____ el surrealismo	a. una historia que hace reír
2. _____ el autorretrato	b. la persona que cuenta la historia en un texto literario
3. _____ el narrador	c. una persona que trabaja; un trabajador
4. _____ el verso	d. varias líneas en un poema
5. _____ la estrofa	e. pintura que se hace con colores diluidos en agua
6. _____ el chiste	f. estar informado
7. _____ la acuarela	g. movimiento literario y artístico que intenta alejarse de lo racional
8. _____ el obrero	h. inmediatamente
9. _____ estar al tanto	i. persona que escribe una obra de teatro
10. _____ enseguida	j. una línea de un poema
11. _____ dramaturgo	k. una pintura de sí mismo

EXPRESIONES ESCRITAS

Confesiones íntimas: El diario

Siempre ha existido una fascinación por los diarios y casi todas las personas han comenzado uno en un momento de sus vidas. Es uno de los géneros más flexibles y aunque parezca menor, es un tipo de escritura que puede ser muy sofisticado. El diario es un recuento íntimo, un diálogo consigo mismo, un texto en el que de cierta forma todo está permitido. Puede estar escrito en forma de confesión, o puede ser una forma de auto-construirse seleccionando episodios de la propia vida y borrando otros. La autobiografía se escribe en retrospectiva y a partir de los recuerdos. Por otro lado, el diario es una respuesta personal casi inmediata a episodios de nuestra existencia; es un recuento de sentimientos, pensamientos, frustraciones y sueños personales. Ya que durante siglos las mujeres no han podido expresarse abiertamente, no sorprende que el diario esté directamente conectado con la escritura femenina. Varios diarios escritos por mujeres son muy conocidos, como los de Anne Frank, Virginia Woolf, Sylvia Plath y Anaïs Nin.

A continuación va a encontrar algunos elementos importantes del diario.

- Se escribe en el momento en que se vive.

- Es un texto al que le dedicamos un rato del día y luego lo interrumpimos para continuar otro día. En ese sentido, cada entrada de un diario tiende a ser breve.

- Pone en contacto al ser humano con su vida diaria y lo hace reflexionar sobre sus experiencias más íntimas.

- En el diario hay una dinámica continua entre la observación y la reflexión.

- El tono es honesto, la escritura tiende a ser directa y simple.

- Puede ser un recuento de eventos históricos a través de experiencias personales.

- El diario puede ser una herramienta para un trabajo futuro de ficción.

Modelo del diario

16 de mayo de 2015

¡Qué torpeza la mía! Hoy estuve a punto de hablarle en la panadería, abrí la boca para decirle cualquier cosa, y nada... nada... Pasó su mirada por todos los panes, los dulces, los salados, los redondos y las medialunas. Yo estaba terminando de poner los más calientitos y atractivos en la estantería, me comenzó a temblar la mano y ¡pum! Todos, toditos resbalaron de la bandeja hasta el suelo, uno por uno... No dije nada. ¿Qué iba a decir?

Me había preparado toda la noche anterior para decirle cualquier cosa. Había comenzado a trabajar en la panadería del centro hacía solo un par de semanas, sabía que este error no me lo perdonaría la dueña, que regresaría a mi barrio sin trabajo y sin saber su nombre, su número de teléfono. Mañana contaré lo que pasó después, hoy me siento torpe e imbécil.

1. En el modelo, ¿qué características particulares le permiten reconocer que el texto es un diario?

2. ¿Qué se sabe sobre la persona que escribe el diario? ¿Quién puede ser la otra persona? Imagine otros detalles de la historia de estos dos personajes y compártalos con la clase.

3. ¿Escribe usted un diario ahora? ¿Tuvo uno cuando era más joven?

LITERATURA
EDUARDO CHIRINOS, GABRIEL GARCÍA MÁRQUEZ Y FLAVIA COMPANY

Eduardo Chirinos (Perú, 1960–)

Eduardo Chirinos nació en Lima, Perú, en 1960. Realizó estudios de lingüística y literatura en la Universidad Católica, donde obtuvo su licenciatura en 1987. En 1993 viajó recién casado a los Estados Unidos para completar sus estudios en la Universidad de Rutgers, New Jersey, donde obtuvo un doctorado en 1997 con una tesis sobre el silencio en la poesía hispanoamericana contemporánea. Chirinos es autor de una vasta y reconocida obra poética que incluye títulos como *Breve historia de la música* (Premio Casa de América de Poesía, 2001), *Escrito en Missoula* (2003), *No tengo ruiseñores en el dedo* (Valencia, 2006), *Humo de incendios lejanos* (2009), *Mientras el lobo está* (XII Premio de Poesía Generación del 27, 2010), *35*

FIG. 8.3 Eduardo Chirinos. (Fotografía de Pilar Pedraza.)

lecciones de biología (2013) y las recientes antologías *Reasons for Writing Poetry*, (2011) y *Catálogo de las naves* (Lima, 2012). Desde 2000 reside en Missoula, donde se desempeña como profesor de literatura hispanoamericana y española en la Universidad de Montana.

SU VOZ

A la pregunta sobre lo que significa el amor, Eduardo Chirinos responde:

> "Si pudiera contestar esa pregunta no tendría necesidad de escribir poemas. Muchas veces he sentido, como el personaje de *La divina comedia*, que en la vida el Amor me mueve. Otras veces he sentido la tentación de aceptar como verdad lo que Lacan dijo alguna vez: 'Amar es dar lo que no se tiene a alguien que no lo quiere recibir'".
>
> —De una correspondencia privada con el poeta

Preguntas

1. Según la biografía de Chirinos, ¿sobre qué tema escribió su tesis doctoral? ¿Le parece un tema interesante? ¿Por qué sí o no?

2. En la cita de Chirinos sobre el amor, el poeta habla del amor de dos formas opuestas. ¿Es posible concebir la idea del amor de maneras opuestas? Explique su respuesta.

3. ¿Ha escrito usted alguna vez un poema de amor? ¿Se lo dedicó a alguien?

4. ¿Cree que es importante enseñarles poesía a los niños? Explique su respuesta.

5. ¿Tiene usted un poeta preferido?

Cómo analizar y entender mejor un poema

La poesía nos invita a reflexionar sobre la fuerza y la belleza de las palabras. Analizar un poema es un proceso que consta de varios elementos. Podemos comenzar por leer el poema en silencio, luego en voz alta para escuchar el ritmo (la métrica), la rima (la repetición de sonidos semejantes al final de los versos) y percibir los encabalgamientos (cuando la unidad melódica del verso no coincide con la unidad sintáctica). No todos los poemas tienen necesariamente rima ni obedecen a formas estróficas determinadas, se trata de los llamados poemas en verso libre. También hay poemas en prosa en los que no hay rima ni encabalgamientos. Es útil leer el poema una tercera vez con un lápiz en mano para interactuar con el poema: escribir notas en los márgenes, marcar las partes difíciles y subrayar palabras importantes.

Es esencial tener en cuenta los siguientes elementos mientras analiza un poema.

- **El título y su significado:** Después de leer el poema debe regresar al título para comprenderlo mejor. ¿Es obvio el significado? ¿Hay más de una manera de interpretar el título?

- **El tema:** ¿De qué se trata el poema (por ejemplo: la juventud, la naturaleza, el amor, la muerte, el paso de tiempo, la esperanza)?

- **La situación:** ¿Quién habla en el poema? (Identificar al hablante, a quien no se le debe confundir con el autor.) ¿A quién le habla? (Identificar al interlocutor, a quien no se le debe confundir con el lector.) ¿Está escrito en primera persona (**yo, nosotros**)? ¿Le habla directamente a una segunda persona (**tú, usted, ustedes**) o a una tercera persona (**él/ella, ellos/ellas**)? ¿El poema incluye detalles culturales o palabras regionales?

- **Análisis de la forma**

  - *El verso:* La línea de un poema definido por ser una unidad melódica; cada verso aparece en un renglón separado.

  - *La estrofa:* Un conjunto de versos de un poema; las estrofas generalmente van separadas por un doble espacio, lo que permite identificarlas visualmente.

  - ¿Es un poema cuya forma define el contenido? (Es decir, ¿el poema crea una ilustración o una imagen en la hoja de papel a través de las palabras escritas?)

- **La organización de las ideas:** ¿Hay una organización de ideas en el poema? ¿Hay una progresión? ¿Adónde nos lleva el poema?

- **El contexto:** ¿Quién escribió el poema? ¿El punto de vista del poema tiene algo que ver con la vida del poeta? ¿Dónde y en qué año lo escribió? ¿El poema es parte de una serie o colección de poemas? ¿Pertenece a algún período literario específico?

- **El lenguaje:** ¿Es abstracto o concreto? ¿Hay palabras o sonidos repetidos? Concéntrese en el significado de cada palabra del poema, especialmente aquellas que se repiten en diferentes versos. Observe si hay algunas de las siguientes figuras retóricas:

- **la aliteración:** figura retórica que consiste en la repetición de sonidos que contribuye a la musicalidad y expresividad del verso. En muchos casos sugiere imágenes asociadas a los sentidos.

  "En el silencio solo se escuchaba
  un susurro de abejas que sonaba."
  —Garcilaso de la Vega

- **la elipsis:** figura retórica que consiste en la supresión de algún término de la frase (que se sobreentiende por el contexto) dotándola de brevedad, energía, rapidez y poder sugestivo.

  "Por una mirada, un mundo;
  por una sonrisa, un cielo;
  por un beso... yo no sé
  qué te diera por un beso."
  —Gustavo Adolfo Bécquer

- **la hipérbole:** figura retórica que consiste en la exageración de algún elemento de la realidad ya sea por aumento o por disminución.

  "Tanto dolor se agrupa en mi costado,
  que por doler, me duele hasta el aliento."
  —Miguel Hernández

- **la metáfora:** Figura retórica que consiste en la identificación de un elemento con otro en virtud de una relación de semejanza que hay entre ellos. Se trata de una comparación implícita (B *en vez* de A, o B *es* A).

  "Te recuerdo como eras en el último otoño
  Eras la boina gris y el corazón en calma."
   Pablo Neruda

- **el símil:** Figura retórica que consiste en establecer una semejanza entre dos elementos. A diferencia de la metáfora, se trata de una comparación explícita (A *es como* B).

  "Unas veces me siento
  como pobre colina
  y otras como montaña
  de cumbres repetidas."
  —Mario Benedetti

- **la onomatopeya:** Recurso literario que consiste en imitar o recrear el sonido de la cosa o de la acción nombrada.

"Tic-tic, tic-tic… Siempre igual,
monótono y aburrido.
Tic-tic, el latido
de un corazón de metal."
—Antonio Machado

- **la prosopopeya:** También llamada *personificación*. Atribuir a las cosas inanimadas o abstractas acciones y cualidades propias de seres animados.

"El viento de la noche gira en el cielo y canta."
—Pablo Neruda

SU OBRA: "FRAGMENTOS DE UNA ALABANZA INCONCLUSA" Y "PARA CELEBRAR NUESTRO ANIVERSARIO DE BODAS"

A los 19 años, cuando todavía vivía en Lima, Eduardo Chirinos le escribió su primer poema de amor a una chica quien lo guardó en su bolso sin leerlo. Muchos años después, supo que ella todavía lo guardaba y lo seguía leyendo. Sobre este poema Chirinos escribió "Fragmentos de una alabanza inconclusa". A los 52 años, le escribió a su esposa Jannine el poema "Para celebrar nuestro aniversario de bodas" con motivo de sus veinte años de convivencia en los Estados Unidos.

Antes de leer "Fragmentos de una alabanza inconclusa"

1. ¿Cuál es el significado del primer amor en la vida de una persona?

2. ¿Cómo se imagina un poema dedicado al primer amor?

3. Para usted, ¿es fácil o difícil entender poemas?

4. ¿De qué maneras la poesía es diferente a otro tipo de texto literario?

VOCABULARIO DE LA LECTURA

alabar   *apreciar a través de las palabras*

alterar   *cambiar*

atreverse   *tomar riesgos*

inconcluso/a   *sin terminar*

cobijar   *cubrir, dar protección*

colgar   *suspender*

detener   *parar*

enredar   *enlazar, entretejer*

erizado/a   *lleno/a de espinas*

golpear   *dar un golpe*

hallar   *encontrar*

inesperado/a   *algo que ocurre repentinamente*

marcharse   *irse*

hilo   *hebra que se usa para realizar un tejido*

rato   *momento*

enredar   *enlazar, entretejer*

tallo   *parte de una planta*

tierno/a   *delicado/a, cariñoso/a, amable*

Lectura

Fragmentos de una alabanza inconclusa

Debe haber un poema que hable de ti,
un poema que habite algún espacio donde pueda hablarte
    sin cerrar los ojos,
sin llegar necesariamente a la tristeza.

Debe haber un poema que hable de ti y de mí.
Un poema intenso, como el mar,
azul y reposado en las mañanas, oscuro y **erizado** por las noches
irrespetuoso en el orden de las cosas, como el mar
que **cobija** a los peces y cobija también a las estrellas.
Deseo para ti el sencillo equilibrio del mar, su profundidad y su silencio,
su inmensidad y su belleza.

Para ti un poema transparente, sin palabras difíciles que no puedas entender,
un poema silencioso que recuerdes sin esfuerzo
y sea **tierno** y frágil como la flor que no **me atreví** a **enredar** alguna vez
    en tu cabello.
Pero qué difícil es la flor si apenas la separamos del **tallo** dura apenas
    unas horas,
qué difícil es el mar si apenas lo tocamos **se marcha** lentamente
    y vuelve al **rato** con **inesperada** furia.
No, no quiero eso para ti.
Quiero un poema que **golpee** tu almohada en horas de la noche,

un poema donde pueda **hallarte** dormida, sin memoria
sin pasado posible que **te altere**.

Desde que te conozco voy en busca de ese poema.
Ya es de noche. Los relojes se **detienen** cansados en su marcha,
la música se suspende en un **hilo** donde **cuelga** tristemente tu recuerdo.
Ahora pienso en ti y pienso
que después de todo conocerte no ha sido tan difícil como escribir
este poema.

—De *Crónicas de un ocioso* (1983)

Comprensión de la obra

1. ¿Cuál es el significado del título de este poema?

2. ¿Quién habla y a quién le habla?

3. Mientras escribe el poema, el poeta habla sobre el poema que quiere escribir. ¿Cómo es ese poema que quiere escribir?

4. Analice la forma del poema, los versos y las estrofas. ¿Hay una secuencia de ideas conectadas? ¿Se introducen diferentes ideas o imágenes en cada verso?

5. Si nos concentramos en las diferentes imágenes del poema, podemos imaginar una pintura. ¿Qué tipo de pintura asocia con este poema? Describa sus formas y sus colores.

Preguntas de discusión

1. ¿Existe una relación entre la poesía y la búsqueda del amor?

2. ¿Cree que es importante el primer amor en la vida de una persona? ¿Por qué?

3. ¿Son importantes los poetas en este siglo? ¿Qué podemos aprender de ellos?

Antes de leer "Para celebrar nuestro aniversario de bodas"

1. Teniendo en cuenta que hay una diferencia de casi cuarenta años entre estos dos poemas de amor escritos por Eduardo Chirinos, ¿qué espera encontrar en este segundo poema?

2. ¿Cómo cree usted que se transforma el amor después de muchos años de convivencia?

Para celebrar nuestro aniversario de bodas

Hace veinte años que invento historias
para ti. Y siempre me has creído (o querido
creerme). No se supone que sea mentiroso.
La belleza nunca miente, la belleza no **hace
daño**. A diario escuchas las verdades de un
mundo cada vez más cruel y **corrompido**,
¿cómo oponerle un poco de belleza sin evitar
la **herida**?, ¿cómo hablar de este mundo
sin **traicionar** el dolor? La enfermedad,
por ejemplo, el paso del tiempo, la muerte
de aquellos que amamos. Hace veinte años
que vivimos juntos, te sabes de memoria mi
vida (y yo la tuya), pero saberla no significa
necesariamente conocernos más: **basta** un
mal sueño, un recuerdo infantil, un placer
inesperado para recuperar una historia y
contarla no importa si en las noches, a la
hora de dormir, o en las mañanas, mientras
tomamos desayuno. Es preciso mentir para
que la historia no sea la misma que te contaré
mañana, ya sabes que necesito sorprenderte.
Hace veinte años que soy varias personas
para ti, que me oculto para ser el mismo y
encontrarte a cada paso, siempre distinta
y siempre la misma. La rutina está hecha
de pequeñas felicidades, de invenciones
cuyo final **desconocemos**. Mañana te contaré
una historia, y será bella. Ojalá te guste.

(inédito)

VOCABULARIO ÚTIL

basta   *es suficiente*
corrompido/a   *depravado/a, pervertido/a*
desconocer   *el opuesto de conocer*
hacer daño   *causar dolor*
herida   *lo que resulta después de que una persona le hace daño a otra o se hace daño a sí misma*
traicionar   *dejar de ser fiel*

Preguntas de comprensión

1. ¿Por qué "inventa" el poeta historias para su esposa?

2. Según el poeta, ¿cómo es el mundo?

3. El poeta habla de cómo conoce y desconoce a su amada y de la importancia de "desconocerse" en el amor. ¿Cómo interpretamos esta idea? ¿Es posible conocer y al mismo tiempo desconocer a una persona? Explique su respuesta.

4. ¿De qué manera la rutina puede afectar las relaciones amorosas? ¿Cuál es la estrategia del poeta para hacer de la rutina algo especial?

5. Compare los dos poemas de Chirinos y hable sobre sus diferencias y sus elementos en común. ¿Cómo es el hombre del primer poema y el del segundo? ¿Es el mismo? ¿Ha cambiado? Explique su respuesta.

Preguntas de discusión

1. ¿Cree que la rutina en la vida de las personas puede matar el amor?

2. ¿Usted piensa que la tecnología ha tenido un efecto en las relaciones amorosas?

3. ¿Es posible estar enamorado de una sola persona durante muchos años?

FIG. 8.4 *Mujer en rosa*, de Pablo Pintado-Casas (2005). Óleo sobre lienzo. Colección privada.

Gabriel García Márquez (Colombia, 1928–2014)

Gabriel García Márquez es considerado como uno de los escritores más importantes a nivel mundial. Nació en 1928, en un pequeño pueblo del Caribe colombiano durante la crisis de las bananeras (cuando los trabajadores en las plantaciones bananeras se rebelaron por las malas condiciones y cientos de ellos fueron asesinados). Creció con sus abuelos maternos, quienes fueron la inspiración de varias de sus novelas y cuentos. Comenzó a estudiar derecho, pero pronto se dio cuenta de que esa no era su verdadera vocación. Se fue a Bogotá y empezó una carrera de periodismo. En 1982 ganó el Premio Nóbel de Literatura con un reconocimiento especial por su novela *Cien años de soledad*. La novela, publicada en 1967, sigue la historia de siete generaciones de la familia Buendía en un pueblo ficticio llamado Macondo. García Márquez es uno de los iniciadores del Boom latinoamericano, un momento en que la literatura de Latinoamérica comienza a ser reconocida en el mundo. Es también conocido por su uso del realismo mágico. Murió en la ciudad de México en 2014.

Durante toda su carrera, García Márquez fue un escritor comprometido a nivel social y político. Escribió crónicas y reportajes sobre las injusticias sociales, y muchas de sus novelas y cuentos denunciaban la corrupción política y el abuso a los trabajadores. En 2002 publicó su autobiografía, *Vivir para contarla*.

FIG. 8.5 Fotografía de Gabriel García Márquez, de Nereo López Mesa (1982).

El realismo mágico

La mezcla de culturas y cosmovisiones que ha tenido lugar en Hispanoamérica ha dado lugar a que algunos escritores de la región sean considerados exponentes de lo que se denomina *realismo mágico*. Más allá del realismo tradicional, que intenta reflejar fenómenos sociales, políticos e históricos, el realismo mágico procura integrar en sus narrativas una concepción más abarcadora de la cultura, que incluye también la tradición oral, las creencias, las supersticiones y una concepción mágica de la realidad. El primer autor en hablar del tema fue el escritor cubano Alejo Carpentier, quien expresó que el mundo hispanoamericano estaba caracterizado por la presencia de lo "real maravilloso". Con el tiempo, ese concepto llegó a ser una corriente literaria que cuenta entre sus principales exponentes al escritor colombiano Gabriel García Márquez y la autora chilena Isabel Allende.

SU VOZ

"En todo momento de mi vida hay una mujer que me lleva de la mano en las tinieblas de una realidad que las mujeres conocen mejor que los hombres y en las cuales se orientan mejor con menos luces".

Preguntas

1. Según la cita de García Márquez, ¿Quiénes inspiraron sus obras literarias?

2. ¿Según el escritor, cuál puede ser la realidad que conocen mejor las mujeres?

3. ¿Está usted de acuerdo con las palabras de García Márquez?

Antes de leer

1. El título del cuento de García Márquez hace referencia al título del cuento de hadas "La bella durmiente". ¿Qué ocurre en esa historia?

2. ¿Piensa usted que existen amores imposibles en la vida? ¿Por qué?

3. Este cuento ocurre durante un viaje. ¿Cree usted que nuestros sentimientos son más intensos cuando estamos de viaje? Explique su respuesta.

VOCABULARIO DE LA LECTURA

aliento *aire expulsado cuando respiramos*

almendra *fruto seco de color marrón y forma ovalada*

antifaz (m.) *máscara para cubrir los ojos*

apartar *separar; poner algo en otro lugar*

arrepentirse *sentirse mal por algo que se hizo en el pasado*

aura (f. pero el aura) *un aire, un parecido*

carajo *expresión para expresar frustración*

cola *fila*

demorar *tomar mucho tiempo*

desahogarse *hablar sobre los problemas para sentirse mejor*

disculpa *razón que se da cuando se busca perdón o excusa*

disponible *que está lista para ser utilizada*

enfurecido/a *furioso/a*

equivocarse *cometer un error*

escoger *seleccionar*

eterno/a *que dura toda la vida y más*

hechizo *práctica usada por los hechiceros o brujos para conseguir un fin*

huir *escapar*

insoportable *muy incómodo/a, molesto/a*

manta *tela grande para cubrirse en la cama*

muchedumbre (f.) *mucha gente*

noviazgo *relación amorosa que tienen las personas*

orilla *espacio que separa la tierra del agua (mar, ríos, lagos)*

pastilla *píldora medicinal*

penumbra *oscuridad*

percibir *notar*

seda *material textil suave y brillante*

sigiloso/a *que se hace en silencio o en secreto*

varado/a *que no se puede mover*

Lectura

El avión de la bella durmiente

Era bella, elástica, con una piel tierna del color del pan y los ojos de **almendras** verdes, y tenía el cabello liso y negro y largo hasta la espalda, y un **aura** de antigüedad que lo mismo podía ser de Indonesia que de los Andes. Estaba vestida con un gusto sutil: chaqueta de lince, blusa de **seda** natural con flores muy tenues, pantalones de lino crudo, y unos zapatos lineales del color de las buganvilias. "Esta es la mujer más bella que he visto en mi vida", pensé, cuando la vi pasar con sus **sigilosos** trancos de leona, mientras yo hacía la **cola** para abordar el avión de Nueva York en el aeropuerto Charles de Gaulle de París. Fue una aparición sobrenatural que existió solo un instante y, desapareció en la **muchedumbre** del vestíbulo.

Eran las nueve de la mañana. Estaba nevando desde la noche anterior, y el tránsito era más denso que de costumbre en las calles de la ciudad, y más lento aún en la autopista, y había camiones de carga alineados a la **orilla**, y automóviles humeantes en la nieve. En el vestíbulo del aeropuerto, en cambio, la vida seguía en primavera.

Yo estaba en la fila de registro detrás de una anciana holandesa que **demoró** casi una hora discutiendo el peso de sus once maletas. Empezaba a aburrirme cuando vi la aparición instantánea que me dejó sin **aliento**, así que no supe cómo terminó el altercado, hasta que la empleada me bajó de las nubes con un reproche por mi distracción. A modo de **disculpa** le pregunté si creía en los amores a primera vista. "Claro que sí", me dijo. "Los imposibles son los otros". Siguió con la vista fija en la pantalla de la computadora, y me preguntó qué **asiento** prefería: fumar o no fumar.

—Me da lo mismo —le dije con toda intención—, siempre que no sea al lado de las once maletas.

Ella lo agradeció con una sonrisa comercial sin **apartar** la vista de la pantalla fosforescente.

—**Escoja** un número —me dijo—: tres, cuatro o siete.

—Cuatro.

Su sonrisa tuvo un destello triunfal.

—En quince años que llevo aquí —dijo—, es el primero que no escoge el siete.

Marcó en la tarjeta de embarque el número del asiento y me la entregó con el resto de mis papeles, mirándome por primera vez con unos ojos color de uva que me sirvieron de **consuelo** mientras volvía a ver la bella. Solo entonces me advirtió que el aeropuerto acababa de cerrarse y todos los vuelos estaban diferidos.

—¿Hasta cuándo?

—Hasta que Dios quiera —dijo con su sonrisa. —La radio anunció esta mañana que será la nevada más grande del año.

Se equivocó: fue la más grande del siglo. Pero en la sala de espera de la primera clase la primavera era tan real que había rosas vivas en los floreros y hasta la música enlatada parecía tan sublime y sedante como lo pretendían sus creadores. De pronto se me ocurrió que aquel era un refugio adecuado para la bella, y la busqué en los otros salones, estremecido por mi propia audacia. Pero la mayoría eran hombres de la vida real que leían periódicos en inglés mientras sus mujeres pensaban en otros, contemplando los aviones muertos en la nieve a través de las vidrieras panorámicas, contemplando las fábricas glaciales, los vastos sementeros de Roissy devastados por los leones. Después del mediodía no había un espacio **disponible**, y el calor se había vuelto tan **insoportable** que escapé para respirar.

Afuera encontré un espectáculo sobrecogedor. Gentes de toda ley habían **desbordado** las salas de espera, y estaban acampadas en los corredores sofocantes, y aun en las escaleras, tendidas por los suelos con sus animales y sus niños, y sus enseres de viaje. Pues también la comunicación con la ciudad estaba interrumpida, y el palacio de plástico transparente parecía una inmensa cápsula espacial **varada** en la tormenta. No pude evitar la idea de que también la bella debía estar en algún lugar en medio de aquellas hordas mansas, y esa fantasía me infundió nuevos ánimos para esperar.

A la hora del almuerzo habíamos asumido nuestra conciencia de náufragos. Las colas se hicieron interminables frente a los siete restaurantes, las cafeterías, los bares atestados, y en menos de tres horas tuvieron que cerrarlos porque no había nada que comer ni beber. Los niños, que por un momento parecían ser todos los del mundo, se pusieron a llorar al mismo tiempo, y empezó a levantarse de la muchedumbre un olor de rebaño. Era el tiempo de los instintos. Lo único que alcancé a comer en medio de la rebatiña fueron los dos últimos vasos de helado de crema en una tienda infantil. Me los tomé poco a poco en el mostrador, mientras los **camareros** ponían las sillas sobre las mesas a medida que se desocupaban, y viéndome a mí mismo en el espejo del fondo, con el último vasito de cartón y la última cucharita de cartón, y pensando en la bella.

El vuelo de Nueva York, previsto para las once de la mañana, salió a las ocho de la noche. Cuando por fin logré embarcar, los pasajeros de la primera clase estaban ya en su sitio, y una azafata me condujo al mío. Me quedé sin aliento. En la poltrona vecina, junto a la ventanilla, la bella estaba tomando posesión de su espacio con el dominio de los viajeros expertos. "Si alguna vez escribiera esto, nadie me lo creería", pensé. Y apenas si intenté en mi media lengua un saludo indeciso que ella no **percibió**.

Se instaló como para vivir muchos años, poniendo cada cosa en su sitio y en su orden, hasta que el lugar quedó tan bien dispuesto como la casa ideal donde todo estaba al alcance de la mano. Mientras lo hacía, el sobrecargo nos llevó la champaña de bienvenida. Cogí una copa para ofrecérsela a ella, pero **me arrepentí** a tiempo. Pues solo quiso un vaso de agua, y le pidió al sobrecargo, primero en un francés inaccesible y luego en un inglés apenas más fácil, que no la despertara por ningún motivo durante el vuelo. Su voz grave y tibia arrastraba una tristeza oriental.

Cuando le llevaron el agua, abrió sobre las rodillas un cofre de tocador con esquinas de cobre, como los baúles de las abuelas, y sacó dos **pastillas** doradas de un estuche donde llevaba otras de colores diversos. Hacía todo de un modo metódico y parsimonioso, como si no hubiera nada que no estuviera previsto para ella desde su nacimiento. Por último bajó la cortina de la ventana, extendió la poltrona al máximo, se cubrió con la **manta** hasta la cintura sin quitarse los zapatos, se puso el **antifaz** de dormir, se acostó de medio lado en la poltrona, de espaldas a mí, y durmió sin una sola pausa, sin un suspiro, sin un cambio mínimo de posición, durante las ocho horas **eternas** y los doce minutos de sobra que duró el vuelo a Nueva York.

Fue un viaje intenso. Siempre he creído que no hay nada más hermoso en la naturaleza que una mujer hermosa, de modo que me fue imposible escapar ni un instante al **hechizo** de aquella criatura de fábula que dormía a mi lado. El sobrecargo había desaparecido tan pronto como despegamos, y fue reemplazado por una azafata cartesiana que trató de despertar a la bella para darle el estuche de tocador y los auriculares para la música. Le repetí la advertencia que ella le había hecho al sobrecargo, pero la azafata insistió para oír de ella misma que tampoco quería cenar. Tuvo que confirmárselo el sobrecargo, y aun así me reprendió porque la bella no se hubiera colgado en el cuello el cartoncito con la orden de no despertarla. Hice una cena solitaria, diciéndome en silencio lo que le hubiera dicho a ella si hubiera estado despierta. Su sueño era tan estable, que en cierto momento tuve la inquietud de que las pastillas que se había tomado no fueran para dormir sino para morir. Antes de cada trago, levantaba la copa y brindaba.

—A tu salud, bella.

Terminada la cena apagaron las luces, dieron la película para nadie, y los dos quedamos solos en la **penumbra** del mundo. La tormenta más grande del siglo había pasado, y la noche del Atlántico era inmensa y límpida, y el avión parecía inmóvil entre las estrellas. Entonces la contemplé palmo a palmo durante varias horas, y la única señal de vida que pude percibir fueron las sombras de los sueños que pasaban por su frente como las nubes en el agua. Tenía en el cuello una cadena tan fina que era casi invisible sobre su piel de oro, las orejas perfectas sin puntadas para los aretes, las uñas rosadas de la buena salud, y un anillo liso en la mano izquierda. Como no parecía tener más de veinte años me consolé con la idea de que no fuera un anillo de bodas sino el de un **noviazgo** efímero. "Saber que duermes tú, cierta, segura, cauce fiel de abandono, línea pura, tan cerca de mis brazos maniatados", pensé, repitiendo en la cresta de espumas, de champaña el soneto magistral de Gerardo Diego. Luego extendí la poltrona a la altura de la suya, y quedamos acostados más cerca que en una cama matrimonial. El clima de su respiración era el mismo de la voz, y su piel exhalaba un hálito tenue que solo podía ser el olor propio de su belleza. Me parecía increíble: en la primavera anterior había leído una hermosa novela de Yasurani Kawabata sobre los ancianos burgueses de Kyoto que pagaban sumas enormes para pasar la noche contemplando a las muchachas más bellas de la ciudad, desnudas y narcotizadas, mientras ellos agonizaban de amor en la misma cama. No podían despertarlas, ni tocarlas, y ni siquiera lo intentaban, porque la esencia del placer era verlas dormir. Aquella noche, velando el sueño de la bella, no solo entendí aquel refinamiento senil, sino que lo viví a plenitud.

—Quién iba a creerlo —me dije, con el amor propio exacerbado por la champaña—: Yo, anciano japonés a estas alturas.

Creo que dormí varias horas, vencido por la champaña y los fogonazos mudos de la película, y desperté con la cabeza agrietada. Fui al baño. Dos lugares detrás del mío yacía la anciana de las once maletas despatarrada de mala manera en la poltrona. Parecía un muerto olvidado en el campo de batalla. En el suelo, a mitad del pasillo, estaban sus lentes de leer con el collar de cuentas de colores, y por un instante disfruté de la dicha mezquina de no recogerlos.

Después de **desahogarme** de los excesos de champaña me sorprendí a mí mismo en el espejo, indigno y feo, y me asombré de que fueran tan terribles los estragos del amor. De pronto el avión se fue a pique, se enderezó como pudo, y prosiguió volando al galope. La orden de volver al asiento se encendió. Salí en estampida, con la ilusión de que solo las turbulencias de Dios despertaran a la bella, y que tuviera que refugiarse en mis brazos **huyendo** del terror. En la prisa estuve a punto de pisar los lentes de la holandesa, y me hubiera alegrado. Pero volví sobre mis pasos, los recogí, y se los puse en el regazo, agradecido de pronto de que no hubiera escogido antes que yo el asiento número cuatro.

El sueño de la bella era invencible. Cuando el avión se estabilizó, tuve que resistir la tentación de sacudirla con cualquier pretexto, porque lo único que deseaba en aquella última hora de vuelo era verla despierta, aunque fuera **enfurecida**, para que yo pudiera recobrar mi libertad, y tal vez mi juventud. Pero no fui capaz. "**Carajo**", me dije, con un gran desprecio. "¡Por qué no nací Tauro!"

Despertó sin ayuda en el instante en que se encendieron los anuncios del aterrizaje, y estaba tan bella y lozana como si hubiera dormido en un rosal. Solo entonces caí en la cuenta de que los vecinos de asiento en los aviones, igual que los matrimonios viejos, no se dan los buenos días al despertar. Tampoco ella. Se quitó el antifaz, abrió los ojos radiantes, enderezó la poltrona, tiró a un lado la manta, se sacudió las crines que se peinaban solas con su propio peso, volvió a ponerse el cofre en las rodillas, y se hizo un maquillaje rápido y superfluo, que le alcanzó justo para no mirarme hasta que la puerta se abrió. Entonces se puso la chaqueta de lince, pasó casi por encima de mí con una disculpa convencional en castellano puro de las Américas, y se fue sin despedirse siquiera, sin agradecerme al menos lo mucho que hice por nuestra noche feliz, y desapareció hasta el sol de hoy en la Amazonía de Nueva York.

Junio, 1982

Comprensión de la obra

A. Primero, indique si las siguientes afirmaciones son verdaderas (V) o falsas (F), según el cuento. Luego, corrija las que son falsas.

1. V   F   El narrador describe un amor a primera vista.

2. V   F   El cuento tiene lugar en el aeropuerto de París durante una gran tormenta de nieve.

3. V   F   No hay casi nadie en el aeropuerto.

4. V   F   La mujer tiene un tipo de belleza muy común.

5. V   F   El narrador escoge el asiento número siete.

6. V   F   El hombre está sentado al lado de la mujer holandesa.

7. V   F   La bella durmiente es muy organizada.

8. V   F   La bella se toma dos pastillas doradas para dormir.

9. V   F   El narrador y la bella hablan y cenan juntos.

10. V   F   Durante el vuelo el narrador observa a la bella de cerca.

11. V   F   La bella durmiente le recuerda a un personaje de una novela japonesa.

12. V   F   La señora holandesa también duerme de una forma elegante.

13. V   F   La bella durmiente se despierta a causa de la turbulencia.

14. V   F   La mujer bella pasa a su lado al final sin ponerle mucha atención.

15. V   F   Al final el narrador conoce a la bella durmiente.

B. Conteste las siguientes preguntas.

1. ¿Cómo describe el narrador a la bella durmiente? ¿Qué detalles nos da sobre ella?

2. ¿Cómo describe el narrador el espacio en el que se encuentra?

3. ¿Cómo es el ambiente típico en los aeropuertos? ¿Es diferente en este caso? Explique su respuesta.

4. ¿Cuál es el efecto de la nevada en este cuento?

5. ¿Qué ocurre al final?

6. ¿Qué tipo de amor es este?

7. ¿Tuvo alguna vez una experiencia parecida a la del cuento de García Márquez?

Preguntas de discusión

1. ¿Cree usted que existe el amor a primera vista?

2. ¿Qué nos dice García Márquez acerca del amor en este cuento?

3. ¿Qué opina sobre la representación de las mujeres en los cuentos de hadas? Dé algunos ejemplos precisos.

Flavia Company (Argentina, 1963–)

Nacida en Buenos Aires, Flavia Company vive en Barcelona desde 1973, año en el que sus padres se transladaron a España debido a la situación política en Argentina. Escribió su primera novela, *Querida Nélida,* a los 17 años. A partir de aquel primer libro, Company ha publicado novelas, libros de cuentos y, también, libros para niños. Entre sus novelas cabe destacar *Melalcor* (2000) y *La mitad sombría* (2006). Entre los libros de relatos figuran *Viajes* **subterráneos** (1997) y *Con la* **soga** *al cuello* (2009). Company escribe en castellano y en catalán. Su obra ha sido traducida al inglés, francés, alemán, italiano, portugués, holandés y polaco. Company es también traductora, periodista y profesora de cuento y novela en la Escuela de Escritura del Ateneo de Barcelona. Es patrona de yate, toca el piano y dispone de un blog, que puede visitarse en http://www.fcompany .blogspot.com.

FIG. 8.6 Flavia Company. (Fotografía de Margarita Sánchez.)

VOCABULARIO ÚTIL

soga   *cuerda gruesa*
subterráneo/a   *que está debajo de la tierra*

SU VOZ

"La literatura es para mí no solo una vocación, sino un deber moral, de ahí que mi literatura sea siempre comprometida. Aunque por delante pongo la voluntad de estilo y la vocación artística, mis libros siempre son más comprometidos que de entretenimiento".

Preguntas de análisis

1. ¿Qué significa para usted la literatura *comprometida*? ¿Prefiere la literatura comprometida o la literatura solo como fuente de entretenimiento?

2. ¿Cree que la escritura es un buen vehículo para tratar temas sociales y políticos?

3. ¿Qué tipo de temas sociales o políticos aparecen en la literatura hoy en día?

SU OBRA: *VIAJES SUBTERRÁNEOS*

Antes de leer

1. ¿Cree usted que las escritoras femeninas tratan el tema del amor de forma
    diferente a como lo hacen los hombres? Explique su respuesta.

2. En su opinión, ¿cuál es el mejor lugar para encontrar pareja? ¿Es en una
    fiesta? ¿un bar? ¿en internet?

3. El cuento de Flavia Company se llama *Viajes subterráneos*. ¿Qué podría
    sugerir la palabra *subterráneo* cuando se habla del amor?

Viajes subterráneos (1993) es una antología de veinticinco relatos breves sobre una
variedad de temas: el miedo al rechazo, el destino, la soledad, el deseo y la falta de
comunicación. El cuento a continuación, que lleva el mismo título que la antología,
es una reflexión sobre el deseo y las relaciones humanas en las grandes ciudades.

Lectura

Viajes subterráneos

No se dio cuenta de la inconsistencia de sus encuentros hasta que, aquella mañana,
su mirada acostumbrada a fijarse de manera inconsciente en el brazo y la mano y
el cuello de la mujer, se encontró **desconcertada** y sola, sin saber hacia dónde
dirigirse.

El paisaje humano del metro era siempre el mismo, a la misma hora. De ida y de vuelta. Todas las caras resultaban desconocidas de un modo familiar y cada cual tenía su lugar tácito: su vagón, su asiento, su palo para sostenerse. A veces, la armonía se quebraba durante algunas estaciones, porque subían personas que estaban allí por casualidad, porque un médico les había dado esa hora determinada para la visita o algo por el estilo. Se les notaba en seguida, por la manera de mirar, de no reconocer a nadie, de no saludar con los ojos o con la cabeza, de no respetar las costumbres.

VOCABULARIO DE LA LECTURA

abordar *acercarse*
azar (m.) *casualidad*
desconcertado/a *sorprendido/a*
desplegar *extender algo que estaba doblado*
domicilio *lugar en que uno vive*
fingir *pretender, simular*
imprevisto/a *no planeado/a*
infructuoso/a *inútil, ineficaz*
intrascendente *sin importancia*
rechazo *no aceptar a una persona, una idea o una creencia*
rincón (m.) *lugar discreto y apartado*

Alba se preguntaba si le habría sucedido algún **imprevisto**. Quizás había caído enferma. Lo cierto era que en los últimos tiempos no tenía muy buena cara. No podía ser nada de importancia; aquella mujer debía de tener más o menos la misma edad que ella, unos treinta años. A los treinta años no podía pasar nada irreversible. O sí. ¿Por qué se preocupaba?

De pronto se le ocurrió la posibilidad de que hubiera cambiado de trabajo y, por consiguiente, de horarios o, todavía peor, de **domicilio**, y por lo tanto de línea, de estación. Quizás se trataba tan solo de un cambio de parecer sobre el metro que le convenía y había decidido subir en el de antes o en el de después. Recordó que, luego de haber estado tres meses cogiendo el de las ocho, ella misma había preferido el de las ocho menos diez, que circulaba más vacío.

Así que durante una primera semana de ausencia, Alba cambió de horarios con el propósito de buscar a la mujer en los metros de diez minutos antes y de diez minutos después.

La búsqueda, sin embargo, fue **infructuosa**, y llegó al fin de semana sin encontrar solución.

Sábado y domingo fueron días de recriminaciones y de excusas, de motivos y de preguntas. ¿Por qué nunca se había decidido a hablarle? No podía saber si había alguna posibilidad de acercamiento si no lo probara. No era necesario entrar de lleno; habría bastado con una primera charla **intrascendente** que quizás le habría permitido invitarla a un café alguna tarde. Podrían haber hablado de la coincidencia de horarios, de los trabajos que hacían, del barrio en donde vivían. La mujer subía dos estaciones después que ella —durante los días de ausencia, Alba había pasado en vano algunas horas en esa estación para ver si se producía de milagro.

No se había dado cuenta de la importancia que daba a aquella mujer hasta que la perdió de vista. Solo le quedaba esperar a que el **azar** volviera a ponerla a su alcance entonces.

El lunes Alba reanudó sus costumbres y subió al vagón de siempre —el que le iba mejor para la salida en la estación donde bajaba—, a la hora de siempre. Lo primero que hizo fue clavar la mirada en el **rincón** donde, por lo general, encontraba a la mujer. Recorrió con los ojos cerrados las dos estaciones que la separaban de la esperanza. Escuchó que se abrían las puertas, que subía y bajaba la gente, que se cerraban las puertas y el metro se ponía en marcha. Entonces abrió los ojos y la encontró allí, como si nada hubiera pasado, como si la semana anterior no hubiera sido más que un paréntesis.

Ahora Alba volvía a sentir miedo. Del **rechazo**. No podía acercarse sin más. Estaba segura de que se lo notaría en la mirada.

De manera automática, cuando llegó a la estación en la que se apeaba la mujer cada día, Alba se puso junto a la puerta y también bajó. Ya se le ocurriría alguna excusa que dar en el trabajo. Sin saber cómo, había decidido seguirla, ver adónde

iba, conocer su recorrido, observar cómo caminaba por la calle, qué hacía exactamente: si se detenía en un bar para tomar el desayuno o entraba en alguna tienda.
Y quizás, en algún momento, encontraría la ocasión para **abordarla**.

Desconocía los motivos por los que le atraía aquella mujer y no otra cualquiera, quizás más fácil, más accesible. Alba estaba dispuesta a creer en el destino
y a contagiar esa creencia a la mujer. ¿Cuál sería su nombre? ¿Cuál su vida?

Todavía no habían salido a la calle. Transitaban por los pasillos subterráneos
de conexión entre diferentes líneas de metro. Pero la mujer se detuvo en un cruce,
y Alba tuvo que hacer lo mismo unos metros antes, por suerte justo al lado de un
quiosco de diarios y revistas. "Debe de esperar a alguien", pensó, y se quedó allí,
vigilando los movimientos de la mujer, y sobre todo sus ojos.

De pronto, Alba notó que la mujer se ponía tensa. Seguro que había visto a la
persona que esperaba. Vio que **desplegaba** el diario que llevaba bajo el brazo y se
apoyaba en la pared. Para Alba resultaba evidente que no leía y que estaba atenta al
pasillo de su derecha.

La mujer esperó con paciencia a que otra mujer le pasara por delante sin mi-
rarla, de la forma en que no se mira a los desconocidos. Entonces dejó caer el diario
al suelo y empezó a caminar detrás de ella, a solo unos pasos.

Alba sintió ganas de reír. Dudaba, no sabía si continuar con el acecho de la
perseguidora o retroceder. Una repentina intuición la obligó a volver la cabeza con
rapidez: tuvo tiempo de descubrir la mirada de una mujer que la observaba mientras **fingía** leer un diario apoyada en la pared.

Alba no dudó más.

Comprensión de la obra

A. Primero, indique si las siguientes afirmaciones son verdaderas (V) o falsas (F),
según el contenido del cuento. Luego, corrija las que son falsas.

1. V   F   El cuento se narra en primera persona.

2. V   F   Alba viaja en metro todas las mañanas para ir al trabajo.

3. V   F   Alba se fija siempre en otra mujer que toma la misma línea
de metro.

4. V   F   Un día, nota que la mujer está con su familia.

5. V   F   Cada mañana las personas en el metro son diferentes.

6. V   F   Alba se pregunta qué le ha podido pasar a la mujer.

7.   V   F   Alba había hablado con la mujer muchas veces en el pasado.

8.   V   F   Alba tiene miedo al rechazo.

9.   V   F   La mujer que seguía Alba estaba interesada en otra mujer en el metro.

B.   Conteste las siguientes preguntas.

1.   ¿Por qué cree que Alba nunca habló con la otra mujer?

2.   ¿Qué opina del título de este cuento? ¿Tiene algún mensaje simbólico?

3.   ¿Cómo interpreta el final del cuento?

4.   ¿Cuál es el mensaje de la autora acerca de las relaciones humanas hoy en día?

5.   ¿Hay algún elemento en común entre este cuento y el que leyó de García Márquez, *El avión de la bella durmiente*?

6.   ¿Cree que en las grandes ciudades mucha gente pasa el tiempo observando a la gente en los sitios públicos? ¿A usted le gusta observar a la gente en sus actividades cotidianas? ¿Alguna vez siguió a una persona para poder continuar observándola?

7.   Añada un párrafo más a la historia. ¿Qué decide hacer Alba?

Preguntas de discusión

1.   ¿Cree que es difícil conocer a otras personas en las grandes ciudades?

2.   ¿Es fácil o difícil para usted hablar con personas que no conoce?

3.   Este cuento habla sobre la atracción de una mujer por otra. ¿Cree que la historia sería la misma si se tratara de un hombre y de una mujer?

FIG. 8.7 *Las tres gracias*, de Rodrigo Isaza (2000). Pastel* sobre papel. Colección privada.

CORTOMETRAJE ERNESTO CABELLOS (PERÚ, 1968–)

Ernesto "Tito" Cabellos comenzó trabajando como taxista para poder pagar por la producción de cortometrajes que hacía con un grupo de ambiciosos jóvenes peruanos. Fundó Guarango Cine y Video. Se ha dedicado a la producción de documentales y ha hecho algunos para la televisión peruana y otras cadenas internacionales como BBC World, TVE, WDR y WETV de Canadá. En el 2002, hizo

FIG. 8.8 Ernesto Cabellos, Susana Araujo y Jesús Culis, productores y directores del cortometraje "El antifaz"

el largometraje documental *Choropampa: El precio del oro*, filmado, producido y editado junto a Stephanie Boyd. En 2008 el cortometraje "El antifaz", fue producido y dirigido por Ernesto Cabellos, Jesús Culis y Susana Araujo. El corto fue premiado en el Concurso Extraordinario de Cortometrajes del Consejo Nacional de Cinematografía de Perú (CONACINE) y en 2009 recibió el Premio Diversidad Sexual en el Festival FENACO (Cusco, Perú). En el 2009 Cabellos dirigió el exitoso documental *De ollas y sueños*, una película sobre la gastronomía peruana.

SU OBRA: " EL ANTIFAZ"

Antes de ver el cortometraje

1. Este es el único cortometraje documental en el libro. ¿Cuál es la diferencia entre un cortometraje de ficción y un documental?

2. En su opinión, ¿cuáles son las características de un buen documental?

3. ¿Qué quiere decir la palabra "antifaz"? ¿En qué circunstancias se utiliza?

4. Este documental es acerca de un travesti peruano. ¿Cuáles pueden ser algunos de los temas que presenta el cortometraje?

Mire el cortometraje "El antifaz", de Ernesto Cabellos, en el sitio web http://www.youtube.com/watch?v=Kyc8_WYpbDQ. Luego, conteste las preguntas.

FIG. 8.9 Escena del cortometraje "El antifaz" (2008), de Ernesto Cabellos

Preguntas

1. El narrador habla en *nosotros*. ¿A quiénes se refiere?

2. ¿En qué situación se encuentra el narrador?

3. El narrador habla de diferentes episodios del pasado. ¿Qué dice sobre su padre? ¿Por qué cree que es importante hablar sobre la relación entre él y su padre?

4. ¿En qué momento habla sobre el VIH y qué dice sobre el virus?

5. El narrador habla sobre una oportunidad. ¿Cuál es?

6. Hable sobre la transformación del travesti. ¿Para qué evento se está preparando?

7. ¿Cuál es el significado de ponerse y quitarse el antifaz?

8. ¿Qué opina usted sobre este documental?

ACTIVIDADES CREATIVAS

A. ACTIVIDADES ORALES

1. ¿Es difícil establecer y mantener relaciones hoy en día? ¿Cree que es más complicado para los hombres o las mujeres? Explique su respuesta.

2. ¿Cuál es la historia de amor que más lo ha conmovido? (Puede ser la historia de un libro, de una película o algún hecho de la vida real.)

3. ¿Cree que las relaciones interpersonales varían según el país y la cultura? ¿Ha viajado a un país donde las relaciones amorosas o de amistad son diferentes que en su país?

   Mire en internet el cortometraje "Doble Check" (2012), del director español Miquel Galofré, que se encuentra en http://www.youtube.com/watch?v=XjCU rU-9eIU. ¿Cuál es la situación entre la pareja del cortometraje? ¿Piensa que es una situación realista?

B. ACTIVIDADES ESCRITAS

1. Escriba dos páginas del diario de una persona imaginaria que hace algunas semanas conoció a su primer amor. ¡Sea creativo!

2. Seleccione a uno de los artistas o escritores estudiados en este capítulo y escriba una entrada de su diario imaginando un día en la vida de esta persona.

3. Escriba un poema, una obra de teatro de un acto o un breve cuento sobre una historia de amor interesante y original.

C. PROYECTO PARA HACER EN GRUPOS

En 1999, la UNESCO (Organización de las Naciones Unidas para la Educación, la Ciencia y la Cultura) declaró el 21 de marzo como el Día Mundial de la Poesía. Cada año en esa fecha se reúnen escritores, poetas, niños y adultos en el mundo entero para leer poesía en voz alta. Es un tributo al poder de las palabras, a la diversidad lingüística y a la creatividad.

En parejas, elijan dos poemas escritos por un autor hispanoamericano o español. Analicen los poemas según la información presentada en la sección **Cómo analizar y entender mejor un poema** de este capítulo. Cada uno tiene que prepararse para leer uno de los poemas delante de la clase. Practiquen su poema en voz alta y con emoción hasta que estén cómodos con el lenguaje y la pronunciación. El día de la lectura las parejas les presentarán a todos una copia de los poemas, darán una breve presentación de su análisis, luego cada uno leerá su poema.

Películas recomendadas

Los siguientes largometrajes ofrecen visiones interesantes sobre relaciones amorosas y cuestiones de identidad sexual en Hispanoamérica y España.

- *Medianeras* (Argentina, 2011), dirigida por Gustavo Taretto

- *La piel que habito* (España, 2011), dirigida por Pedro Almodóvar

- *Chico y Rita* (España, 2010), dirigida por Fernando Trueba

- *El secreto de sus ojos* (Argentina, 2009), dirigida por Juan José Campanella

- *XXY* (Argentina, 2007), dirigida por Lucía Puenzo

- *La mala educación* (España, 2004), dirigida por Pedro Almodóvar

- *En la ciudad* (España, 2003), dirigida por Cesc Gay

- *El otro lado de la cama* (España, 2002), dirigida por Emilio Martínez Lázaro

- *A mi madre le gustan las mujeres* (España, 2002), dirigida por Daniela Féjerman e Inćs Paris

- *El hijo de la novia* (Argentina, 2001), dirigida por Juan José Campanella

- *Y tu mamá también* (México, 2001), dirigida por Alfonso Cuarón

- *Los amantes de Círculo Polar* (España, 1998), dirigida por Julio Medem

- *Fresa y chocolate*, (Cuba/México, 1994), dirigida por Tomás Gutiérrez Alea y Juan Carlos Tabío

Para información acerca de la disponibilidad de los varios recursos electrónicos que se mencionan en el libro, véase la página web de *Retratos*: www.hackettpublishing.com/retratos.

GLOSARIO DE VOCABULARIO ÚTIL RELACIONADO CON LAS ARTES VISUALES

abstracto estilo artístico que no busca representar algo de la realidad visible; obra creada a partir de formas geométricas y colores puros o utilizando formas libres que no representan ninguna cosa

academicismo estilo artístico que se basa en reglas tradicionales del arte clásico

acrílico técnica pictórica hecha con pigmentos ligados en una resina sintética, y que es soluble en agua, tiene un aspecto opaco y la utilizan los pintores contemporáneos

acuarela técnica de pintura sobre papel o cartón con colores diluidos en agua

aguafuerte (*m.*) técnica de grabado que consiste en dibujar sobre una lámina de cobre cubierta con un barniz, y que luego se expone a un ácido para obtener incisiones, que al final serán entintadas para obtener una impresión sobre el papel; obra producida por medio de esta técnica

al aire libre en el exterior, afuera

ampliar reproducir una fotografía en un tamaño mayor del que tenía

apagado/a poco vivo/a (*color*); no brillante

armonía proporción y relación equilibrada entre los elementos de una obra

arte (*m.*) **figurativo** arte que representa las formas del mundo visible

áspero/a lo opuesto de **liso**

autodidacta (*m., f.*) persona que ejerce una actividad artística sin haber asistido a ninguna academia

autorretrato tema artístico en el cual el artista se representa a sí mismo

bastidor (*m.*) armazón de palos de madera o pedazos de metal en el cual se fija el lienzo para pintar

Bienal (*f.*) evento de artes plásticas que se realiza cada dos años en ciudades grandes

brillante describe una superficie que resplandece con luz propia o reflejada

caballete (*m.*) armazón de madera compuesta de tres pies, con una tablita transversal donde se coloca el cuadro

cámara: cámara digital aparato fotográfico multifuncional que captura imágenes digitalmente, mediante un dispositivo electrónico o en cinta magnética; **cámara fotográfica** aparato que sirve para captar imágenes por medio de la luz y producir fotografías

capa (de pintura) una nueva aplicación de pintura, con frecuencia superpuesta sobre otra

cerámica arte de realizar objetos con arcilla o barro que luego se hornean, obteniendo diferentes acabados; obra producida por medio de esta técnica

claroscuro contraste pictórico de luces y sombras para intentar dar efectos de profundidad al cuadro

color (*m.*)**: colores primarios** el amarillo, el azul y el rojo; **colores secundarios** el verde, el violeta y el anaranjado

composición (*f.*) organización de las figuras en una obra de arte

cortometraje (*m.*) película de duración de menos de 60 minutos

cuadro realización artística sobre un soporte rectangular —generalmente tela, papel o tabla— sobre la que se aplican colores

cúpula bóveda semiesférica o en forma de segmento de esfera que en algunos edificios cubre una planta

desnudo género artístico que presenta al cuerpo humano sin ropa

dibujo técnica de delinear una figura o imagen con lápiz, pluma, carbón u otro medio; obra producida por medio de esta técnica

dimensión (*f.*) cada una de las magnitudes necesarias para evaluar una figura plana o un sólido

diseño creación original

encargo una obra de arte contratada o hecha al pedido de un cliente

enfoque (*m.*) ubicación de un punto de vista para obtener la imagen de un objeto con la cámara fotográfica

esbozo dibujo rápido de un motivo

escala tamaño o proporción entre una longitud determinada y la longitud correspondiente de una figura o una representación

escultor(a) artista que trabaja las técnicas para la realización de obras tridimensionales

escultura obra artística en tres dimensiones que puede ser en bronce, cerámica, yeso, mármol u otros materiales

espejismo fenómeno óptico en el que se ve la imagen desfigurada de objetos lejanos

estilo manera particular de expresar el pensamiento, las emociones y los sentimientos

exhibición (*f.*) grupo de obras artísticas que son presentadas al público en un museo, galería o salón

filtro cuerpo transparente coloreado que se coloca delante de un objetivo para alterar la luz

fondo zona que rodea la figura en una pintura

fotografía técnica de fijar, mediante la luz, imágenes sobre una superficie sensible; imagen producida por medio de esta técnica

fotógrafo/a persona que realiza el acto de tomar fotografías

fresco pintura realizada sobre un muro preparado con cal y arena, que se realiza con la preparación húmeda con pigmentos diluidos en agua

galería edificio utilizado para la exhibición de obras de arte

grabado técnica artística que permite obtener imágenes mediante líneas dibujadas en una plancha de metal; se usan herramientas de grabar para imprimir y sacar varias copias

graffiti (*m.*) escritos o pinturas realizadas en muros de la calle con pintura con pulverizador

guache (*m.*) técnica pictórica a base de pigmentos aglutinados con un pegante y que se aplican con agua

largometraje (*m.*) película de duración de 60 minutos o más

lienzo tela natural preparada para pintar sobre ella que se ajusta al bastidor tensándose para producir una superficie lisa

liso/a que tiene una superficie sin irregularidades

litografía técnica de impresión en la que se dibuja con un lápiz grasoso sobre una tabla de piedra, para luego imprimir con prensa; obra realizada por medio de esta técnica

luminismo estilo pictórico que presta mucha atención a los efectos de la luz

luminosidad (*f.*) efecto de la luz en un ambiente o un objeto; cualidad que pueden poseer los colores en la pintura cuando sugieren mayor cantidad de luz

maestro/a persona de mérito entre las de su clase; persona que enseña un arte

marco bastidor cuadrado o rectangular en el que se encaja una pintura para darle realce

mate (*adj. m., f.*) que carece de brillo

minimalismo movimiento artístico en el que las formas son simplificadas hasta lo más elemental

mixografía técnica de grabado que integra elementos de collage

modelo (*n. m., f.*) persona u objeto que sirve de referencia para que un artista realice una obra

monocromático/a que utiliza un solo color

montaje (*m.*) obra en la que hay imágenes o secuencias colocadas para fines artísticos

mosaico obra artística compuesta de trocitos de piedra o vitral

mural (*m.*) pintura en una pared o en un muro

museo edificio o lugar que guarda obras de arte, documentos históricos o testimonios de distintas épocas

naturaleza muerta tema de la pintura en el que se representan animales muertos, frutas o plantas con otros objetos

objetivo parte de la cámara fotográfica que contiene los lentes

óleo técnica pictórica que consiste en mezclar diversos pigmentos usando como aglutinante el aceite; obra creada por medio de esta técnica

paisaje (*m.*) tema pictórico que consiste en representar la naturaleza como tema independiente

paleta tabla (con frecuencia de madera) usada por el artista para ordenar y mezclar las pinturas para una obra

pastel (*m.*) técnica pintórica que consiste en usar lápices blandos y pastosos para pintar; obra creada por medio de esta técnica; (*adj.*) de color o tono suave

perfil (*m.*) posición en la que solo se puede ver la mitad de la cara

perspectiva medio de representación para dar la ilusión de profundidad espacial sobre una superficie plana

pigmento sustancia natural colorante de origen animal, vegetal o mineral

pincel (*m.*) instrumento, usado principalmente para pintar, compuesto por un mango largo y delgado de madera o metal que en uno de los extremos tiene sujeto un manojo de pelos o cerdas

pincelada trazo que se hace con un pincel

pintor(a) persona que realiza obras pictóricas

pintura representación artística sobre una superficie plana por medio del dibujo, la luz y el color; color que se usa para pintar

plano: primer plano cuando se encuadra un detalle de algo, acercándolo al observador; **segundo plano** lo que se encuentra detrás del primer plano

relieve (*m.*) técnica escultórica que sugiere formas un poco sobresalientes en una superficie

retrato imagen humana en escultura, pintura o fotografía

sfumato técnica pictórica que crea desvanecidos muy suaves de la sombra a la luz

símbolo signo figurativo que representa una idea abstracta

simetría equilibrio armónico que consiste en reflejar la misma imagen a izquierda y derecha de un eje imaginario

sombra: parte oscura de un dibujo o una pintura que permite destacar la luz

superficie (*f.*) **plana** que no posee ningún relieve

taller (*m.*) lugar que usa el artista para crear sus obras

técnica procedimiento que se usa para desarrollar una obra artística; **técnica mixta** procedimiento pictórico en el que se mezclan varias técnicas para ejecutar una obra

témpera técnica pictórica que mezcla agua con clara y yema de huevo; obra producida por medio de esta técnica

tenebrismo efecto artístico que se consigue emplear altos contrastes entre la luz y la sombra

tono intensidad y valor de un color

vanguardia movimiento artístico que busca innovar y ser totalmente original

vivo/a brillante (*color*)

ALGUNOS MOVIMIENTOS
ARTÍSTICOS IMPORTANTES

El arte prehistórico (ca. 30.000 a.C. – 5000 a.C.)

Son las manifestaciones artísticas de los hombres que vivieron en el paleolítico y en el neolítico: pinturas rupestres, tallas en piedra y en huesos.

El arte antiguo (ca. 5000–100 a. C.)

El arte egipcio: Comprende todos los hallazgos de obras realizadas por la antigua civilización egipcia, en la región del valle del Nilo. Esta civilización, que llegó a ser un imperio, creó grandes construcciones arquitectónicas, templos, pirámides, esculturas monumentales y pinturas murales.

El arte clásico (2000 a. C.–300 d. C.)

El arte griego: Comprende todas las realizaciones de la antigua civilización griega. Se trata de un arte refinado de estilo clásico cuyos testimonios se encuentran en algunos sitios de la actual Grecia. Tuvo varios períodos: período arcaico, período clásico y período helenístico. La principal realización que dejaron es la Acrópolis de Atenas, en la que está situado el Partenón.

El arte romano: Comprende las manifestaciones artísticas que se dieron en el imperio romano durante todo el gobierno de los césares. Recibe influencia directa del arte griego y hereda el estilo clásico. Los romanos realizaron grandes construcciones civiles, basílicas, anfiteatros y circos, además de esculturas, pinturas y utensilios de lujo.

El arte en la Alta Edad Media (300–900 d. C.)

El arte visigodo: Arte realizado por los visigodos, que provenían de las regiones germánicas. Estos pueblos llegaron a la actual España y se cristianizaron; su arte es influenciado por el arte asturiano y el mozárabe. El arte se manifestó principalmente en la arquitectura y la escultura, pero lo mejor que dejaron los visigodos fue la orfebrería.

El arte bizantino: Manifestaciones artísticas del imperio bizantino, que estuvo localizado en la actual ciudad de Estambul, fue el imperio romano de Oriente durante la dominación cristiana. Este arte recibe influencias helénicas, orientales y romanas. Es un arte espiritual y pretende sostener la fe cristiana.

El arte prerrománico: Denominación para el arte hecho en Europa entre los siglos V y XI, y que en estilo corresponde al arte ostrogodo, godo, carolingio, otoniano, etcétera.

El arte mozárabe: Arte hecho por los cristianos hispánicos que vivieron durante el auge del poder árabe en la península ibérica, es decir del 711 hasta el siglo XI. Las manifestaciones principales son la arquitectura y la miniatura.

El arte en la Baja Edad Media (900–1450 d. C.)

El arte románico: Arte que se desarrolló en Europa desde finales del siglo X hasta principios del siglo XIII. Se construyeron un gran número de edificios religiosos decorados con gran cantidad de esculturas; el arte respetó la belleza propia de cada material.

El arte gótico: Arte europeo que se desarrolló desde el siglo XII hasta el Renacimiento. Incluye grandes catedrales en las que se aplica el arco de ojiva y los grandes vitrales, y que poseen una gran altura.

El arte en la Edad Moderna (1450–1800 d. C.)

El arte del Renacimiento: Movimiento de renovación cultural y artística que duró desde 1350 hasta 1550 y en que resurge el interés por la literatura y el arte clásicos. Es un arte humanista que rescata el pasado cultural de las civilizaciones griega y romana. El realismo naturalista y el uso de la perspectiva son elementos importantes. Se destacan grandes personalidades creativas como Leonardo da Vinci (1452–1519) y Miguel Ángel (1475–1564).

El arte barroco: Estilo artístico que combina los efectos dramáticos del movimiento, el color vívido y el detalle decorativo con la originalidad y libertad expresivas. Sus principales exponentes son Caravaggio (1571–1610), Rembrandt (1606–1669), Peter Paul Rubens (1577–1640), Diego Velázquez (1599–1660) y Gian Lorenzo Bernini (1598–1680).

El naturalismo: Estilo artístico que busca copiar la naturaleza lo más fielmente posible.

El clasicismo: Estilo artístico que rescata las características del arte griego y romano, sobre todo el equilibrio y la racionalidad, oponiéndose al barroco que fue contemporáneo. Nicolas Poussin (1594–1665) y Claude Lorrain (1600–1682) fueron exponentes. Las principales obras arquitectónicas se hicieron en Francia.

El rococó: Estilo artístico que se desarrolló en el siglo XVIII y que lleva a la exageración los detalles del barroco. Se aprecia principalmente en la decoración y en las artes aplicadas.

El arte del siglo XIX

El neoclasicismo: Estilo artístico que surge a finales del siglo XVIII; busca reproducir el arte clásico de una manera poco original en escultura y pintura. Coincide con la Revolución francesa y se convierte en estilo oficial del imperio napoleónico. Jean-Auguste-Dominique Ingres (1780–1867) fue uno de los pintores neoclásicos.

El romanticismo: Movimiento en el arte que aparece en el siglo XVIII y representa una reacción contra el neoclasicismo. Rescata el mundo interior de los artistas, oponiéndose a lo racional; rechaza el materialismo de la revolución industrial. Francisco Goya (1746–1828), J.M.W. Turner (1775–1851), Eugène Delacroix (1798–1863) y Théodore Géricault (1791–1824) son representativos en la pintura.

El realismo: Movimiento artístico que busca representar la realidad tal como se percibe. Fue iniciado por Gustave Courbet (1819–1877); Jean-François Millet (1814–1875) se destacó con sus pinturas realistas.

El impresionismo: Movimiento artístico formado por Claude Monet (1840–1926), Pierre-Auguste Renoir (1841–1919), Alfred Sisley (1839–1899), Edgar

Degas (1834–1917) y Camille Pisarro (1830–1903). Buscaron una renovación de la pintura realizando obras que intentaban reproducir el paisaje de una manera más libre y espontánea, con colores muy vivos y pinceladas sueltas, capturando los cambios de la luz.

El simbolismo: Movimiento que aparece en la década de 1880, como reacción contra el naturalismo. Está muy vinculado a la literatura y le da importancia al mundo de los sueños y la fantasía. Resaltan los sentimientos del artista y una especie de exotismo. Algunos representantes fueron Gustave Moreau (1826–1898) y Odilon Redon (1840–1916).

El puntillismo: Movimiento pictórico derivado del impresionismo que busca una división del color utilizando solamente colores primarios y secundarios sin mezclar, aplicados en pequeños puntos para que se unan en el ojo del espectador. Fue iniciado por Georges Seurat (1859–1891)

Los siglos XX y XXI

El modernismo: Movimiento surgido a finales del siglo XIX, que se rebela contra la repetición de los estilos clásicos; se manifiesta más que todo en arquitectura y en la decoración tomando inspiración de las formas naturales y de la línea curva.

El *art nouveau*: Nombre de un estilo surgido en Bruselas en 1892 que se traduce *arte nuevo*. Se dio más que todo en arquitectura y en las artes decorativas y utiliza un naturalismo de inspiración gótica, curvas entretejidas y motivos decorativos vegetales. Un ejemplo es el arquitecto Antoni Gaudí (1852–1926).

El arte *naïf*: Arte primitivo o ingenuo que cobró auge con el desarrollo de la pintura moderna. Es realizado por personas que no han recibido educación artística. Henri Rousseau (1844–1910) y Séraphine Louis (1864–1942) son dos de sus exponentes.

El fauvismo: Es el primer movimiento moderno de la pintura del siglo XX. Utiliza los colores puros y formas que se distancian de lo visible; fue influenciado por Paul Gauguin (1848–1903) y Vincent Van Gogh (1853–1890). Henri Matisse (1869–1954) y André Derain (1880–1954) fueron fauvistas.

El expresionismo: Movimiento artístico alemán de principios del siglo XX influenciado por Vincent Van Gogh (1853–1890) y Edvart Munch (1863–1944). Busca expresar las pasiones humanas a través del color y de la fuerza de las pinceladas.

El cubismo: Movimiento artístico creado por Pablo Picasso (1881–1973) y Georges Braque (1882–1963). Representa la realidad a través de la geometría y da muchos puntos de vista sobre la realidad.

El futurismo: Estilo surgido en Italia en 1909 que rechazaba el arte del pasado y buscaba inspiración en la sociedad industrial y el dinamismo de la vida moderna; estaba influido por el cubismo. Giacomo Balla (1871–1958), Umberto Boccioni (1882–1916) y Carlo Carrà (1881–1966) son sus principales representantes.

El dadaísmo: Un movimiento cultural que surge como rechazo a todos los valores establecidos del arte tradicional, realizando escándalos mediante acciones provocativas. Los dadaístas eran anarquistas y crearon el antiarte.

El surrealismo: Movimiento artístico de vanguardia que busca representar las imágenes del inconsciente y de los sueños. Los principales representantes han sido René Magritte (1898–1967), Giorgio De Chirico (1888–1978) y Salvador Dalí (1904–1989).

El *art brut*: Movimiento que inició en los años cuarenta Jean Dubuffet (1901–1985), quien rescató las obras que hacían las personas dementes. Es un arte primitivo que representa las imágenes que no tienen ninguna conexión con la razón.

El arte del cuerpo: Es un tipo de arte conceptual en el que se utiliza solamente el cuerpo del artista, realizando acciones programadas.

El arte digital: Arte que utiliza las tecnologías digitales y los programas de computación en el proceso de realización.

El arte pop: Manifestación artística surgida en los Estados Unidos, influenciada por la publicidad y las imágenes de la vida contemporánea. Toma las técnicas industriales y asume lo impersonal de los productos de la sociedad de consumo. Andy Warhol, Roy Lichtenstein y Jasper Johns son representantes de esta tendencia.

El *happening*: Evento artístico de origen norteamericano, que consiste en un espectáculo teatral que permite la participación del espectador y que busca provocar una creación artística espontánea.

El hiperrealismo (fotorrealismo): Es retorno al realismo, pero trabaja a partir de fotografías ampliadas que se copian con una técnica detallada. Tiene influencia del arte pop. El pintor Richard Estes es un representante de esta técnica.

El *Land art*: Arte que busca la intervención de ciertos lugares, moviendo tierra o dejando huellas y del que solo queda un testimonio fotográfico.

El minimalismo: Creación de obras de arte con formas geométricas muy sencillas en las que lo importante es la idea. Con frecuencia, el artista envía el diseño a una fábrica que ejecuta la obra.

El neoexpresionismo: Es un regreso de la pintura como rechazo al arte conceptual. Asimila las vanguardias del siglo XX.

El *performance*: Son acciones artísticas que mezclan elementos teatrales con otros audiovisuales; se realizan en galerías de arte, buscando crear obras de arte de un carácter ritual y sin las limitaciones de los medios tradicionales. Joseph Beuys (1921–1986) y Marina Abramović (1946–) son representantes de esta tendencia.

La trasvanguardia: Es un movimiento pictórico que surge en los años setenta como reacción a las vanguardias que decretaban la muerte de la pintura; fue influenciada principalmente por el expresionismo figurativo y por el *art brut*.